加盟连锁招商模式

顶级设计思维

李松　李爽/著

中国财富出版社

图书在版编目（CIP）数据

加盟连锁招商模式顶级设计思维/李松，李爽著. —北京：中国财富出版社，2019.9（2022.1 重印）

ISBN 978 - 7 - 5047 - 7035 - 6

Ⅰ. ①加… Ⅱ. ①李… ②李… Ⅲ. ①连锁企业 - 企业经营管理 - 研究 Ⅳ. ①F717.6

中国版本图书馆 CIP 数据核字（2019）第 196443 号

策划编辑	谷秀莉　周　畅	**责任编辑**	周　畅		
责任印制	梁　凡	**责任校对**	卓闪闪	**责任发行**	杨　江

出版发行	中国财富出版社		
社　　址	北京市丰台区南四环西路 188 号 5 区 20 楼	**邮政编码**	100070
电　　话	010 - 52227588 转 2098（发行部）		010 - 52227588 转 321（总编室）
	010 - 52227566（24 小时读者服务）		010 - 52227588 转 305（质检部）
网　　址	http://www.cfpress.com.cn		
经　　销	新华书店		
印　　刷	鸿鹄（唐山）印务有限公司		
书　　号	ISBN 978 - 7 - 5047 - 7035 - 6/F · 3073		
开　　本	710mm × 1000mm　1/16	**版　　次**	2019 年 12 月第 1 版
印　　张	16.5	**印　　次**	2022 年 1 月第 2 次印刷
字　　数	261 千字	**定　　价**	58.00 元

前　言

连锁赢未来，招商做前驱！

加盟连锁模式风行全球150余年，创造了一个又一个的商业神话，这些商业神话不仅分布在第三产业，还广泛存在于第一产业、第二产业。

对于加盟连锁模式而言，驱动模式高效运转的主要工作就是招商。招商可以让盟主方与加盟商之间，实现人力、物力、财力、智力以及其他方面资源的连接与互动。在不断连接与互动的过程中，加盟连锁的品牌形象店也就随之落户全国各地。如果在这个过程中，盟主方不能够设计出真正适合企业的招商模式，很快就会面临“招商招不动，签约不开店，开店多纠纷”的尴尬局面。为了提早避免此类事件，笔者建议盟主方“模式先设计，政策要灵活，过程严管控，细节不放过，招商不浮夸，运营紧跟随”。

除此之外，盟主方需要与时俱进地开展招商动作，切忌墨守过往的招商模式、渠道、政策等。因为盟主方每年面对的创业者都不同，他们寻找项目的渠道、审视项目的视角、投资偏好特点等，都在发生改变。潜在的加盟商在发生改变，如果盟主方不能迎合他们的创业需求，其结果可想而知。

最后，请开展加盟连锁模式的企业记住，企业给加盟式创业者提供的是一个“创业成功率较高的机会”，而不是一个“稳赚不赔的商业神话故事”。

目 录

第一章

关于加盟你不可不知的事

第一节　关于加盟的一封信

（一）致盟主方的一封信

如果有一天，你选择了将加盟连锁作为自己企业的商业模式主体，那么你一定是想借助加盟商的人力、物力、财力、智力等资源迅速塑造自己的品牌、搭建自己的渠道、把握自己的终端市场，与此同时帮助更多人实现创业梦想。

水能载舟，亦能覆舟，盟主方可能起于形形色色的加盟商，也有可能败于形形色色的加盟商，问题源头是项目的发起方，即盟主方。因此，当项目出现问题时，盟主方一定要从自身去寻找原因，切忌将问题的源头归结于加盟商。

对于加盟商而言，他们可能是问题的放大者、传播者，但绝对不会是问题的源头。

如果你打算将加盟连锁作为自己的商业模式主体，笔者建议盟主方一定要做好以下几个方面的准备。

1. 一路向前

一份加盟合同的签约周期三年起步，每一天、每一周、每一月都会有新的加盟商通过一份份的加盟合同加入你创立的大家庭中，他们的加入，就意味着你至少要为他们服务三年的时间，你不可能急流勇退，你能够做的就是带领老的加盟商一起逢山开路、遇水架桥，而且要在前进的路上不断吸收新的加盟商，如此一来，但凡是有责任心的盟主方，都会在踏上这条路之后，一路向前，永不后退。

因为，你无路可退，你的后退可能会直接影响千千万万个家庭。

2. 熟悉商业模式

选择了这种商业模式，却对这种商业模式一知半解，那么等待你的结果也就可想而知，不懂游戏规则而轻易地踏入游戏中，其结果肯定是输多赢少。

为此，笔者强烈建议那些准备踏入加盟连锁之路的盟主方，一定要在熟悉加盟连锁的基础运营模式后再进入加盟连锁之路。

3. 合法合规

我国相继出台了《商业特许经营管理条例》《商业特许经营备案管理办法》《商业特许经营信息披露管理办法》。

为此，但凡在中国开展加盟连锁模式的企业，都需要遵循“一条两法”的规定，否则，等待你的有可能就是那柄法律利剑。

4. 接受市场考验

对于计划开展加盟连锁的盟主方，首先需要做的就是对自己的产品、服务和设备进行市场的深度检验，确保推向市场的单店是一个能够经得起市场考验的单店，是一个能够实现盈利的单店，并且，盟主方自身至少需要实际经营此类型单店一年。否则，很多运营中出现的常识性问题无法解决，会导致加盟商逐渐丧失对于盟主方的信任，从而让更多潜在的加盟商望而却步。

5. 单店标准化建设

加盟商加盟之后，盟主方需要给加盟商提供一整套单店赚钱的方式，而这套赚钱的方式，需要盟主方将单店在日常经营过程中，所经历的方方面面都进行标准化处理，然后将这些标准化的内容传递给加盟商，以此来保障加盟商在加盟之后，有法可依、有据可查、有策可用。

6. 单店标准化输出

单店标准化建设完毕之后，盟主方就需要将能够实现单店标准化输出的体系建设起来，以便让加盟商在加盟之后，能够有序、有效、系统地掌握单店在实际经营过程中所需要的所有信息。

7. 人才储备

人才永远是商业模式能够有效运转的核心，因此，盟主方在开展加盟连锁模式时，一定要做好核心人才的储备工作。包括具备招商经验的人才、具备从零开始筹备店面经验的人才、具备培训店员能力的人才、具备后续服务支持能力的人才等。

如果上述人才不能够及时到岗，不能够相互配合、相互补位，那么连锁体系的正常运转将会受到明显的影响。

8. 负责到底

盟主方与加盟商之间是合作关系，更是荣辱与共的共同体，所以盟主方不能够轻易地放弃任何一个加盟商，更不能自己轻言放弃。对于盟主方而言，损失的资金可能会让企业无法正常运转，但是对于绝大多数的加盟商而言，一个小店的无法维系很有可能导致他们几代人几十年积蓄的丧失，甚至可能会让他们难以维持生计。

为此，盟主方既然选择了将加盟连锁模式作为自己的发展之路，就要尽自己最大的努力，让每一个愿意跟随你的伙伴长久生存，不轻易地放弃任何一个加盟商。

请盟主方记住，加盟金的背后更多的其实是一种信任！

（二）致加盟商的一封信

对于加盟商而言，加盟商是一份特殊的职业，因为这份职业，一方面可以实现自己创业做老板的梦想，另一方面需要加盟商在实际的经营过程中按照总部的规章、制度、条款在框架内执行。

很多的加盟商在经营过程中遇到的各种各样的问题，并非来自盟主方，而是来自自身，来自加盟前、加盟后的心理变化。加盟前，盟主方的招商人员一定会给你绘制蓝图，而你因为并不了解盟主方的实际情况，再加上创业心潮的涌动，产生一种对于盟主方的偏差认知。请一定要记住，无论什么时候，无论什么项目，你想象中的盟主方一定比现实经营中的盟主方“骨感”很多。

加盟商应该如何借助加盟这个模式，来真正实现自己人生的跨越？笔者为大家剖析以下几点。

1. 加盟自己兴趣所在的项目

请一定要记住，如果你不喜欢某个项目所提供的产品、服务，一定不要选择去加盟这个项目，因为这个项目一定不会让你成功！请相信，兴趣会让你产生不竭的创造力、能动性，对于感兴趣的项目，你能够找寻到如何将这个项目经营好的方法，而这些方法绝大多数都来自你自己的创造，而非总部的指导！

2. 加盟自己力所能及的项目

不要过高估计自己的能力，当然，笔者不是让你妄自菲薄，而是让你清晰认知自己的能力，不要轻易选择在自己的能力之外的项目，因为这个项目，会给你带来很多经营过程中没有必要的精力损耗。

虽然现在的很多项目都已经开始“傻瓜式”的标准化，但是一些项目，再怎么进行“傻瓜式”标准化，也不是不具备这些方面能力的人，能够进行经营的。

量力而行，轻装上阵，不要为你的创业提前背上包袱！

3. 加盟与自己资源匹配的项目

每一个人都会有自己专属的资源圈，无论你是一位宝妈，还是城市白领，你都具备自己的资源圈。你在选择项目的时候，一定要提前理一理，自己都具备哪些方面的资源，然后围绕自己资源最丰富的区域进行项目的选择，这样，你加盟项目的成功率一定会更高。切忌在自己资源圈以外的区域进行创业。想一想，当年你是花费了多大的精力、用了多久的时间，才换回了现在的资源圈？而自己在创业时，却要放弃这些资源，去选择找寻新的资源圈，自己何苦为难自己呢?!

4. 加盟盟主方有直营店的项目

到目前为止，很多的盟主方在自己都没有信心开店的情况下，就开始开放加盟业务，他们希望将加盟商作为自己商业模式的试验品，而这种试验品在现实生活中，几乎没有几个能够真正成功。

所以，作为加盟商而言，你在选择项目时，一定要了解对方是否有直营店，直营店的生意究竟如何。这种基础的判断方式，也能够让你躲避很多没有必要踩踏的“坑”！

5. 加盟之前一定要去考察加盟店

从典型性上来说，再繁荣的直营店也比不上一个真实的加盟店，因为对于盟主方而言，他会有许多种方式让直营店火爆。你在加盟一个项目之前，一定要实地去考察该项目的其他加盟店，如果条件允许，笔者建议潜在的加盟商尽可能多地考察几个加盟店。

在实地考察加盟店时，千万不要被个别经营差的加盟店蒙蔽双眼。加盟店的成功都是相似的，但不成功的原因往往各有不同。开店营业三天打鱼两天晒网、严重违背总部的经营理念等，都有可能是加盟店经营不善的原因。

多看几家店，客观分析每家店，是你在选择加盟时必须要做的事！

6. 加盟总部拥有运营团队的项目

实地去考察总部时，一定要记得去了解总部的运营团队的情况，比如公司的招商部人员及其占公司全体人员的比例，一般情况下，一个良性发展的连锁企业，招商部人员的数量与其他团队成员的数量比大概为 1∶4。

在了解数据的同时，要了解后期运营团队成员的真实能力。因为这些人才是将来与你长期打交道的人，他们的能力高低，将会在一定程度上影响你日后的店面经营。

7. 加盟盟主方完成特许经营备案的项目

按照规定，在中国境内只有进行了加盟连锁备案的盟主方才具备合法开展加盟业务的权限，其他未进行加盟连锁备案的企业都是违法经营的企业。

所以，潜在加盟商在选择项目时可以将通过备案资质，作为自己判断加盟项目的条件之一。

8. 加盟能够给你提供指导手册的项目

加盟模式的精髓是“复制成功、克隆财富、制造老板”，而这个模式的承载物即是不同类型的指导手册，这些手册会涵盖加盟商在加盟之后，在开店期间，在加盟期内所需要的绝大多数指导内容。

加盟商在选择项目时，如果盟主方不能够提供这些指导手册，就需要慎重地去选择这些项目，因为这些项目很有可能并没有成功开展单店的标准化工作，那么，这个盟主方就不具备支持你项目发展的能力。

9. 慎重加盟来自超多品牌运营公司的项目

在国内，有一些公司专门从事模仿市场上比较火爆的产品、项目。这些公司提供的加盟项目，你加盟后就会发现，除了加盟前说的那些承诺和支持之外，你在加盟之后再也看不到来自总部的任何支持。因为这些公司的主要营收，就是你前期交纳的加盟费用，之后的服务支持根本就不在他们的规划范畴之内。

因此，笔者建议潜在的加盟商，一定要慎重地去加盟那些拥有超多品牌的运营公司推出的项目。

10. 加盟之后不要后悔

很多的加盟商在加盟之后，因为之前对于总部的期望值太高，产生心理落差，于是开始后悔加盟。

笔者认为，选择了就不要后悔。首先，一个没有任何问题的企业是不存在的。其次，你期望的内容可能不符合市场的运行规律。我们需要做的就是在大方向、大纲领没有问题的情况下，努力做好眼前的每一件事情，坚信自己能足额完成每一件事情，大踏步地前进!

11. 加盟不等于100%成功

绝大多数的加盟商都会有这样一个认知，选择了加盟就等于创业成功，其实现实恰恰相反，选择加盟只是创业的开始，至于能否成功，在于加盟之后是否努力经营。

加盟的过程实际上就是“师傅领进门，修行在个人”的过程。投资有风险，谁都无法保证每一个新开的店面都能够经营成功。

但是对于绝大多数的创业者而言，成功率最高的一种创业模式，就是加盟，因为加盟之后，加盟商可以得到来自总部的各项支持，以及店面经营过程中的经验，在实际经营过程中，尽可能少走弯路，提高创业的成功率。

12. 加盟要坚定经营信心

每一个店面的成长都会经历高峰与低谷，在低谷时，加盟商一定要坚定经营的信心，坚信在总部的指导下，在自己的努力下，一定能够突破现在的经营困境。

根据笔者的实际运营经验，每过一个经营的低谷期，你都将会迎来更大的发展机遇。

13. 抱怨解决不了实际问题

少部分的加盟商在加盟之后，一遇到经营方面的问题就会大肆地抱怨总部的扶持人员。

在这里，笔者建议这些加盟商，最好用抱怨的时间去理一理出现问题的原因到底在哪里，或者选择将出现问题的场景，尽可能全面地描述给总部的相关扶持人员，由总部来帮助出谋划策。

但所有的盟主方都不是万能的，因此，不是每一个问题都能够被解决得非常到位，因为你出现的这个问题，很有可能是总部也从来没有遇到过的问题。

在寻求总部帮助的同时，自己要努力地去寻求问题的解决方案，因为你处于问题的一线，你更了解问题的真实情况！

14. 切忌过度依赖总部的支持

少部分的加盟商在加盟之后，非常依赖总部的支持，无论遇到什么问题，都会第一时间给总部的相关扶持人员打电话寻求帮助，更有甚者，一天可能会给总部拨打 10 次以上的电话。

当总部的人员不能够第一时间去指导解决这个问题时，加盟商选择了等待，而不是在第一时间，去尝试独立解决问题。当问题因为被拖延而恶化之后，加盟商对于总部的怨言随之而生！

在此，笔者的建议是，加盟商在遇到重大的决策问题时，可以向总部寻求帮助，在遇到一些经营琐事时，完全可以自主灵活地去处理，而非完全依赖总部，尤其是等待。

15. 不要打折扣执行总部的经验指导

少部分的加盟商在加盟之后总是认为自己什么都懂了，什么都会了，不需要再去执行总部的指导规范，开始怀疑总部的经验是否正确等。于是执行来自总部的各种指导手册时开始打折扣，认为可以自由发挥自己的创意，随之而来的就是店面经营开始严重偏离原本的轨道。

此种类型的加盟商，并不会将这些责任归咎于自身，而是会将所有的责任推给总部。

在此，笔者建议有此种潜质的加盟商，一定要潜心去领会来自总部的经验指导，因为这些经验全是总部人员总结的实战经验，是通过无数次的失败而吸取来的教训，既然你选择了加盟，其最终目的是想尽可能多地去规避经营中的风险，而你在加盟之后又选择了摒弃总部的经验，那么你经受的将是本可以避免的损失！

16. 盟主方不是一个完美的存在

无论加盟商在什么阶段加盟，在实际的合作期间，加盟商都会发现总部存在这样那样的问题，因为企业无论怎么完善自己的商业模式，都会因为市场的不断变化而变化，而这种变化都可能产生问题。

当你加盟的盟主方一直属于直营连锁阶段，刚开始开放加盟，那么这个企业可能还没有完全掌握如何更好地服务加盟商，因为总部对于直营店的管理模式，和对于加盟店的管理服务模式，会有很大的差别，因此，总部的服务模式也需要通过不断地吸取失败的教训而逐渐得以完善。

若你加盟的盟主方还处于发展的初级阶段，你既然选择了在这个时候加盟，就要理解这个阶段的盟主方可能会出现一些问题。

综上所述，无论你的盟主方处于什么阶段，共同发展过程中出现问题都是正常的，关键的是作为盟主方、作为加盟商应该如何去面对这些问题！

17. 来自盟主方的更多的指导性的建议

盟主方会给加盟商提供一系列标准化的指导手册，这些手册记录了单店在经营过程中出现的绝大多数的信息。这些信息可以让加盟商少走很多的经营弯路。

但是加盟商切忌在营销、管理等软性方面，生搬硬套来自总部的相关指导手册上的内容，这些方面的指导手册对于加盟店而言，能够提供的是方向的指引、纲领性的指导、决策性的辅助，而非全部。因为你店面的商圈可能具备独特的属性，你需要在总部提供的手册的基础上，因地制宜地去做灵活性的转化，然后去实际应用。

在此，笔者着重强调一点：加盟商的灵活运营一定要在总部的指导思想之下，绝不能天马行空地创造，因为你的天马行空，在总部服务的其他加盟商身上可能已经得到了血的教训！

第二节　招商部的重要性

对于采用了加盟模式的连锁企业而言，负责招募加盟商的部门可谓是连锁企业版图扩展的重要一环，有些企业将这个部门叫作招商部，也有些企业将这个部门叫作授权中心，无论名称如何，其主要的工作职责基本相同。

很多的连锁企业都能够意识到招商部门的重要性，但是并不清楚这个部门的重要性主要体现在哪些方面，如何将这些重要的点转化成强有力的招商竞争力，笔者在下文中会着重强调以下几个方面。

1. 招商部是创业者的领路人

创业者选择自己的创业之路时，一般会有两个选择，一个选择是自己独立创业，另一个选择是加盟创业，选择加盟创业的创业者，他第一个接触到的加盟项目的人员，一般情况下都是招商部的相关人员。

因此，创业者对加盟项目由浅入深的了解过程，基本上会由招商部门的人员作为媒介，而由浅入深了解的每一个环节，都会决定这个创业者是否会跟随盟主方走得更远，在不同的环节中，招商部门可能会让不同的人员与其接洽，因此，每一个环节都很重要，环节与环节的交接也很重要！

2. 招商部是盟主方的代言人

招商部人员的一言一行都代表着盟主方的形象，好的形象促进着潜在加盟商的迅速加入，不好的形象将会直接将潜在加盟商拒之门外。更为重要的是，招商人员给潜在加盟商传递的任何一条信息，都代表盟主方给它做出的承诺，而这些信息的传递一旦出现偏差，将会直接影响该潜在加盟商在加盟之后与总部之间的关系。

因此，招商人员不断提升自身的综合形象，不断提升自己对于项目数据、信息的了解程度，就显得尤为重要。

3. 招商部是企业的运转源头

没有招商部门去拓展品牌项目的版图，后续服务型的部门就无工作可做，无店面可服务。连锁企业就不会拥有自己的渠道，就很难快速、大面积地面对终端消费者。

因此，招商部是整个加盟连锁模式启动的真正源头，如果源头无力，后面的环节就不会拥有运转的机会。

4. 招商部是企业的运转生命线

连锁企业在扩张过程中常见的盈利方向有两个，一个是潜在加盟商在加盟时交纳给总部的加盟类费用，另一个是加盟之后的配送类费用。这两大部分费用是支撑加盟连锁企业生存下来的基础支柱。对于开放初期的加盟连锁企业而言，来自潜在加盟商在加盟时交纳给总部的加盟类费用，将会成为企业真正转型发展的关键。

因此，连锁企业在采用加盟模式进行扩张时，一定要设计好这两个常见的盈利方向，否则，连锁企业的正常运转将会受到巨大威胁。

5. 招商部是企业的发展过滤网

连锁企业在实际的发展过程中，会遇到形形色色的人，这些人有些适合加盟该项目，有些并不适合加盟该项目。招商人员在实际的招商沟通过程中，需要尽可能详细地去了解该潜在加盟商的真实情况、综合能力等信息，尽可能地去准确判断此人是否符合加盟本项目的条件，适合的尽力留下，不适合的做好善后处理。

如果，招商部将不符合公司发展需要的人引到体系内，将会给后续的支持服务部门带来巨大的麻烦。

在此，笔者着重建议每一个开展加盟模式的连锁企业，一定要将招聘、培训、管理招商人员作为首要重视问题，然后是设计出符合企业当下发展需要的招商模式，最后才是整个加盟项目的商业包装。

第二章

大话招商29式

第一节　加盟连锁属性特征

加盟连锁是一种商业模式，在此模式中，盟主方为加盟商设定了一个相对完整的方案或模式，以用于加盟商对其企业的管理与运营。该方案描述了加盟商主要的相对详尽的运作程序，在考虑到了绝大多数可能发生的管理问题的基础上，为加盟商提供了一个相对完善的管理决策参考范例。

第二节　连锁方向决定连锁模式

连锁经营按照其发展的时间顺序和结构构成可以分为自由连锁（俗称采购联盟）、直营连锁和加盟连锁三个类别，在实际运营过程中自由连锁，可以作为整合资源的一种思维方式进行应用，实际的扩张过程中很少再采用此种模式。

表 2－1 是笔者解读的直营连锁与加盟连锁的释义。

表 2－1　直营连锁与加盟连锁

序号	类别	释义
1	直营连锁	直营连锁是一种商业模式，在此模式中，总公司负责持股至少 51%，主导经营、管理各个品牌专营店的经营形态
2	加盟连锁	加盟连锁是一种商业模式，在此模式中，盟主方可以持股 49% 以下，甚至零持股，盟主方主要负责指导经营、管理各个品牌专营店的经营形态

第三节　连锁企业开展加盟的时机

对于从事直营连锁的企业而言，懂得直营连锁的模式不一定懂得加盟连锁的模式，相反，懂得如何应用加盟连锁模式将很容易从事直营连锁经营。但是直营连锁企业应在什么时机开展加盟连锁则是一个永不落幕的话题。

为此，笔者针对直营连锁企业开展加盟连锁模式所需的准备工作，做以下几个方面的分享。

1. 至少两家成熟运营的实体店面

自己都没有过经营实体店面的成功经验是很难保证他人成功的，偶然开设一家店面获得成功，并不代表你开设其他店面同样能够获得成功，一个季度或者连续几个月的盈利，并不代表你的店面生意能一直红火，因为不经历单店经营的淡季，则很难拥有应对单店淡季的针对性策略。你的企业如果打算开展加盟连锁，必须要拥有至少两家的直营连锁店，而这个条件也是国家规定加盟连锁备案的基础条件。

2. 单店进行了可复制性的标准化

加盟连锁的精髓实际上就是对成功的复制，而复制的主要对象就是单店的盈利模式，这个盈利模式所涉及的方面既包含硬件部分，也包含软件部分。对于这些部分的标准化，确实需要盟主方花费时间、精力甚至财力去实现，如果盟主方不能够完成上述的标准化工作，就需要盟主方抽调拥有实际工作经验的群体进行“言传身教”。这些言传身教的做法，一方面会受制于拥有这些方面能力的人员数量，另一方面会因为经营的思路、教学的方式不同，让受教者“学而不一”。而这些问题会随着加盟商数量的不断增加，愈加暴露明显。

所以，盟主方应尽可能在完成单店的复制和标准化之后，再去开放加盟连锁。

3. 具备系统输出单店的模式

单店的标准化工作完成之后，貌似盟主方具备了给予加盟商成功经验的能力，但是在实际的运营过程中，会出现一个比较有代表性的问题，那就是辛辛苦苦标准化下来的单店，会因为输出模式的不匹配，而让加盟商并不能够实际掌握总部需要传递的内容，从而降低了单店的复制能力。

因此，盟主方在完成了单店的复制工作之后，一定要结合盟主方团队的情况、加盟商的情况，有针对性地设计出适合输出内容的输出模式。

所以，盟主方应尽可能在完成单店的输出模式之后，再大规模开放招商工作。

4. 加盟政策设计完毕

对于盟主方而言，招商的过程实际上就是在销售企业的一个新产品，这个产品就是盟主方的“特许权”。

因此，加盟连锁企业在开放招商工作之前，一定要完成“特许权”的设计，如果没有完成“特许权”的设计，就意味着盟主方没有可以供加盟式创业者进行选择的“产品”。

5. 给予加盟商的支持准备齐全

盟主方在招募加盟商时，还需要考虑盟主方给加盟商提供的支持是否能够及时兑现。比如一个没有打通全国型冷链配送的盟主方，就不具备全国型开放招商的能力。

因此，盟主方在准备开放加盟连锁之前，一定要将承诺给加盟商的支持项目准备齐全，否则会影响后续的关系。

6. 单店的消费者中出现一定数量的人群咨询加盟

对于生意火爆的店面，你的消费者会通过你店面的实际经营者，去咨询你的这个项目是否可以加盟，面对这些咨询者，一定要想办法留下这些人的联系方式，无论你现在是否打算开放加盟，是否具备开放加盟的基础条件。

因此，当你的店面开始火爆时，就一定要提前设计好收集、处理这些潜在加盟商信息的渠道、模式、话术等内容。

7. 直营单店盈利良好

如果盟主方的直营店普遍亏损，即使开放了加盟工作，盟主方的招商工作也不会很好开展，因为你的加盟商一定会先成为你的消费者，再成为你的加盟商。

所以，盟主方一定要先做好直营店面的经营工作，再思考开放加盟的事情。

8. 总部的盈利模式与单店的盈利模式设计完毕

加盟商实际上可以说是盟主方的渠道，盟主方在进行招商之前一定要做好利益的分配设计，这个分配设计一方面要保证盟主方的利润空间，另一方面要保证加盟商能够拥有比较合理的利润空间。换个角度来说，盟主方一定要想清楚自己到底要从哪些方面盈利，切忌出现盟主方抢加盟商生意的现象。

盟主方没有完成总部的盈利模式与单店盈利模式的整体设计之前，应尽可能地避免开展加盟商的招商工作，因为盟主方一定会为今日的糊涂而埋单。

9. 总部核心岗位的人才完成了储备

完成加盟连锁模式运转的关键是人，所以，总部在开展加盟连锁模式之前，一定要完成相关岗位的人才储备工作，比如招商部门、店面筹建部门、企业商学院、督导运营部门以及相匹配的人、财、物、信息、营销、研发等部门。

10. 产品、服务实现标准化

在众多的标准化工作之中，还需要着重强调一点，那就是单店在实际经营过程中所需要的产品、服务，这些产品、服务如果不能够实现标准化，那就意味着门店在进行复制过程中一定会慢、一定会出现差异化，这样就极大地影响了品牌统一的形象以及扩张的速度。

因此，品牌方在开展加盟连锁之前，一定要确保产品、服务全面实现标准化工作。

完成上述内容的准备工作，品牌方基本上具备了开展加盟连锁的主要条件，之后会因为企业的项目、资源配置、发展阶段等因素的不同，有针对性地进行完善。

第四节　加盟连锁的三种应用境界

加盟连锁这种商业模式，在实际的运作过程中可以千变万化，在商业模式的设计阶段，企业也可以依据现阶段能够掌握和运用的资源情况，有针对性地进行现阶段加盟连锁模式的设计，加盟连锁的三种应用境界如表2－2所示。

表2－2　加盟连锁的三种应用境界

序号	境界名称	境界释义	备注说明
1	初级境界	盟主方收取加盟商的系列加盟费用后进行模式输出	这是连锁企业应用最多、操作起来最简单的一种应用，但是很容易给后期的运营管理带来很高的成本，甚至导致连而不锁，加盟店各自为政的境遇
2	中级境界	盟主方收取加盟商的系列加盟费用后进行模式输出，与此同时总部会持有单店不高于49%的股份，形成与单店荣辱与共的局面	这在现代的连锁企业中的应用逐渐增多，因为此种应用能够在很大程度上让盟主方对加盟商的把控力度更强一些，但是此种操作相对比较复杂，要求盟主方对于整体的加盟连锁模式的设计要相对完善，并且要求总部的管理团队能力要强上一些
3	高级境界	盟主方收取加盟商的系列加盟费用后进行模式输出，与此同时总部会持有单店高于51%的股份，形成与单店荣辱与共的局面	这在现代的连锁企业中的应用不多，因为很多的连锁企业认为盟主方持股51%以上的单店应该是直营店，加盟商开设的店面应该是加盟店。我们需要做的就是将加盟这种商业模式转化成自己的思维方式，让自己的直营店也可以成为加盟商的店。盟主方可以是店面的最大的股东，盟主方可以将最大的分红权出让给加盟商，实现共赢的局面。此种操作比较复杂，要求盟主方对于整体的加盟连锁模式的设计要非常完善，尤其是财务管控体系，并且要求总部的管理团队整体的能力要过硬

第五节　加盟连锁基本的游戏规则

加盟连锁模式的基本游戏规则，实际上就是通过一些企业运营的机制，让一个从来都没有涉足过该项目的加盟创业者，具备经营该项目的能力。

在这个过程中，招商部实际上起到的作用，就是将项目的优势有效地传递给创业者，然后带领创业者按照盟主方指定的加盟规则加盟该品牌。这个加盟过程实际上是盟主方与加盟商之间关系的开始，在接下来的模式输出过程中，盟主方的营建部、商学院、督导部会依次进行指导支持。

营建部主要负责店面有形部分的输出，商学院主要负责店面无形部分的输出，督导部负责持续性地给加盟商提供有针对性的支持。在实际的输出过程中可以参照图 2－1 的结构。

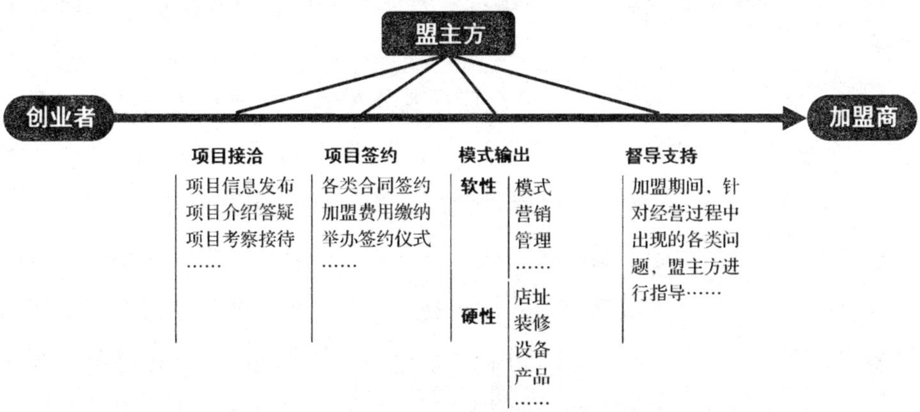

图 2－1　加盟连锁的结构

我们也可以通过下文所述的三个输出步骤来完成相关内容输出。

（一）模式输出的第一步

加盟连锁模式在输出过程中重要的三个部门之一是营建部。营建部在整个输出过程中处于最前端的角色。很多的加盟连锁企业虽然在进行体系输出的过程中成立了营建部，同时意识到营建部的重要性，但是在具体实施单店营建工作时总是出现这样那样的问题。因此，笔者从营建部对单店提供支持的服务内容、服务方式以及起点与终点三个方面进行介绍。

1. 服务内容

营建部为单店提供的服务支持内容非常多，因为行业不同、产品不同等会略有差异，但是基本上都遵循一个原则，那就是“从无到有”，比如选址、装修、办证、招聘、器材进店、设备调试、产品陈列等，一直到店面正式开业为止。

在此营建服务过程中，营建部需要依据工作内容的时间先后顺序，合理地将工作内容安排至“单店筹建日程表”之中，然后依据此店面的人员配置情况合理地进行工作内容的分配。

2. 服务方式

很多加盟连锁企业的营建部在为单店提供支持服务时经常会出现两个极端。

第一个极端是“应付了事”。以店面装修为例，营建专员只是将店面的《SI（企业终端形象识别系统）手册》发给单店营运人员（单店的店长，或者加盟店的加盟商），让他们自行寻找装修公司，让装修公司按照《SI 手册》上的装修效果图出具施工图，然后直接进行店面的装修工作。如果按照上述方式进行装修，经常会造成店面装修反复翻工的现象，而总部与单店之间的裂痕也会因此正式拉开序幕。因为上述过程中的营建部缺少了指导单店选择装修公司、审核施工图等工作，而这些工作对于一家新开的店来说是至关重要的。

第二个极端是“亲力亲为”。比如，总部在面对单店在营建过程中出现的各种问题总是习惯性“眉毛胡子一把抓”，久而久之，营建部就演变成了单店营建过程中的救火队员：哪里需要往哪里奔。如此做法虽然能够解决平常的直营店店面的营建问题，但是对于加盟店来说就非常棘手了，因为加盟店开店的时间周期集中性比较明显，区域分布比较零散，从长远角度看，这种做法会严重制约加盟连锁企业的拓展。

在笔者看来，出现上述两个极端的核心原因有二：其一，没有厘清加盟连锁总部营建部在进行营建工作时的服务方式究竟是什么；其二，没有将相关的工作内容沉淀至相应的手册之中。因此，笔者根据多年的专业特许连锁的顾问咨询经验，为营建部的工作内容总结了八字方针："指导、协调、督促、检查"。企业只有严格地按照这八字方针，才能切实地保证单店营建的顺利进行。那么，这八字方针到底是什么意思呢？

何谓"指导"？意思是营建部在服务工作过程中只需要将相应的工作方式、工具传递给单店营运人员，然后指导单店营运人员进行具体实施即可。以店面选址为例，营建部人员首先要知道自己所处的行业一般情况下可以利用哪几种渠道快速获得店址，然后，将这些获得店址信息的渠道、发布的内容、发布的时间段等经验传递给对方。待对方找寻到店址信息后，营建部再将包含 10 大模块的选址打分表发送给对方，让对方按照打分表对自己寻找到的店面信息进行综合评分。这才是营建部要为单店提供的"指导"服务。

何谓"协调"？意思是营建部在指导店面进行营建工作的同时，需要做好单店与总部其他相关部门的协调工作，比如说与总部的培训部协调好具体的培训时间、与物流中心协调好产品配送的时间等。这些就是营建部要为单店提供的"协调"服务。

何谓"督促"？意思是营建部自单店开始筹备时，就着手与此单店营运人员共同制订出一个"单店筹备日程表"，然后以此日程表来催促单店营运人员必须保质保量地在既定的时间周期内完成相应的工作任务，以免因时间的问题为单店带来一系列不必要的损失。在单店筹建的周期内，营建专员保证每天都能够知晓店面的营建进度，然后凭借多年对多家店面的营建经验给予单店营运人员相应的建议，以便进一步提升单店的营建速度和质量。

何谓"检查"？营建部在负责店面营建过程中需要进行检查的工作内容特别多。所以，营建部要时刻关注店面的装修进度，以及实时的装修效果，并以此来避免加盟店店面装修结束后，却发现加盟商没有按照总部的统一要求进行店面的装修。虽然这种情况的损失一般都会由加盟商承担，但是加盟连锁总部在加盟商心中的专业地位一下子就会一落千丈，而加盟商也很有可能会在日后的经营过程中用自己的方式从总部“找回”自己的损失，而这正是盟主方与加盟商之间产生矛盾的主要原因之一。综上，营建部为单店提供的“检查”服务是非常必要的。

3. 起点与终点

单店是支持整个加盟连锁模式的基础元素。对于加盟商来说，选好店址无疑是成功经营的首要条件。因此，店址的选择成为加盟连锁总部营建部的主要工作之一，也是营建部工作的起点。这个起点对于加盟连锁总部来说意义很多，直接选择店址可能是为了直营店面的拓展，也可能是为了更好地促进招商工作的进展，指导加盟商选址则是为了进一步提升加盟商成功的概率。依据公司发展的战略不同，选址的意义也就不尽相同，但是这对于营建部来说是开展工作的第一步。

工作内容的第一步比较好确定，但是营建部的工作内容的终点不尽相同：有的企业将营建部的终点界定在店面装修结束，而象征着营建部工作内容结束的文件就是《店面装修验收审核单》，以此来作为营建部工作的句号；有的企业将营建部工作的终点界定在店面试营业之后的 3 天，单店开门营业、顾客进店则象征着营建部工作内容的结束；有的企业将营建部工作的终点界定在店面试营业之后的 15 天，为什么是 15 天而不是 3 天？因为总部考虑到单店在试营业之后不一定能够将总部的培训内容完全消化并应用到实际的店面营运工作中去，因此多了 2 周左右的时间来进一步提升单店成功的概率，也因此在《加盟指南》中的“18 项支持”中多了“扶上马送一程”的承诺。

不同的连锁企业因行业不同、规模不同、产品服务不同等，在营建部工作内容的终点界定上千差万别。虽然上述多种界定方式各有利弊，但是依据实际的情况和笔者多年的试验与研究，以及实际市场的反馈，笔者建议将营建部工作内容的终点界定在店面正式开业之后更为合理，原因有三。

第一，单店开业前交接工作容易导致多方人员权责界定不清。

单店在正式开业之前，会有很多方面的调整工作，而这些调整性的工作内容主要由营建部来负责。我们可以设想一下，如果过早将单店移交给营建部的后续部门即督导部负责，那么，如果单店出现了问题，督导部与营建部、单店之间的三角关系就会很容易导致“扯皮”现象。

第二，单店开业前交接工作容易导致开业策划方案偏离实际。

对于一个新开设的店面来说，开业庆典的好坏将会直接影响店面在当地的立足与经营，营建部从指导或帮助单店进行选址到店面正式营业，一般都在45天（不包含选址的时间）以上，在这段时间里，营建部对于单店所处的商圈，周围的消费水平、消费习惯以及单店实际经营人员的特点等都会有相当程度的了解，再结合单店内在、外在的因素，营建部完全可以制订出一个落地性很强的开业策划方案。但是，如果督导部在单店开业之前直接接手单店，并为单店提供了开业策划方案的话，该开业策划方案的后续落地恐成问题，因为督导部对于该店的实际了解远远不如营建部。

第三，单店开业后交接工作可以一举三得。

营建部为单店提供的支持服务是短期的，督导部为店面提供的支持服务是长期的。对于前期的单店来说，不需要过多、过深的营运培训，因为其接受能力是有限的，而营建部在这个时候刚好能够通过初级的指导来帮助单店运营人员快速过渡到下一阶段的营运工作。此种做法既可以缓解督导部的压力，又可以让单店快速地进入正轨，还可以让营建部获得相应的提成收入，一举三得。

综上所述，依据服务内容我们可以明确营建部实际的岗位职责，依据服务方式我们可以明确营建部如何落实自己的岗位职责，依据起点与终点我们可以明确实施自己岗位职责的起与止，每一步工作的明晰不但可以显著地提升营建部的工作效率，还可以提升整体的服务质量。

俗话说得好，“万事开头难”，只有走好了第一步，才能为后续的每一步奠定更扎实稳定的基础，营建部的工作处于整个加盟连锁模式输出的最前端，更需要引起每一个加盟连锁企业的高度注意。

（二）模式输出的第二步

在加盟连锁模式输出的第一步中，笔者着重阐述了硬件设施如何进行输出。在加盟连锁模式输出的第二步中，其输出方式主要以培训为主，而此阶段的培训好坏将直接影响日后加盟商店面实际的经营情况。所以笔者通过剖析加盟连锁总部负责培训工作的培训部，来详细解读加盟连锁模式成功输出的第二步到底该如何进行。

在接下来的剖析过程中，笔者将通过培训部的精准定位、职责内容、培训模式、讲师分布、培训节点五个方面进行详细解读。

1. 精准定位

实际的调查结果显示，绝大多数的加盟连锁企业都给予了培训部一个错误的定位，将企业内部的培训部定位为讲师团队。培训输出均由这个“强大”的讲师队团队来完成，貌似全能型的培训讲师，背后显现出来的问题则是专业性不够、实用性不强、严重与一线市场脱轨。很多的加盟商都不愿意参加总部的统一培训，认为此种培训是浪费大家的时间，现实中的确存在这种情况。

基于对上述情况的表述，笔者建议加盟连锁企业首先将培训部定位为统一协调、组织、安排、实施、督促、评审整个培训过程的“教务处”，而不是“万能”的讲师团队！

2. 职责内容

教务处式的培训部主要负责本加盟连锁体系在输出过程中所需培训课程、培训讲师、培训模式、考核方式、培训方式等的设计、实施、监控等工作。

在培训课程方面，培训部需要负责培训课程的调研、开发、试讲、存档、更新等工作，以确保培训课程的内容具备实用性、时效性、全面性、系统性，从而实实在在地实现“复制成功、克隆财富”的目标。

在培训讲师方面，培训部一方面要负责内部培训讲师的招募、培训、内聘、管理、考核、奖惩等工作，另一方面要负责外部讲师的筛选、评审、签约、考核等工作。

在培训模式、考核方式、培训方式等方面，培训部同样要站在教务处的角度进行相关工作内容的制订、实施与监控。

3. 培训模式

为了能够更好地将单店的成功经验复制给加盟商，笔者建议培训部采用“认知培训＋理论培训＋实操培训＋实习培训”的模式进行输出。

（1）认知培训。

所谓的认知培训是指在开始正式培训之前给予加盟商的一些铺垫性培训，此种铺垫性培训至少包含学习的重要性、企业自身情况以及市场情况三个方面的内容。

之所以将学习的重要性排在了培训的前列，主要是因为在中国，对于大多数的盟主方来说，他们选择的加盟商投资额大多数集中在20万元以下，而这些投资人中85%以上文化素质不高，对于学习的重视程度也不高，所以总部在对此类人群进行相关培训之前，必须着重对他们进行“学习重要性”的培训，否则培训的最终效果会大打折扣。虽然此种结果对于任何一方来说都是不愿意看到的，可是一旦出现，大多数的加盟商会将责任100%归咎于总部，将总部的培训贬低得一文不值。由此笔者着重建议培训部在安排加盟商统一培训时，首要培训内容就是学习的重要性！

学习的重要性是认知培训模块主要的培训内容之一。除此之外，培训部要负责安排相关讲师进行企业、市场等模块信息的传递。其目的有两个，一个是让每一位加盟商对企业、产品、市场都拥有120%的自信，另一个是让每一位加盟商都能够清晰地认识企业、了解产品、熟悉市场，从而进一步推进接下来的培训学习以及日后的店面实际经营。

（2）理论培训。

所谓理论培训是指盟主方将无须实际动手操作或实际动手操作之前所需熟知的信息内容，通过授课的方式教给加盟商，如单店的各项工作职能、职责、经验、技巧、规章、制度等方面的信息。

（3）实操培训。

所谓实操培训是指将操作性比较强的内容通过角色扮演、户外训练、情景模拟等方式进行培训，如单店的陈列、礼仪、话术、导购、演示等方面。

（4）实习培训。

实习培训主要由直营部、督导部负责，培训部需要负责的工作就是将完成上述三种培训内容的加盟商移交给直营部、督导部，由直营部、督导部统一协调安排加盟商到相应的店面进行实习工作。

4. 讲师分布

讲师是谁？讲师来源于何处？这两个问题困扰着绝大多数的加盟连锁企业。笔者依据多年的咨询顾问经验，建议连锁企业的讲师团队由专职讲师、兼职讲师、外聘讲师共同构成。

专职讲师是指直属于培训部领导，不再担任公司其他部门工作的讲师；兼职讲师是指直属于公司营建、督导、人力、财务、物流等职能部门领导，但需要依据培训部的培训计划及时为加盟商授课的讲师群体；外聘讲师则是由培训部通过合同关系聘请的其他公司讲师，为公司提供相应模块的培训内容。

专职讲师与兼职讲师属于公司的内部讲师，主要分布于公司的各个职能部门，专职讲师主要由培训部的讲师构成，而兼职讲师的分布则比较广泛，如主要负责单店硬件设施输出的营建部、负责单店全面质量管理的督导部，以及人力部、财务部、物流部等其他职能部门。

笔者依据多年的咨询顾问经验以及多渠道的访谈结果，将企业内部讲师分布情况做了一个剖析，建议连锁企业在组建、调整公司内部讲师团队时可参照图 2－2 所示的比例进行相关讲师的抽调、选拔和培训。

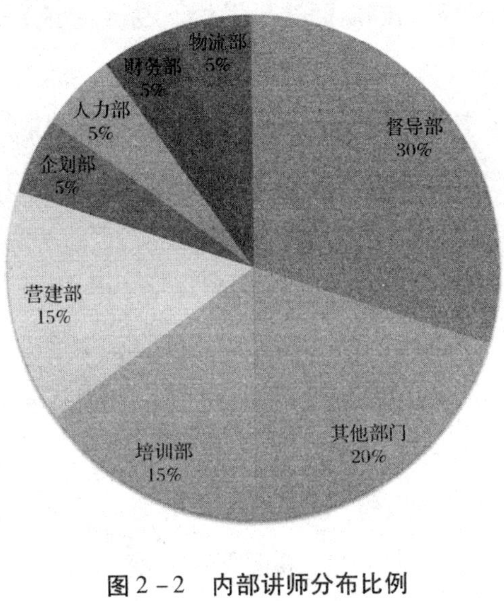

图 2－2　内部讲师分布比例

近 50% 的内部讲师来自营建部、督导部，其主要的原因是这两个部门一直处于服务单店的一线，部门人员更了解单店运营的方方面面，尤其是来自督导部的讲师，对于督导部的督导专员来说，其主要的招聘渠道就是内部选拔，而主要的选拔对象一般都是经营店面比较出色的店长，在这样的一批人中选拔更优秀的督导专员成为讲师，他们讲述出来的内容也就更贴合一线，更有利于单店相关人员吸收、消化以及应用。

笔者着重解释图2－2所示的“其他”一类中的讲师，这些讲师一部分来自公司的其他职能部门，一部分来自经营店面非常出色的加盟商。之所以选择让加盟商也成为公司的内部讲师，其原因有很多，如提高加盟商的参与度可加大加盟商对总部的依赖感、自身的荣誉感，加盟商的成功经验分享可提升业绩一般或稍差的加盟商的自信度以及竞争意识。

5. 培训节点

对于刚刚加入这个行业的加盟商来说，虽然他们需要学习和了解的内容非常多，但是在界定的时间内，每个人对新鲜信息的接收程度、理解程度、应用程度都是有限的。在这里，笔者依据多年服务连锁企业的经验给大家一个培训节点设置的建议，如图2－3所示。

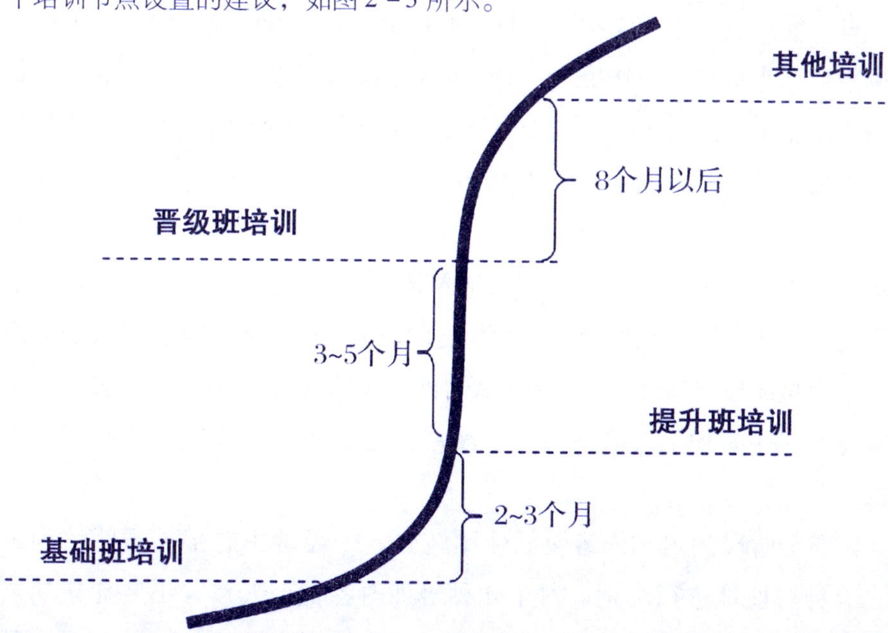

图2－3　培训节点设置

总部的培训部在进行相关信息的培训时要依据行业、企业的实际情况，合理地将培训内容拆分成2～4次进行，如基础班培训、提升班培训、晋级班培训以及其他培训，以避免填鸭式的培训方式让最终的培训效果大打折扣。

要知道，填鸭式的培训方式伤害的不仅仅是加盟商，而是双方。对于加盟商而言，加盟商加盟之后没有能够掌握到相关的经营技能，造成单店经营业绩始终上不去；对于总部而言，加盟商赚不到钱，总部也就赚不到钱。而加盟商赚不到钱，可能会将过失归因到总部，认为是总部没有支持到位，久而久之，一个非常出色的加盟项目可能就会因为加盟商不断传递的负面信息而日落西山。

基础班培训一般安排在单店开业之前完成，以保证单店的各岗位人员能够在开业之后各司其职，实现单店的基本运营功能。待到2～3个月之后，单店各岗位人员能够完全应用基础班培训内容时，再进行提升班培训，以保证单店能够快速进入盈利阶段。一般情况下，提升班培训的内容需要单店各岗位人员花费一定的时间才能够完全消化，在这里笔者着重强调一点，就是不要急于安排下一阶段的培训，此阶段的培训内容对于单店来说是一个非常重要的转折点。2个月的基础培训没有让单店盈利，无论是加盟商还是总部都可以理解，可是3～5个月之后，如果单店的业绩依旧上不来，那么首先着急的是加盟商，其次，这场火会慢慢地燃烧到总部，而这些都是大家所不愿看到的结果，所以笔者建议企业在设定第三阶段培训节点时一定要贴合自身的实际情况。如果第一阶段、第二阶段的培训不能够有效帮助到加盟商，那么第三阶段的培训内容就会让总部非常尴尬，因为总部在召集加盟商来参加培训时，即使是态度友好的加盟商也会回复总部“不参加了，培训的内容没用，还浪费我经营店面的时间和来往的车费”。

第四个阶段的培训内容灵活性比较强，一般是由总部外请的培训讲师来有针对性地进行培训。对于此种培训内容，个人建议不要让新加盟的加盟商参与其中，因为他们在未将之前的培训内容消化之前，就接受更深入的培训，只会增加加盟商的学习负担，而与总部实际的出发点相距甚远。

综上我们可以看出，加盟连锁模式的输出不是培训部一个部门的事情，而是需要总部各个职能部门全部参与才能够顺利完成，这一点看似简单，但是现实的情况是，中国大多数的连锁企业都是将加盟连锁模式输出的第二步全权移交给了“万能”的培训部。对于出现此种情况的企业，笔者建议尽早调整。

（三）模式输出的第三步

加盟连锁模式在输出过程中的基础元素是单店，单店由硬件方面（包括店铺、装修、证照、人员、货品、包装、展柜、设备、画册等）以及软件方面（文化、宣传、导购、流程、话术、礼仪、技能、管理、制度等）构成。

加盟连锁模式输出的第三步工作与过往的两个步骤有所差别，主要表现在如下几个方面。

- 输出的周期不再聚焦于某一时间阶段。
- 输出的内容灵活性较强。
- 输出的内容针对性、实用性较强。
- 输出的方式不再以培训为主，而是以督促、指导、检查、抽查、帮助、纠正等方式为主。

加盟连锁模式输出的第三步具有独特性，所以，在正式与大家分享之前，有一点内容需要明确，模式输出的第三步工作主要由加盟连锁总部的督导部来负责完成，而笔者此次也将通过介绍督导部的定位、部门衍生与基础架构，设计简单易操作的督导工具，多重模式开展督导工作等方面透析加盟连锁模式输出的第三步。

1. 督导部的定位

（1）督导部在加盟连锁总部运营过程中的错误定位。

在实际的经营过程中，大多数的连锁企业对督导部的定位都比较模糊，不利于企业的长久发展。

笔者着重与大家分享两个比较典型的督导部的错误定位。

第一，督导部成为总部的“推销员”。

部分连锁企业将加盟连锁总部的督导部单纯定位为总部的“推销员”，而这个现象大多数出现在零售行业，督导部每天的主要工作内容就是不断向加盟店施压，让店主抓紧时间订货，而忽略了辅导加盟店进行店内产品的销售工作，从而造成加盟店货品积压，加盟商怨声载道。

第二，督导部成为总部的“救火队员”。

部分连锁企业在招募加盟商时给予了加盟商一系列的加盟支持的承诺，可是在加盟商真正加盟总部的项目之后，总部发现自己根本就没有能力、没有时间、没有人员、没有手册去兑现过往的承诺，而为了平息加盟商的怨气，只能够被迫将总部的督导部员工转换成所谓的外派店长，然后通过让他们不断下店帮助加盟商进行产品的销售、店面的管理、人员的招聘等“具体性”工作，来“堵住”加盟商不满的抱怨声。可是这种做法带来的后果是督导部失去了真正存在的价值，增加了总部的人力资源成本，而且进一步恶化了总部与加盟商之间的关系，得不偿失。从好的方面来讲，一个能够给加盟店创造价值的外派店长虽然能够暂时解决加盟店的问题，但是外派店长不可能长期驻扎在加盟店，此种做法可谓是扬汤止沸；从坏的方面来讲，一个不能够给加盟店创造价值的外派店长驻店之后，加盟店还需要给他承担食宿费、交通费等费用，本就有怨气的加盟商遇到此种情况后，可谓是火上浇油。

（2）明确督导部在加盟连锁总部的清晰定位。

为了避免上述现象的出现，我们需要对加盟连锁总部的督导部做出一个正确的定位。依据多年的研究，我们给加盟连锁总部的督导部下了一个定义：

“督导部通过督促、指导、检查、抽查、帮助、纠正等方式持续地不定期地有针对性地解决单店在日常经营过程中遇到的实际问题。”

通过上述定义我们可以清晰知晓督导部的工作方式是督促、指导、检查、抽查、帮助、纠正等，督导部为单店提供的服务是长期性的，此处所指的长期性是指在加盟期内，如图2－4所示。

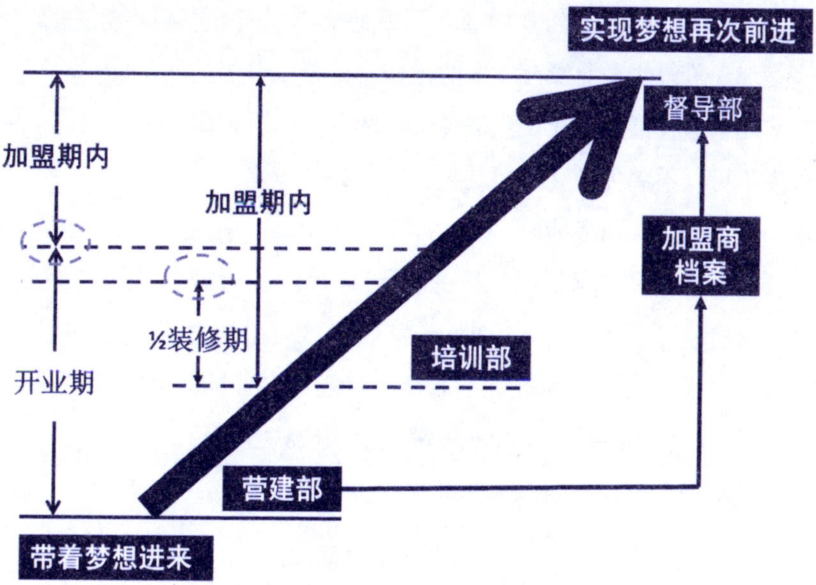

图2-4　督导部提供的服务是长期性的

督导部为单店提供的服务虽然是长期性的，但是在进行督导服务时应避免出现定期督导，应采用不定期随机性督导，以保证单店时刻保持在高规格要求下开展日常运营管理工作。

"有针对性地解决单店在日常经营过程中遇到的实际问题"即为督导部开展工作时的具体工作内容的总结。督导部的主要工作内容不是"指手画脚"，而是在发现单店存在的问题后给予一个可以立刻落地实施的解决方案，并辅导相应人员进行落地实施，然后持续跟踪解决方案的具体落实效果，以避免出现"令而不行"的现象。如指导店面导购人员进行产品的销售，指导店长进行店面人员的管理、考核、激励，以及店面营销、宣传活动的积极开展等工作。

2. 督导部的部门衍生与基础架构

（1）督导部的部门衍生。

只要企业打算采用连锁经营、加盟连锁的模式来发展自己，督导部就会成为必不可少的一个部门。可是连锁企业在发展的初级阶段会遇到一个尴尬的局面，即明知连锁企业的发展需要督导部这样的一个部门存在，但没有太多的资金去养活这样一个独立的部门，即使拥有了资金打算设立这样一个部门，也发现现阶段的企业没有太多的工作安排给督导部负责。

对于以上这种情况，我们只需要遵循两个基本原则即可。

●岗位可以不单独设立，但是工作内容必须设定。

●一人多职，一职多能。

这样做一方面可以满足现阶段的工作需要，另一方面又可以节约企业发展初期的资金，可谓一举两得。但是随着连锁企业的不断发展与单店数量的增加，仅将督导的工作安插进行不能够满足连锁企业的发展需要，那么这个时候就需要逐步将督导部从工作职能部门衍生成独立部门。

以下是加盟连锁总部组织架构（见图2－5）。

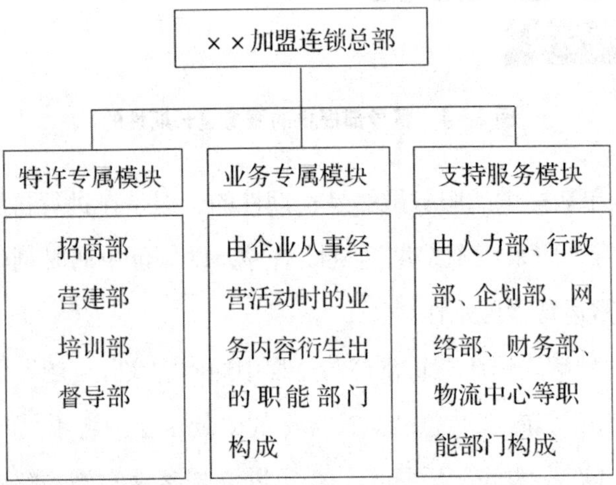

图2－5　加盟连锁总部组织架构

图2－5所述的三个模块是连锁企业发展的必然构成部分，特许专属模块主要包含四个部门：招商部、营建部、培训部、督导部。发展初期的连锁企业很难将这四个部门彼此之间的工作内容界定清楚。

接下来笔者着重给大家分享一下中国式督导部一般情况下的衍生历程，以此来帮助连锁企业清晰界定各个部门，如表2－3所示。

表 2－3　企业各部门兼容一览

企业发展状况	招商部	营建部	培训部	督导部
连锁企业发展初期为直营连锁店	无	共同完成单店的筹建、培训、运营、管理、督查等工作内容，无部门专属工作的界定		
连锁企业符合“一标两店一年”的规范后开始在总部周边开展加盟商招募计划	因前期意向加盟商数量不多，且企业本身需要沉淀招募加盟商相关的经验，前期将招商部与营建部的工作内容合并至一处。即从信息获取、洽谈沟通、合同签约到单店开业等工作由此部门全权负责，此种做法既有利于兑现招商过程中的承诺，也有利于保障招商工作与后期的建店工作不产生脱节现象		共同完成单店的培训、运营、管理、督查等工作内容，无部门专属工作的界定	
招商工作初见成效，连锁企业单店相关的标准化工作完成，计划全国范围内开展加盟业务	独立成为一个部门，工作重点为招募加盟商	独立成为一个部门，主要工作内容为指导加盟商进行选址、装修、办证、人员招聘、协调培训，直至单店开业	共同完成单店的培训、运营、管理、督查等工作内容，无部门专属工作的界定	
连锁企业现有单店基数达到一定数量，未来可见入围单店数量急剧增多	独立成为一个部门，工作重点为招募加盟商	独立成为一个部门，主要工作内容为指导加盟商进行选址、装修、办证、人员招聘、协调培训，直至单店开业	独立成为一个部门，主要负责协调、培训单店在日常经营过程中所需要的所有内容	独立成为一个部门，负责通过督促、指导、检查、抽查、帮助、纠正等方式持续地、不定期地、有针对性地解决单店在日常经营过程中遇到的实际问题

（2）督导部的基础架构。

相对于加盟连锁总部的其他部门而言，督导部人员架构的扁平化设计更有利于对督导部相关人员进行激励、监察、管理。因行业不同、企业不同，督导部的组织架构会有些许的不同，但是督导部的基础架构应基本保持一致，如图 2 –6 所示。

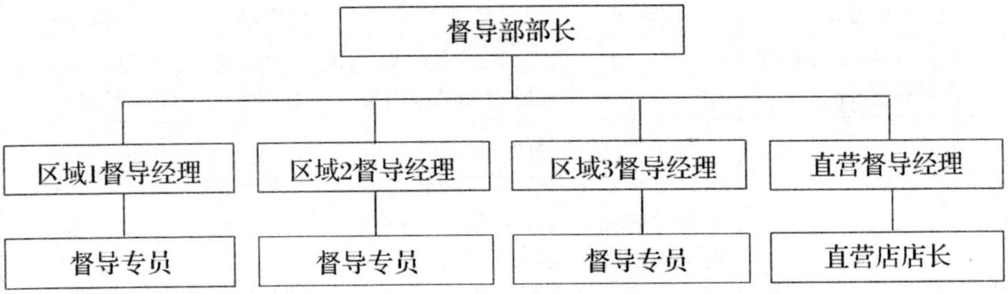

图 2 –6　督导部的基础架构

（3）督导部人员的来源渠道。

“欲戴王冠，必承其重”。督导部作为加盟连锁模式输出的最后一环，其重要性自然不言而喻，对于督导专员的个人能力要求自然很高。这个部门的人员需要具备培训师的培训能力、店长的管理能力、导购人员的销售能力，并熟悉单店软、硬件相关的标准、制度等。

对于这样一个岗位的人员，如果只是单纯对其进行理论培训，其很难适应这个岗位的工作内容，所以笔者建议督导部人员的来源渠道如表 2 –4 所示。

表 2 –4　督导部人员的来源渠道

企业发展阶段	主要来源渠道	备　注
初创期	优秀的直营店店长	连锁企业在发展初创期一般会缺乏大量的标准化的手册，所以只有选拔优秀的店长才能够有针对性地解决单店实际存在的问题
发展期	优秀的直营店店长 营建部相关人员 外聘经验丰富的督导人员	连锁企业在发展期一般会拥有一定数量的标准化的手册，所以可以通过这些标准化的手册来培养一些督导部人员，但是手册毕竟不完善，所以对培训对象的要求比较高
稳定期	优秀的直营店店长 营建部相关人员 外聘意向从事督导工作的人员	连锁企业在进入发展的稳定期时必须拥有一系列傻瓜、细节、实战的手册，以此来作为不断复制人才的基础。所以这个阶段对于人才的底蕴要求相对较低

3. 设计简单易操作的督导工具

依据笔者多年从事连锁顾问咨询策划的经验，无论是经验多么丰富的督导人员，在缺失简单易操作的督导工具的情况下，每一次下店或多或少都会出现忘记督查重点、忽略督导环节等现象。

为了避免出现上述情况，提高督导的效率以及督导的质量，我们需要设计出一系列的督导明细。督导明细的内容需要包含店面管理的方方面面，如店面督导表、产品督导表、人员督导表、政策督导表等。在设计上述明细及表单时必须要遵循手册编制的三个基本原则。

●傻瓜，即使用者在使用时一定要简单易操作。

●细节，督导的明细一定要全面、细致，避免出现轮廓性、纲领性的描述。

●实战，设计出来的督导明细一定要切合实际的需求，避免出现不切实际的督导。

某店面督导表如表 2－5 所示。

表 2－5　某店面督导表

表单编号：	制定部门：
版本：	保存部门：

填表人：　　　　　　填表时间：

进行检核时的评价因素	满分	得分结果	问题描述	建议	复检情况
1. 店前空间和外观是否合乎规范	5				
2. 门头是否标准、干净、完好、整洁	10				
3. 店内装修装饰是否标准、干净、完好、整洁	10				
4. 店内布局是否合理	5				
5. 陈列区是否干净、整洁	10				
6. 店内产品陈列是否合乎规范	10				
7. 接待区是否标准、干净、整洁	10				
8. 店内卫生是否合乎规范	10				
9. 店内温度是否合乎规范	5				
10. 店内灯光是否合乎规范	10				
11. 店内背景音乐是否合乎规范	10				
12. 店内音像设备是否合乎规范	5				

续表

进行检核时的评价因素		满分	得分结果	问题描述	建议	复检情况
13. 仓库是否整齐有序、干净、无异味		10				
评价基准	A. 合计 88 分以上为良好 B. 合计 66 分以上为一般 C. 合计 66 分以下急需改进		评价		合计分数	

督导人员在下店过程中，除了需要携带上文所述的各种表单之外，还需要携带其他方面的督导工具，如：

（1）本次要督导的加盟商档案资料。

●店面商圈图、店面布局图、店面地址。

●加盟商的联络名单。

●加盟商的历史销售数据等。

（2）检查记录工具。

●笔、笔记本。

●录音工具。

●照相工具。

●录像工具。

●电脑。

4. 多重模式开展督导工作

为了更好开展模式输出的第三步，加盟连锁、连锁经营总部需要采用多种模式来开展督导工作。

督导模式非常多，笔者在此着重分享以下三种常用的督导模式。

（1）现场督导。

督导人员亲临专卖店现场进行实际的监督与指导工作，此种督导模式比较耗时，但是效果比较好。

（2）非现场督导。

督导人员没有亲临专卖店现场的督导，具体采取的手段如下。

●信息系统：通过 ERP（企业资源计划）等分析专卖店进货量，从而分析专卖店的经营效果。

●通信工具沟通：具体的工具可以包括电话、传真、QQ、E－mail（电子邮件）等。

●第三方反馈：比如顾客投诉、政府管理部门的通知、供应商意见、媒体报道等。

●视频监控督导。

此种督导工作比较节约时间，在某些特定方面效果比较好。

（3）第三方督导。

为了能够更加客观、真实地获取店面的信息，加盟连锁、连锁经营总部需要借助一些第三方机构来实现督导工作，如神秘顾客等。

笔者从督导部工作内容的角度向大家解析了加盟连锁模式输出的第三步。第三步的输出既是对过往两步完成情况的检查，又是对过往两步输出不足的完善，同时是加盟连锁总部在贯彻新政策、新思想、新模式下的最直接输出。

第六节　盟主方和加盟商之间的职权分工

加盟连锁企业一定要对盟主方的职权与加盟商职权进行界定，以便让加盟商清晰地知道哪些事情需要他来完成，哪些事情可以依靠总部来协助完成。如此一来，不但可以提高加盟商工作推进的速度，还可以明确界定出盟主方相关岗位人员的工作内容，以此来做出相应的工作管理。盟主方和加盟商职权分工如表2－6所示。

表 2-6　盟主方和加盟商职权分工

职权分类	盟主方	加盟商
选　址	一般情况下盟主方负责指导加盟商选址，并协助加盟商进行店址的最终确认 有条件的盟主方会采用代选址或者委托第三方进行选址	一般情况下加盟商负责依据总部提供的选址模型进行店址的选择 加盟商负责具体店址的最终确定
装　修	一般情况下盟主方负责指导加盟商进行装修，以及装修完毕后的整体验收	一般情况下加盟商负责依据总部提供的单店装修效果图及相匹配的装修指南进行店面的装修
	有条件的盟主方会采用代装修或者指定第三方装修公司	加盟商负责装修成果的最终验收
办　证	一般情况下盟主方负责指导加盟商进行证照办理	一般情况下加盟商负责具体的证照办理业务
	特殊证照由盟主方负责统一办理	加盟商负责配合执行相关事宜
招　聘	一般情况下盟主方负责指导加盟商进行单店各岗位人员的招聘，并负责将单店人力管理相关手册发送给加盟商	一般情况下加盟商负责按照总部发送的单店组织架构、岗位职责、薪酬结构等手册进行单店各岗位所需人员的招聘工作
培　训	盟主方负责将单店经营中所需要的全套的盈利模式培训给加盟商	加盟商本人及店内招聘的相关人员负责准时参加总部安排的相关培训课程
资金筹备	一般情况下，盟主方并不负责加盟商开店所需的任何资金	一般情况下，加盟商用于加盟、开店、运营所需的相关资金都由自己进行筹备
	依据自身加盟模式的特点，部分盟主方会给予加盟商筹备资金的指导以及必要文件的提供 依据自身加盟模式的特点，部分盟主方会为加盟商提供直接性贷款、间接性贷款、贷款担保等服务	加盟商负责依据总部提供的资料文件以及资金筹备的模式进行加盟、开店、运营所需的相关资金的筹备 加盟商负责依据总部提供的政策依序完成加盟、开店、运营所需的相关资金的贷款工作
产品研发	盟主方主要负责单店内经营所需的各类产品的研发工作	加盟商没有产品研发的权限，更不能在未经总部同意的情况下经营。但是加盟商可以依据自己对于市场的实际了解情况向盟主方提出产品研发的方向或者建议
产品生产	盟主方负责单店经营过程中所需产品的主要生产工作	加盟商负责产品最后工序的加工

续表

职权分类		盟主方	加盟商
品牌使用	商标方面	盟主方拥有商标的所有权	加盟商拥有在加盟合同中约定的范围内的使用权限
	宣传语方面	盟主方拥有宣传语方面的设计权限以及审批权限	加盟商可以依据自己对于市场的实际情况以及产品的属性特征设计相关的宣传标语，但是这些宣传标语必须要经过总部的审批通过后才能投入使用
单店管理	人力管理	一般情况下盟主方负责将单店人力管理相关的手册发给加盟商，并指导加盟商如何使用，并不直接参与单店的直接管理	一般情况下加盟商负责按照总部的单店人力管理相关的手册及指导进行单店的具体的人力管理工作
	财务管理	一般情况下盟主方负责将单店财务管理相关的手册发给加盟商，并指导加盟商如何使用，并不直接参与单店的直接管理	一般情况下加盟商负责按照总部的单店财务管理相关的手册及指导进行单店的具体的财务管理工作
	物流管理	一般情况下盟主方负责将单店物流管理相关的手册发给加盟商，并指导加盟商如何使用，并不直接参与单店的直接管理	一般情况下加盟商负责按照总部的单店物流管理相关的手册及指导进行单店的具体的物流管理工作
单店管理	营销管理	一般情况下盟主方负责将单店营销管理相关的手册发给加盟商，并指导加盟商如何使用，并不直接参与单店的直接管理	一般情况下加盟商负责按照总部的单店营销管理相关的手册及指导进行单店的具体的营销管理工作，在实际经营过程中单店可以拥有灵活的营销策略实施权限，但是需要向总部备案，以免造成同一区域内的单店出现价格错乱等现象
	其他方面管理	盟主方尽可能全面地将单店在实际经营过程中需要的手册发给加盟商并进行相应的培训指导。对于突发情况或者首次现象，盟主方应当遵循第一时间处理的原则	加盟商首先应找总部匹配的相关手册以及指导，如果手册内容未涉及，加盟商需要遵循先报批、后执行的原则

续表

职权分类		盟主方	加盟商
采购方面	设备类	盟主方负责将加盟商在经营过程中所需要的设备全部选配齐全，并形成设备清单，然后根据企业的发展战略去确定哪些设备由总部统一配送，哪些设备由总部进行指定采购，哪些设备由总部将采购标准给到加盟商，由加盟商进行自行采购	加盟商负责依据总部指定的统一的设备采购标准进行采购
	器材类	盟主方负责将加盟商在经营过程中所需要的器材全部选配齐全，并形成器材清单，然后根据企业的发展战略去确定哪些器材由总部统一配送，哪些器材由总部进行指定采购，哪些器材由总部将采购标准给到加盟商，由加盟商进行自行采购	加盟商负责依据总部指定的统一的器材采购标准进行采购
	产品类	一般情况下总部给加盟商提供全部的经营所需产品，此产品既包括成品、半成品，也包括核心原料等	加盟商负责依据总部指定的统一的产品采购标准进行采购
	物料类	盟主方负责将加盟商在经营过程中所需要的物料全部选配齐全，并形成物料清单，然后根据企业的发展战略去确定哪些物料由总部统一配送，哪些物料由总部进行指定采购，哪些物料由总部将采购标准给到加盟商，由加盟商进行自行采购	加盟商负责依据总部指定的统一的物料采购标准进行采购
	其他类	盟主方负责将加盟商在经营过程中所需要的其他物品全部选配齐全，并形成其他物品清单，然后根据企业的发展战略去确定哪些由总部统一配送，哪些由总部进行指定采购，哪些由总部将采购标准给到加盟商，由加盟商进行自行采购	加盟商负责依据总部指定的统一的其他物品采购标准进行采购

第七节　加盟连锁备案是合法开展加盟连锁的前提

法商结合是一个新时代企业经营的前提条件，加盟连锁企业则需要在商务部完成加盟连锁企业备案之后才能够合法地开展招商业务，否则视为在违法的情况下招募加盟商。

关于加盟连锁备案，首先需要企业具备“一标两店一年”的条件，“一标”指的是一个注册商标，“两店”指的是两家直营店，“一年”指的是直营店的营业执照注册日期距备案日期一年以上。在满足上述条件的情况下，再去准备其他备案时所需要的资料文件，最后按照商务部备案流程逐级提交材料。

表2－7所示内容，即为加盟连锁企业，在进行加盟连锁备案时，所需提交的材料清单。

表 2－7　特许经营备案清单

序　号	清单内容
1	商业加盟连锁基本情况
2	中国境内全部被盟主方的店铺分布情况
3	盟主方的市场计划书
4	企业法人营业执照或其他主体资格证明
5	与加盟连锁活动相关的商标权、专利权及其他经营资源的注册证书
6	盟主方在中国境内的被盟主方，首次订立加盟连锁合同之日起 15 日内，向备案机关申请备案的证明材料
7	与中国境内的被盟主方订立的第一份加盟连锁合同
8	加盟连锁合同样本
9	加盟连锁操作手册的目录（须注明每一章节的页数和手册的总页数，对于在特许系统内部网络上提供此类手册的，须提供估计的打印页数）
10	国家法律法规规定经批准方可开展加盟连锁的产品和服务，须提交相关主管部门的批准文件。外商投资企业应当提交《外商投资企业批准证书》，《外商投资企业批准证书》经营范围中应当包括“以加盟连锁方式从事商业活动”项目
11	经法定代表人签字盖章的盟主方承诺
12	备案机关认为应当提交的其他资料

注：摘自《商业加盟连锁备案管理办法》。

第八节　直营连锁企业同样可以开放加盟

所谓直营连锁企业由直营店构成的连锁企业，对于直营店的股权界定则是单店持股在51%以上者即为直营店。因此，由总公司持股51%以上的直营店构成的连锁模式，也可定义为直营连锁企业，为此，连锁企业完全可以将单店49%的股份加盟出去，将49%的股份加盟出去的加盟模式一般表现为如下几种情况（见表2－8）。

表2－8　加盟49%股份情况

序号	情况描述
1	加盟商负责单店的前期投资，并持有单店49%的股份，盟主方负责托管式运营单店，并持有单店51%的股份
2	盟主方负责单店的前期投资，并负责前期运营单店，加盟商加盟之后负责投资购买单店49%的股份
3	盟主方负责单店的前期投资，并负责前期运营单店，然后通过单店员工内部出售、股权激励的方式出让单店49%的股份
4	盟主方在单店筹备之前，采用众筹的方式出让单店49%的股份
5	因为企业运营模式的特殊性而设计的独特方式

第九节　“借力”专家而非专家“截力”

加盟连锁企业以项目发布的形式来招募加盟商时，经常会邀请连锁领域的知名专家、企业所属行业的顶尖技术专家等类型的人员，来为自己的项目增光添彩，因为“自卖自夸”，远不如专家通过专业的语言来评价项目更容易让大众信赖。

笔者重点对采用此种方法的企业强调几点信息，因为这些信息将会在很大程度上，直接影响招商会的最终效果。

首先，为了能够更大限度“借力”专家而非专家“截力”，企业首先需要在招商会正式开始前，给每一位受邀的专家人员建立一个个人档案，档案信息如表 2－9 所示。

表 2－9　招商会外聘专家档案

<table>
<tr><td>专家姓名</td><td colspan="2"></td><td>性别</td><td>□男　□女</td><td rowspan="5">（照片）</td></tr>
<tr><td>专家头衔</td><td colspan="2"></td><td></td><td></td></tr>
<tr><td>擅长领域</td><td colspan="2"></td><td></td><td></td></tr>
<tr><td>第一任职</td><td colspan="2"></td><td></td><td></td></tr>
<tr><td>联系电话</td><td colspan="2"></td><td></td><td></td></tr>
<tr><td>常用简介</td><td colspan="5"></td></tr>
<tr><td>专家类型</td><td colspan="5">□创业型□技术型□营销型□其他________</td></tr>
<tr><td rowspan="4">专家履历</td><td>序号</td><td colspan="4">精要描述</td></tr>
<tr><td>1</td><td colspan="4"></td></tr>
<tr><td>2</td><td colspan="4"></td></tr>
<tr><td>3</td><td colspan="4"></td></tr>
<tr><td rowspan="4">权威要职</td><td>序号</td><td colspan="4">精要描述</td></tr>
<tr><td>1</td><td colspan="4"></td></tr>
<tr><td>2</td><td colspan="4"></td></tr>
<tr><td>3</td><td colspan="4"></td></tr>
<tr><td rowspan="4">社会荣誉</td><td>序号</td><td colspan="4">精要描述</td></tr>
<tr><td>1</td><td colspan="4"></td></tr>
<tr><td>2</td><td colspan="4"></td></tr>
<tr><td>3</td><td colspan="4"></td></tr>
<tr><td>演讲风格</td><td colspan="5">□朴实型□严谨型□激昂型□绚丽型
□亲切型□幽默型□深沉型</td></tr>
<tr><td>有无专著</td><td colspan="5">□无□有________________________________</td></tr>
</table>

续表

	序号	精要描述
经典案例	1	
	2	
	3	
其他方面		

其次，企业需要通过深入了解专家人员的信息，来更好地“借力”专家，其重要性如表 2－10 所示。

表 2－10 专家人员档案的重要性

序号	重要性
1	会务筹备组需要依据档案信息来进行正常议程顺序的安排，以便让会议开场就很精彩，并将期待值最高的重头戏放在最后，不同演讲风格的人群穿插进行演讲
2	方便主持人在专家登场之前，能够专业地进行个人形象的背书以及串场词的设计
3	会议之后为再次有针对性地更新专家最真实的信息打好基础

第十节 加盟商的职业生涯规划

盟主方与加盟商之间的关系比较微妙，从法律层面讲，是平等的合作关系；从实际的经营管理方面讲，像是上下级的关系；从彼此间的配合度方面讲，更像是盟主方服务于加盟商。

但是，无论是哪一种关系，只有加盟商不断壮大，加盟商的能量能够全部应用于盟主方的发展，才是盟主方不断追求的目标。对于这个不断追求的目标，盟主方一定要给加盟商设计一个清晰的职业生涯规划，以便进一步催化加盟商多维度发展。

1. 加盟商的职业生涯规划的重要性

对于加盟商的职业生涯规划的重要性，我们可以从如下几个角度去思考。

（1）对于潜在加盟商而言。

对于潜在的加盟商而言，他们在选择项目时除了看中项目现在的发展形势外，还会去考虑这个项目的未来如何，未来自己在这个项目中能够达到什么样的高度，如果盟主方能够提前就将这个项目的加盟商职业生涯规划设计出来，并在项目介绍时给对方进行举例、讲述，将极大地促进潜在加盟商的加盟。

（2）对于已经加盟的加盟商而言。

对于已经加盟的加盟商而言，他们更需要的是一个明确的奋斗方向，企业要让他们能够清晰地知道，自己的行动节奏对应的未来成就。避免他们将精力、能力等方面用在了没有必要的事情上。

（3）对于优秀的加盟商而言。

对于盟主方而言，最头疼的加盟商都集中在了两端，一端是经营十分糟糕的加盟商，各种方式的助力都无法让对方前进半步，最后只能通过解约的方式来告别彼此。另一端则是做得很优秀的加盟商，这些加盟商因为“精力充沛”，很容易成为盟主方的“不定时炸弹”，如表 2－11 所示。

表 2－11　加盟商的“不定时炸弹”方向

序号	加盟商的“不定时炸弹”方向
1	加盟其他品牌的店面。他们认为自己的能力仅仅做好一家店面已经不能够体现了，他们需要做更多的店、更多的项目来凸显自己的个人能力，于是开始加盟其他类型的项目，进行经营，结果并不如他们所想，反而会将两个项目的经营都带入歧途
2	自力更生，自创项目。他们认为自己已经看懂了这个项目的整个运作思路，自己也有能力创造一个新的加盟品牌，自己成为品牌的创始人，让别人也来加盟自己的项目，从而实现另立门户的状态。此种做法对于盟主方来讲无疑是多了一个竞争对手，对于加盟商而言，他们的成功概率并不会太高
3	重复的运营动作让加盟商进入疲倦期。在同一个环境下，经营着同样的一批客户、说着重复的话语、提供着不变的产品或服务，绝大多数的加盟商都会进入一个疲倦期，这个疲倦期将会直接影响加盟商的业绩，产生这种疲倦期的根本原因在于他们不知道自己的未来究竟在何方，不知道自己下一步究竟该从哪里推进

续表

序号	加盟商的“不定时炸弹”方向
4	加盟商开始对现在经营的店面动小心思。这类型的加盟商没有能力去自创品牌、不愿意去轻易涉足其他领域、也不愿意自甘堕落，那么，他就会将心思用在如何使现在经营的店，获得更多的额外利润空间上，于是就会出现窜货、自采、以次充好、以假乱真等不良的现象

当然，针对优秀的加盟商，如果盟主方能够合理引导，他们能够帮助盟主方做很多盟主方不方便做，没有精力做，甚至没有能力做的事情，如表2-12所示。

表2-12　加盟商的特殊工作内容

序号	加盟商的特殊工作内容
1	让优秀的加盟商“一帮一”带领新加盟商发展
2	让优秀的加盟商负责指导问题型加盟商
3	让优秀的加盟商从他们的角度去传递、解读盟主方推行的政策、活动等
4	让优秀的加盟商去深耕所属的商圈，比如开新店、扩大店、拓新客
5	让优秀的加盟商成为公司给加盟商定期举办的特训营的实战讲师

（4）对于问题型加盟商而言。

对于问题型的加盟商而言，盟主方可以通过两个角度去让对方看到差距，让其清晰地知道自己身边的加盟商有的单店业绩突出，有的开出了新的店面，有的成了区域代理，有的成了盟主方的特聘讲师，有的成了盟主方子平台的合伙人，有的甚至成了公司总部的合伙人等。

以此来激励问题型加盟商，让他们清晰地认识到自己的不足，认识到自己与其他的加盟商究竟在哪些方面出现了差距。

这些对比实际上是对问题型加盟商心态的一种调整，只要盟主方将其心态调整过来，然后给予这些问题型加盟商特定的整改计划，这些加盟商很有可能会成为新一批的优秀加盟商。

2. 加盟商的职业生涯规划设计

对于如此重要的一件事情，盟主方在对加盟商的职业生涯规划进行设计时，可以考虑以下几个原则。

（1）双赢的原则。

无利不起早，如果职业生涯管理只对单方面有利，那么这项工作是很难开展的，也违背了初衷。

因此，盟主方在进行加盟商的职业生涯规划的设计时，一定要充分地考虑到双方的共同利益，比如加盟商的业绩在达到什么高度时可以获得金牌采购权、可以免加盟费开新店、可以拥有特定区域的独立经营权等。这些荣誉既能够让加盟商重新获得额外的收益，还可以让盟主方获得更多的利益空间，如此进行设计才能够符合双赢的原则，才能够让盟主方与加盟商双向推动事情的发展。

（2）梯度的原则。

规划要考虑到生涯发展的整个历程，每个发展阶段应有相应的时间限定和发展目标。

因此，盟主方在为加盟商进行职业生涯规划设计时，一定要层层递进，而企业对每一个递进的着力点一定要有清晰的目标，在每一个清晰的目标背后，要给加盟商一个能算得清的额外收益，否则，这个职业生涯规划就很有可能会夭折在实施的路途之中。具有梯度晋升属性的职业生涯规划，可以让加盟商从单店加盟开始，逐步变为多店加盟、区域加盟、盟主方子平台合伙人、盟主方总部合伙人等。

（3）动态的原则。

未来具有很强的不确定性，职业生涯规划需要有一定弹性，让加盟商能随着环境变化适时调整。

因此，盟主方在为加盟商进行职业生涯规划设计时，一定要结合企业整体的发展战略。企业的发展会因为市场的波动而变化，那么，盟主方给加盟商设计的职业生涯规划，很有可能也会发生相应的变化。

盟主方需要做的就是在保证两个重要前提的情况下实施即可，一个前提是尽可能地保留之前对加盟商的利润承诺，另一个前提是已经获得相关晋升的加盟商不能随意变动。

（4）平等的原则。

每一个体系内的成员都应有机会获得相应的晋升，切忌特殊性。

因此，盟主方在为加盟商进行职业生涯规划设计时，一定要充分了解本体系内加盟商的诉求方向，然后依据这些诉求方向有针对性地设计，再将这些晋级规则明确进行公示，让每一个加盟进来的伙伴都有机会通过自身的努力，在盟主方发展的大平台中谋得“一官半职”，逐步提升自己的个人综合能力以及社会地位。

（5）推进的原则。

职业生涯管理是持续推进的过程，是不可能一蹴而就的。

因此，盟主方在为加盟商进行职业生涯规划设计时，一定要本着可执行、可推动的原则进行设计。因为在开始实施的职业生涯规划时，加盟商往往会认为这是盟主方给自己画的一个虚幻“大饼”，盟主方不会兑现。盟主方在真正实施时，一定要在短时间内树立起典型，让所有的加盟商都能够看到希望，让他们清晰地知道，盟主方不是在给大家“画大饼”，而是真心实意地帮助每一个平台成员共同成长。

职业生涯规划无论是对于加盟商而言，还是对于发展中的盟主方而言，都是一味非常不错的融合剂，一剂真正可以让盟主方与加盟商融为一体的良药。真正实现融合的品牌方，才能够集合众人的人力、物力、财力、智力以及其他方面的资源，塑造大家共同的品牌、极具竞争力的市场渠道、循环往复的客户资源等。

第十一节　加盟连锁“整店输出模式”在中国发展的五个阶段

从事加盟连锁的群体，无论是企业创始人还是高级从业者，对于加盟连锁模式中的“整店输出模式”都不陌生，在国内，“整店输出模式”也经历了几个不同的发展阶段。

1. 完全式整店输出

与加盟商共同议定价格后，盟主方将一个已经运营一段时间，且处于完全盈利状态的店面，完全输出给加盟商，包括店内的人员以及其他软硬件配套，以此来实现店面的整店输出。此种做法现在看来，虽然貌似双方都受益，但是从长远的角度来看，弊病非常多，比如盟主方被极大地限制了发展，所有的经营风险全部压向了盟主方等。加盟商一方貌似获取了一个赚钱的店面，但是随着市场的不断变化、人员的逐渐流失、淡旺季的出现等，原本一个盈利的店面可能会变成一个不断亏损的店面。

2. 全托管式整店输出

加盟商负责投资，盟主方负责店面的实际经营管理。此种做法较完全式整店输出，盟主方和加盟商都相对轻松很多，但是依旧会出现弊病，比如加盟商预开设的店面不可能在盟主方的周围城市，很可能全国性开设店面，盟主方无论是跨地域性质的人员招聘、培训、管控还是人员外派都可能会遇到大问题。另外，盟主方负责店面的实际经营，如果店面盈利状态非常不错，那么加盟商会认为这是盟主方理应做到的契约承诺；如果店面出现长期亏损甚至关店，那么加盟商就会将所有的责任推到盟主方身上。

3. 半托管式整店输出

盟主方在加盟商开店筹备期间就为加盟商配备了一支相对健全的管理团队，加盟商在这个阶段也需要配备一定的管理团队与具体的执行层人员，盟主方的人员通过师傅带徒弟的方式与加盟商的人员一起经营管理新开店面，然后在约定的时间或者达到约定的营业数据额度后陆续离开，从而实现整店输出的结果。此种做法较之前完善很多。但是依旧存在着经营风险不明晰、人员长期外派、加盟商挖人才等系列问题。

4. 核心岗位整店输出

盟主方为加盟商提供人员的招募支持，并且对相关人员进行一系列培训，然后为加盟商提供店面核心岗位的外派支持，从而达到整店输出的效果。此种做法相对比较完善，但是在此阶段依旧存在着经营风险不明晰、人员长期外派、加盟商挖人才等系列问题。

5. 模式输出式整店输出

盟主方负责将单店完全打造成一个类工业化的产品，然后像工厂流水线输出产品一样对加盟商进行有节点、有步骤的整店输出，所有的店面筹建及运营管理工作由加盟商自行完成，盟主方仅在关键节点给出有效的、及时的支持即可。如此操作才能够让盟主方、加盟商实现双赢。

上述内容即为笔者总结的加盟连锁“整店输出模式”在国内发展的五个

阶段，依据这五个阶段的特点，连锁企业可以结合自身的情况决定采用何种做法进行整店模式输出，也可以基于此设计出更适合自己的整店输出做法。

第十二节　招商店面布局方式

连锁企业的招商部门，在实际的招募加盟商过程中，需要依据店面的布局方式，来进行加盟商的招募工作，否则，招募加盟商的节奏与店面的布局方式不符，会导致加盟商无处落址，或者扰乱整个公司的市场布局。

单店布局的方式可以参照表 2－13 所示内容。

表 2－13　单店布局方式

序号	布局方式	详细描述
1	星店式	基于单店的功能属性特点，将店面功能的一部分单独复制出来，从而让此类型店面更加小、轻、快，进一步辅助功能齐全的店面的发展。比如美容院的前店后场模式，前店主要负责营销，后场主要负责服务客户。再比如干洗店的母子店模式，子店负责营销及收发衣服等工作，母店负责店面的综合性服务。以此来实现终端门店的店址选择和全国性市场的布局
2	圈地式	盟主方基于战略发展的特殊需要，用最快的速度占领市场先机，然后进行优化、升级、提升，以此来达到屏蔽竞争对手的目的，比如药店行业
3	农村包围城市式	从二、三、四线城市开始发展，然后逐步向一线城市靠拢，其目的在于占领中国市场中的绝大多数市场，充分磨合店面模式、总部模式。以此来实现终端门店的店址选择和全国性市场的布局
4	遍地开花式	一些能够实现单店经营材料全国性配送的企业，可以遵循“哪里有合作伙伴，就在哪里开店”的原则，以此来迅速增加店面的数量。最终实现终端门店的店址选择和全国性市场的布局

续表

序号	布局方式	详细描述
5	试水式	前期盟主方并不清楚自己的单店业态在实际开店过程中应如何选择店址，因此，前期在自己预判的店址都开上自己的店面，实际检测此种类型的单店，更适合开设在何种类型的店址上，最终来实现终端门店的店址选择和全国性市场的布局
6	跟随式	当盟主方项目的终端消费者，和某一个或多个品牌项目的消费者同属一类人群时，盟主方完全可以参照这些品牌已经开设的店面进行店址的选择和市场的布局
7	地标式	盟主方依据项目的独特属性，可以在地标式的地点进行店面的开设，比如交通站点、某类型景区内等。以此来实现终端门店的店址选择和全国性市场的布局
8	辐射式	基于盟主方已经开设的单店、工厂、分公司等进行辐射性开店，以此来实现终端门店的店址选择和全国性市场的布局

第十三节　门店是最好的招商渠道

从事加盟连锁的企业在实际的运营过程中会发现，成交率最高的咨询信息，往往都来自生意不错的门店推荐。

对于这些门店的推荐，总部肯定要有相应的激励政策，除此之外，总部需要有战略意图地进行火爆店面的布局，以此来让更多的加盟创业人群了解到这个项目，可以从三个角度进行布局思考（见表 2-14）。

表 2-14　布局思考角度

序号	布局思考角度
1	网红产品自带“粉丝”，利用适当的营销策略加速裂变传播，从而让店面的生意更火爆
2	总部给予这些店面一些特殊的政策支持，以便这个店面能够持续火爆
3	总部将店址选在一些人流量超大的商业环境中，如北京的王府井大街、南锣鼓巷，上海的南京路，成都的春熙路等

当总部完成了火爆店面的布局后，这些店面每天都能够给盟主方带来一些相对精准的加盟咨询信息，以此来进一步推动加盟项目的招商进程。

第十四节　不可忽视的加盟商档案建设

加盟连锁企业负责招募加盟商的招商部会最早与创业者接触，而从接触这些创业者或者潜在加盟商起，该部门就应对他们进行档案的建立。此时建立的加盟商档案，主要用于更好掌握与潜在加盟商沟通时的所有信息、状态、问题等，为潜在加盟商解除一些创业时的疑虑，及时跟进与沟通，从而成功招商。为了更好实现这个目的，加盟商档案信息可参照表 2－15。

表 2－15　加盟商档案信息（招商部版）

签约时间			招商员姓名		
加盟商姓名		性别		身份证号码	
手机号码		QQ		微信号	
性格特点					
特殊喜好					
婚姻状况					
沟通描述					
学　历	□初中及以下□高中□大专□本科及以上				
通信地址					
从业描述					
过往收入					
是否了解行业	□是□否				
资金实力			人脉关系		
投资方式	□独资□合伙□单位出资□其他______				
合伙情况	合伙人姓名______；与加盟商关系______				
资金来源	□自有□筹借□贷款□其他______				
经营方式	□亲自经营□合作经营□第三方经营□其他______				
预计年收益	□10 万～15 万元□15 万～20 万元□20 万元以上				
店　址	□无	已交纳基本店加盟费			
	□有	详细地址：________			
店铺产权	□自有□租赁租金________元/月				

续表

加盟类型	□基本店（25～30m²）□标准店（31～40m²） □形象店（41～60m²）□旗舰店（61～100m²）
加盟区域	
店铺所处商圈类型	□住宅区□商业区□金融区□办公区 □文教区□工业区□娱乐区□综合区
优惠政策	获得____万元市值产品；获得____元装修返利；获得____本宣传册； □单□双人往返路费报销（□附车票）；其他：______
已提供文件	□加盟意向书□加盟合同□加盟商身份证扫描件□户型图 □房屋租赁合同□加盟申请人跟踪记录表

加盟商档案建设的价值点很多，比如：

（1）能够帮助负责招募加盟商的部门更好地为潜在加盟商消除一些创业时的疑虑，从而成功地吸引和招纳这些创业者成为加盟商。

（2）能够规避各部门或者个人之间在交接加盟商工作时，遗漏掉曾经对加盟商做过的承诺以及其他方面的信息。

（3）能够让新接手的部门或者个人快速熟悉加盟商，以方便新的部门或个人更好地为该加盟商提供不间断服务。

（4）能够避免各部门在进行工作交接时出现互相扯皮推诿的现象。

（5）能够有助于加盟连锁总部对全国范围内的潜在加盟商进行投资能力、投资区域、投资倾向以及其他投资特点分析研究，从而制订与实施更加适合加盟连锁总部市场扩张的规划。

（6）能够为总部提炼出更好的经营策略、管理模式，制订更贴合市场情况的战略规划。

（7）能够帮助总部更好地督导加盟商、监管为加盟商提供直接服务的相关部门。

（8）能够方便总部进一步运用加盟商的资源，进行加盟连锁总部的战略型扩张，以及实现加盟商资源最大化利用。

第十五节　盟主方的样板店不是加盟商认为的样板店

在过往的很长一段时间中，盟主方的招商部人员都会习惯性邀请加盟商去考察总部指定的直营店，因为这些店面在装修环境方面、日常经营方面、店面经营人员介绍方面都会给总部的项目加分。

但是，现在的加盟商在去总部考察之前，都会自主地先去考察实体店，这个实体店有可能是直营店，也有可能是加盟店，在考察这些店面时，潜在的加盟商会问他们感兴趣的问题。

对于盟主方而言，如果想将招商加盟的工作持续开展下去，可以从以下几个思考点入手（见表2－16）。

表2－16　样板店招商思考点

序号	样板店招商思考点
1	应该尽自己最大的努力去保障更多的店面处于盈利状态
2	在每一个城市至少打造一个火爆的店面
3	明确表述出推荐潜在加盟商的激励政策
4	针对特殊区域的加盟商，采用特殊的话术先进行市场情况铺垫
5	建议加盟商多考察一些有代表性的店面

第十六节　巧妙运用加盟费用促销政策

对于一个发展中的加盟连锁企业而言，加盟费用确定之后，只能往上涨，不能够下调，但是在一些特殊情况下，盟主方需要有针对性地制定一些促销策略，变相降低一些加盟费用，以便让犹豫在签约边缘的潜在加盟商迅速加盟。

制定加盟费用促销策略时，建议盟主方从以下几个要点入手（见表 2－17）。

表 2－17　巧妙运用加盟费用促销策略要点

序号	要点
1	针对新项目的前几个加盟者
2	针对一个新的区域的前几个加盟商
3	针对参加盟主方举办的特殊活动时签约的加盟商
4	针对一次性签约多个店面的加盟商
5	提供针对特殊群体的政策
6	借助第三方平台进行加盟金返点

第十七节　加盟商洽谈办公室布置要点

招商人员与加盟商进行项目洽谈的过程，实际上就是一场谈判，谈判场地的选择、场地的布置、场地的外部环境等诸多因素都会影响双方洽谈过程，因此，当加盟商受邀到加盟总部洽谈加盟事宜时，实际上合作成功的概率已经超过了 50%，如果盟主方能够给洽谈办公室做一些独特布置，则会大大地提高招商谈判的成功概率，加盟商洽谈办公室的布置至少要关注如下几个方面的内容（见表 2－18）。

表 2－18　加盟商洽谈办公室布置要点

序号	布置要点	主要用途
1	独具特色的产品展示	顺手进行产品介绍、演示、体验等
2	企业荣誉资质展示	让潜在加盟商在谈判过程中看到企业实力
3	企业专利展示	让潜在加盟商在谈判过程中看到企业实力
4	全国店面分布图	让潜在加盟商亲眼见证总部的综合实力
5	其他加盟商签约的照片	让潜在加盟商亲眼见证总部的综合实力
6	店面火爆开业场景的照片	让潜在加盟商坚定自己加盟的信心

续表

序号	布置要点	主要用途
7	优秀加盟商故事	让潜在加盟商坚定自己加盟的信心
8	加盟指南	现场给潜在加盟商答疑解惑
9	白纸与签字笔	现场给潜在加盟商核算投资预算或者投资回报期
10	精装版合同	直接给潜在加盟商看合同并讲解合同
11	其他道具、工具、凭证等	有利于坚定潜在加盟商信心、彰显企业实力

第十八节　直营连锁和加盟连锁避免并驾齐驱

在加盟、直营并存的连锁企业之中，盟主方对于直营店的管理、加盟店的管理需要设计两套基本不同的管理模式分别进行管理，如此一来，会造成各方面成本的增加，也会出现管理方面的问题。

因此，笔者建议连锁企业在扩张发展的道路上，可以选择其中一种连锁方式作为主体扩张方式，如此才能够专其业，精其事。

第十九节　直营连锁模式比加盟连锁模式更赚钱

“从发展速度来看”，加盟连锁裂变式发展，直营连锁积累式发展。

“从盈利项目来看”，加盟连锁共有 3 大类 40 余项收入来源（一次性收取费用，如加盟金，保证金类费用，如品牌保证金，持续性收取费用，如权益金），直营连锁主要依靠直营单店销售收入。

“从事业发展心态来看”，加盟连锁企业的老板带领着一帮老板心态的事业型伙伴奋斗，直营连锁企业的老板带领着一群员工心态的打工型员工前行……

综上所述，直营连锁企业并不会比加盟连锁企业更赚钱，相反，在店面达到一定的数量之后，加盟连锁企业比直营连锁企业更赚钱。

第二十节　懂得直营连锁，轻松做加盟连锁

懂得直营连锁经营的连锁企业，可以直接从事加盟连锁，但是并不意味着直营连锁企业可以用直营连锁的模式去服务好加盟连锁店，因为加盟连锁单店的实际经营者，和直营连锁单店的实际经营者，拥有着本质上的区别，如表 2－19 所示。

表 2－19　单店实际经营者对照分析

序号	对比方面	加盟连锁单店实际经营者	直营连锁单店实际经营者
1	法律关系	法律主体上的合作关系	劳动雇佣关系
2	用心程度	老板思维经营	被激励思维经营
3	经营理念	参照总部经营理念	尽力贴合总部经营理念
4	政策执行	选择性执行政策	坚决执行总部的政策
5	稳定程度	相对比较稳定	比较容易跳槽转行
6	培训	短期集中培训、长期指导	短期集中培训，岗内实训
7	用人	尽力减少用人成本	按照总部的人员核准配备
8	市场开拓	想尽一切办法开拓市场	激励性、指派性开拓市场

计划开展加盟连锁的直营连锁企业，一定要充分地考虑到加盟商与现有直营店店长的本质区别，然后针对这些本质上的区别，去设计适合加盟店的培训模式，以及后期的运营管理模式。

当然，拥有成熟的直营店经营模式的品牌方，相对于刚起步的加盟连锁企业而言，在实操加盟连锁模式时会相对容易许多，因为其单店的盈利模式相对成熟，单店的标准化建设初具雏形，单店经营者的培训人员相对成熟等。

因此，懂得直营连锁的品牌方转型做加盟连锁会相对容易一些。

第二十一节　项目考察期间不容忽视的“人”的重要性

越来越多的创业者在进行项目选择时，慢慢地开始知晓自己应该重点去了解这个项目的哪些方面。在众多需要了解的方面中，有一个方面最容易被项目方所忽略，那就是支撑整个项目的团队的能力。

决定一个项目的好坏和未来的根本因素就是人，那么支撑这个项目的人的能力高低，直接决定了这个项目是否值得创业者加盟。

招商人员在进行项目介绍时，在带领着意向加盟商来总部进行实地的考察时，不要忽视了对项目核心成员的介绍，因为这些成员能力的高低，能够直接左右创业者最终对这个项目的决定。

一般情况下，加盟连锁企业可以着重介绍以下团队成员（见表2－20）。

表2－20　加盟连锁企业着重介绍的团队

序　号	团队名称	原　因
1	创始人	它代表着一个项目的灵魂和未来的走向
2	高管团队	具备特殊背景、经历的高管能够给项目加分不少
3	营建团队	这个团队的能力，将直接影响加盟商在加盟之后的开店状态
4	商学院	总部的教学能力的高低，代表着加盟之后加盟商的成长性
5	督导团队	它代表着加盟之后来自总部的支持能力、范围
6	物流团队	它影响着加盟之后加盟商的订货、退换货的效率
7	研发团队	它代表了未来项目的新鲜力和未来的成长性
8	外聘专家	在某些特殊的领域、岗位，企业如果能够聘用相应的专家作为顾问，也是一个加分项
9	其他	有些行业需要着重展示特殊岗位及人才，其目的就是进一步坚定加盟商加盟这个项目的信心

第二十二节 透过加盟连锁企业发展的五个阶段来正确看待招商

在国外拥有100余年历史的加盟连锁在中国仅有32年的历史，而这还要从1987年肯德基在北京前门开设第一家店面算起，起步没有多久的中国式加盟连锁难免会磕磕绊绊。依据笔者多年来从事加盟连锁领域顾问咨询的亲身体会而言，中国式的加盟连锁企业在发展过程中基本上分为五个阶段，第一个阶段是“脸锁”，第二个阶段是“链锁”，第三个阶段是“连锁”，第四个阶段是“恋锁”，第五个阶段是“联锁”，如图2-7所示。

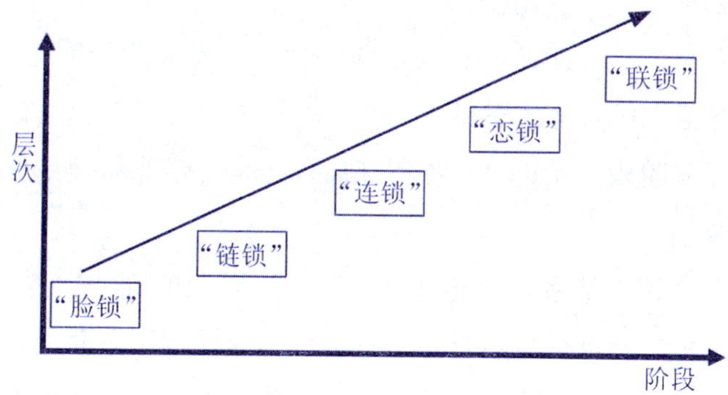

图2-7 中国式加盟连锁企业发展的五个阶段

1. “脸锁”阶段的加盟连锁企业

所谓“脸锁”，顾名思义就是外表保持一致，至于内在的服务可能大同小异或相去甚远。

很多的企业在发展面临窘境时才意识到加盟连锁模式的优势，在看到其他同行因采用了加盟连锁模式而生意兴隆时才意识到加盟连锁模式的优势，才意识到自己现阶段采用的模式是多么落后。

但是这些企业不懂如何构建自己的加盟连锁体系，所以只能够采用最原始，也是最简单的一种方式，就是依样画葫芦，比如看到其他的加盟连锁机构都拥有统一的外在形象，那么自己在采用这个模式的时候第一件事情就是找设计公司直接设计。所谓的设计在现实情况中更多是一种模仿、一种“盗版”，这样做设计公司很辛苦，每一次提案都不能够达到企业的要求，而企业每一次都能够提出新的观点和想法。究其原因是企业主本身就不清楚自己具体要什么，只是在笼统描述自己所需。最后的结果是设计方案在多重反复修订下以“差不多”的结果出炉，按照设计方案装修出来的单店也会因此装了拆、拆了装，如此反复，不但浪费了大量的资金、人力和物力，更重要的是企业失去了进入市场的最佳时机。

外在的统一对于一个加盟连锁企业来说固然重要，但是盲目追求一致则没有必要。针对上述情况，笔者建议传统企业在推行加盟连锁的模式之前，一定要先制订一套详细的加盟连锁商业计划和战略、定位等，再请设计公司有针对性地进行设计，如此才能够保证装修出来的单店符合市场需求、贴合消费者消费习惯。

正常情况下，这个阶段的企业一般处于连锁发展的初期，但是在中国，拥有了几千家店面的企业依然可能处于“脸锁”这个阶段。拥有了几千家店面的企业处于此阶段，无论是对加盟商而言还是对企业品牌自身而言，都是一种巨大的伤害。

面对此种情况，笔者建议还处于“脸锁”阶段的企业放缓扩张的速度，将工作的重心放在标准化单店日常运营管理等软性知识方面上，以此来不断地积累、沉淀、完善单店日常运营管理方面的软性知识，然后将这些软性知识显性化成各类型的加盟连锁手册，进一步提升单店经营水平，也为下一步的高品质快速扩张打下基础。

2. “链锁”阶段的加盟连锁企业

所谓“链锁”，顾名思义就是通过一些方法将单店捆绑在一起。这些方法有很多种，这里主要描述以下两种。

(1)“情”字篇。

夫妻两人开设了一家店面，生意好了之后，夫妻两人分别各开一家店面，生意稳定下来之后，再开新店，干脆夫妻分工每人负责照顾两三家店面。近十家店面的开设让他们积累了一些资金、资源、经验，同时也稳固了这块市场，最后他们决定将自己的子女召集到身边，开设了 20 家左右的直营店。接下来他们邀请一些亲属、朋友进入这片市场，开始了所谓的“加盟”模式。众人因为亲情、友情的存在而“链锁”在了一起。

在中国，采用此种方法发展起来的加盟连锁企业至少占 30%，这样发展起来的连锁企业需要尽早做好转型的准备，否则这样的模式将严重制约品牌的规模扩张、无法统一协调运作、很难进行独立品牌的塑造。

（2）“缓”字篇。

采用这种方法发展起来的企业一般都是快速崛起的品牌企业，企业主自身拥有不错的技术或产品，然后自己先开设了几家直营店，在自身不是非常成熟的情况下就盲目招商，迅速在全国范围内开设自己的加盟店。大批量的创业者选择加盟，然后大批量的加盟商带着“愤恨”选择退盟。血腥的市场的洗礼，让自身具备市场运作能力的加盟商站住了脚。为了能够延缓、减少加盟商的“死亡”，总部被逼无奈，通过外派店长的形式去扶持加盟店，让本来看不到希望的加盟店再次看到希望，让本来打算放弃的加盟店决定再坚持一下。上述操作方式，虽然让企业主能够表面光鲜地向他人展示自己已经拥有几百家单店，但是不能够长久，而且会埋下非常严重的法律、商业隐患。

据此，笔者建议已经采用了这种模式的企业最好能够放缓扩张，加大单店复制相关手册的编撰工作，然后通过多形式、高频度的培训模式进行输出，以此来挽救现存加盟店，通过提高门槛来吸纳优质的加盟商，如此才能形成企业长远发展的根基。

除了上述两种方法之外，还有很多方法可以实现“链锁”的结果。但是无论是哪一种形式的“链锁”均不能够很好地塑造一个加盟连锁品牌，如果企业主打算将现阶段经营的这个品牌打造成流传后世的品牌，则必须要稳扎稳打，构建属于自己的加盟连锁商业模式。

3.“连锁”阶段的加盟连锁企业

真正意义上步入“连锁”这个阶段的中国企业占比微乎其微。肯德基、麦当劳在进入中国市场后很久才开始开展单店的加盟业务。试想一下一个在国外经营了几十年的加盟连锁模式企业肯定已经拥有了丰富的拓展经验，可是这两家企业为什么会在多年后才开始在中国开放加盟业务？其主要的原因是它们一开始不懂中国的国情、不懂中国的市场、不懂中国消费者的消费习惯、不懂如何管理中国员工等。

基于上述原因，它们没有直接开放中国区域的加盟，而是用较长的时间去摸索、试验、尝试、积累中国区域经营管理的经验，然后开放中国区域的加盟业务，此种做法既是对加盟商的一种保护，更是对自有品牌的保护。因为它们认为中国是一个肥沃的市场，不能够失去中国的市场，不能够因为自己沉不住气而错过如此巨大的蛋糕！而放眼中国的连锁企业，极少数企业会在沉淀多年之后才开放加盟，大多数企业都是刚开了一家店，便迫不及待地开展自己的所谓“千店”“万店”“上市”工程，而最后的结果几乎是全军覆没，这也是这个阶段的中国加盟连锁企业占比微乎其微的主要原因之一。

多年来，很多的企业家因为打算采用加盟连锁这种模式而找到笔者，他们的很多构思让笔者非常吃惊，同时让笔者为如此好的产品、技术感到惋惜。比如有人说：“我愿意出全套的顾问咨询费用，你能不能在做完项目之后就直接开始帮助我大规模招商，无须太多，一年500家店就可以了……”每次面对这些企业家，笔者能做的就是将其中的利害关系向其说明，并告知他们，笔者无法实现，因为笔者清楚，采用如此快速的方式去扩张不是没有可能，但是在扩张之后，盟主方要以什么样的方式维持呢？

打算进入“连锁”这个阶段的企业，至少要保证一个原则：“连得起，锁得住”，不能够“一连就不锁”“一锁就破产”。为了保证不出现上述情况，企业至少需要在“法、商、德、情”四个方面去努力。

首先企业本身要合法经营，通过完善加盟连锁相关的企业政策制度来保障企业利益不受到伤害，同时约束加盟商。

其次，要拥有一个完善的加盟连锁体系。在这个完善的加盟连锁体系内，既要保证总部、分部、单店能够形成闭环式管理，又要拥有一系列的盈利模式，还能够实现工厂流水化作业般的输出单店等。加盟连锁基础体系框架如图2-8所示。

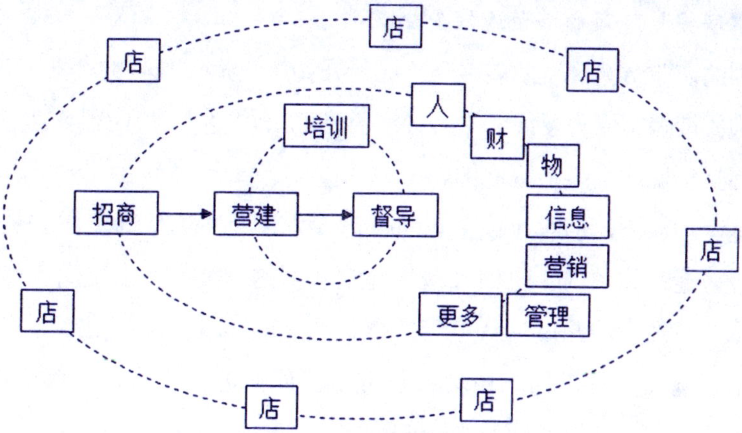

图 2－8　加盟连锁基础体系框架

最后，“德”“情”二字笔者在此不多加阐述，因为经营一家企业和做人是一个道理。

4. “恋锁”阶段的加盟连锁企业

所谓“恋锁”，是指加盟商依恋这个平台，并能够以加入这个平台为荣。处于此种阶段的加盟连锁企业目前在中国很少。处于此阶段的加盟连锁企业基本上可以保障单店的成功率在 90% 以上，因为它已经具备了完善的加盟连锁体系，以及与整个体系相匹配的系列手册。中国打算加盟麦当劳的创业投资人非常多，在被审核是否适合成为麦当劳加盟商时，麦当劳在资金方面的要求会让很多的意向加盟商感觉不爽，因为麦当劳只寻找这样一类加盟商：运营这家麦当劳单店的资金（包括加盟费、初期投资、基础运营费用等）是通过贷款取得的。看似苛刻的条件背后其实是对加盟商的负责，也是对麦当劳品牌自身的一种保护，因为只有身上背了债务，这些加盟商才能真正地将经营麦当劳单店作为自己的一份事业。

这种“冷酷”的招募方式让加盟商引以为豪，更多的加盟商愿意涌进这个平台，进入平台的加盟商也更加依恋这个平台。这样的加盟连锁企业可以说是处于“恋锁”阶段，而这个阶段的加盟连锁也正是中国加盟连锁企业为之努力和奋斗的目标。

5. “联锁”阶段的加盟连锁企业

中国的商业经营环境发展至今，已经开始逐渐形成独特的商业发展属性，那就是抱团取暖，合力发展，平台经济类型的公司也开始由线上转移到线下，并开始逐步实现线上线下一体化。

在这个环境下，加盟连锁企业同样需要借助更多的外部资源去更好地将自己嫁接至连锁体系内，比如可以从异业联盟的角度、从上游供应商整合的角度、从共享经济的角度、从单店捆绑式拓展的角度、从搭建行业平台的角度、从借力全国平台机构的角度去思考企业如何进行“联锁”模式的应用，以此来真正地实现“联锁赢未来”的局面。

这是笔者对发展到不同阶段的加盟连锁企业的一个简单划分，找到自己的位置，清晰地认清自己企业现阶段存在的不足以及待完善的内容，如此才能够缔造属于自己的特色加盟连锁企业。

第二十三节　加盟连锁不是简单的“师傅领进门，修行在个人”

对于加盟连锁的企业而言，盟主方与加盟商会经历四个相处的阶段，即“领进门，扶上马，送一程，保终生”。

“领进门”以加盟合同的签署为节点；“扶上马”指的是盟主方协助加盟商完成店面筹备工作；“送一程”指的是盟主方协助加盟商，进行一定时间范围内的驻店指导；“保终生”指的是盟主方在加盟期内需要持续性地给予加盟店实际经营指导。

如果说盟主方只是简单地将加盟商招致麾下，然后任其自由发展，其结果可想而知。如此运营之下的品牌，不会获得长久的发展，品牌生存期也一般不会超过 3 年。

因此，加盟连锁不是简单的“师傅领进门，修行在个人”，而是要保持一种唇齿相依的发展态势。

第二十四节　中国式加盟连锁企业发展规律

1987 年，肯德基在中国北京的前门开设了第一家店面，中国很多的企业认为肯德基的商业模式能够帮助自己快速抢占终端市场，建立自己的渠道、树立自己的品牌形象等，因此开始以近乎疯狂的状态去模仿肯德基的商业模式，结果导致 1998—2001 年的中国市场出现了空前未有的加盟项目的狂潮。

面对此次狂潮，李维华博士开始将加盟连锁正统的模式本土化至中国，以此来扭转中国加盟项目的不良发展态势，经过数年的努力，中国加盟连锁市场逐渐展现出规范化的雏形。

但是，在规范化的雏形之下，依旧存在着许多亟须改善的问题，面对这些问题，笔者从中国式加盟连锁企业发展过程中常见的七种情况为切入点为大家做以下剖析。

1. 直营先驱、加盟直营并立

加盟连锁企业在商务部进行加盟连锁备案的基础条件是“一标两店一年”，即一个独立的注册商标、两家直营店且经营一年以上。

从上述的基础条件我们不难看出以下几点内容：

第一，连锁企业的盟主方必须要拥有开过直营店的经历。

第二，直营店至少应在市场上运作一年以上，以此来保证盟主方能够掌握更多用于复制的成功经验和失败教训。

第三，一家直营店经营好坏不具备市场代表性，经营两家以上的店面则能够从不同的市场环境下获得更多的成功经验和失败教训。

先开设直营店，然后开放加盟，是笔者强烈建议我国加盟连锁企业应该采取的发展道路，因为只有按照这种发展的道路与轨迹，加盟连锁企业才能够从实际经营管理直营店的过程中获得大量的、丰富的、实战的经验，才能够搭建出快速进行单店复制的体系和模式，也才能够满足招募加盟商进入加盟连锁体系的基础条件。

但是在我国，几乎很少会有连锁企业能够沉得住气，企业多是盲目、过早、过快发展，其中几个比较典型的例子如下。

（1）迫于行业内部市场压力而匆忙上马。

效仿、模仿、跟风情况大量存在，假设一家企业在开设几个品类单店之后经营状况非常不错，那么接下来肯定会有非常多的企业陆续进入这个领域，在这个领域不断开设相同或相似的店面，而为了能够快速占领市场份额，绝大多数的企业又都会选择开放加盟，其结果就是，最早经营该品类的单店在市场的多重压力之下会被迫地选择开放加盟，以此来应对市场变化与竞争者。

在这些匆忙上马开放加盟的企业之中，85% 以上的企业最终都会倒在盲目扩张、处理纠纷、填补漏洞等非正常发展的道路上。相反，如果一个企业能够沉住气，稳扎稳打地做好快速扩张前的准备，那么企业会拥有 85% 以上的胜算去重新占领市场，反败为胜！

（2）馋于其他行业的“百城千店”而过早启动。

直营连锁发展比较缓慢，因为此种模式下的企业需要滚雪球式积累原始资金，然后才能够进行下一家单店的复制和扩张。但是，加盟连锁则可以借助加盟商的人力、物力、财力等去进行扩张，摆脱缓慢发展，直接进入裂变式扩张流程，所以以加盟扩张的企业，其发展速度远非直营企业可比。

面对两种模式天壤之别的发展速度，看到自己身边做企业的朋友已经利用了加盟连锁的模式实现了“百城千店”，企业主们急于求成的心态最终战胜了理智，他们开始大规模通过各大招商类网站、搜索引擎、展会、电视、广播、报刊、户外广告等媒介大肆进行招商。

创业者蜂拥而至，并在极短的时间内加盟进入了体系，但是因为盟主方自身的体系不完备，盟主方无暇提供服务，企业主们只能选择搪塞与漠视。

此种做法就好比你拥有一辆普通的自行车，但是为了让它能够跑得更快，非要给它安装汽车专用的动力马达，其后果可想而知！

（3）开设直营店仅为大规模招募加盟商的噱头。

创业者考察盟主方体系内的实体店面已然成为新一代创业者选择项目的必然举措。对于刚开始启动加盟市场的盟主方而言，直营店显然成为必然的选择，一方面直营店的可控性很强，另一方面这向加盟商传递一个信息“我们的体系内拥有实实在在的直营店面，我们能够给予你的模式经得起市场的检验，你加盟我们的体系可以放心”。

（4）直营店快速变现缓冲企业发展资金压力。

直营店的发展需要原始资金的积累，在企业发展过程中很有可能因为直营店发展的速度过快、后端配套跟不上等问题，出现企业发展时所需的资金链断裂现象。为了低风险、快速换得企业发展时所需要的资金，盟主方一般会选择将直营店整店转让出去，此处的转让更加类似于加盟的整店输出模式。如此操作实质上是盟主方被迫将直营店转化成了加盟店，以此来堵住企业发展时的资金漏洞。

基于上述原因，可控性强的直营店在加盟商实地考察时呈现出一种“异常繁荣”的景象，盟主方企业以此来为创业者加盟自己的项目注射一支“强心针”，并实现最终签约加盟的目的。

2. 加盟先驱、加盟直营并立

此种情况下的加盟连锁企业在前期开拓市场时就做好了让创业者成为自己企业发展过程中的“死士”的思想准备。

加盟连锁企业遵循的基本原则是“复制成功、克隆财富、制造老板”。试想一下，一个连直营店都没有的加盟项目，何来成功经验，又从何将成功的经验复制给加盟商呢？但是采用了此做法的加盟连锁企业在中国的市场上还不算少数，包括现在大家比较熟知的某知名加盟连锁企业当年在进入中国之前，因无法估测出其产品在中国这片市场上究竟前景如何，选择在中国的这片市场上先发展一个加盟商，然后由这个加盟商来负责经营管理中国区域的单店。结果令该知名盟主方想不到的是中国区域的产品市场容量远超出预估，单店的日流水竟然比美国本土效益最好的单店还要高！为此，该盟主方的做法就是在加盟未到期之前就以高价回收业务，并将其所有加盟店转化为直营店，然后在其认为市场潜力不大的地区开展加盟。自此以后，该知名盟主方在中国市场的单店就形成直营店、加盟店并存的局面。

当然，笔者谈及的某知名盟主方算是一个试验成功的加盟商，可是在中国这片市场，很多怀揣着梦想、拥有创业激情的人群都成了所谓“优质项目”中的“小白鼠”。而盟主方则在一轮一轮地依靠着加盟商的不断涌入获取前期加盟费的收入以及项目与市场接轨的经验，在所谓的“时机成熟”之后才开始尝试性开设直营店，如此也形成了直营店与加盟店并存的局面。

3. 直营先驱、加盟直营并立、存直去盟

此种情况的加盟连锁企业在开始的阶段采用直营的模式发展自己的企业，在发展的过程中发现自己的发展速度太慢，而加盟连锁能够快速进行店面的扩张，让自己的品牌快速扎根于祖国的大江南北。但是在开设了加盟店之后，企业发现了一系列严重的问题，比如加盟商不听指挥、加盟商的服务跟不上总部要求、加盟商违规操作影响品牌形象等。尝到了加盟连锁模式给自己的企业带来的巨大影响之后，盟主方有可能做出一个决定，即放弃加盟，专心做直营，同时，企业主可能认为加盟连锁这种商业模式不适合这个行业，不适合自己的企业。

对于上述这种情况，最具代表性的企业就是国内某大型餐饮企业，它在南方接连开设了6家加盟店之后，最终以损失了大量的资金、店面全部关张而宣告此模式失败。

我们不能因为开车上路之后出了交通事故，而认为机动车这种工具不适合现在的交通。

4. 直营先驱、加盟直营并立、存盟去直

此种情况的加盟连锁企业一般可以分为两类。

第一类是以招募加盟商为出发点而开设直营店，其原因有两个：一是创业者在选择项目的时候会去直营店进行参观和考察；二是商务部的加盟连锁备案资质将拥有两家直营店作为硬性条件。

第二类的加盟连锁企业的发展初衷是好的，因为它们想通过开设直营店来总结经营单店的各方面经验，以此来作为日后开设加盟连锁店和保障加盟商成功的基础，但是在开设直营店的过程中遇到了以下情况之后，它们便开始了加盟连锁之路：

直营店单店各方面的经营管理能够达到复制的要求，并且总部拥有了保质保量复制单店的模式。

直营店在实际的经营过程中并不像自己当初设想那样容易，反而因为出现大量琐事而扰乱经营，并且直营店的收入还非常微薄，发展的速度又比较缓慢，加盟连锁可以让企业快速获得巨大的利润，而且不用花费太大的精力。

当加盟店和直营店并存的现象出现之后，盟主方发现直营店已经成为企业发展过程中的一个累赘，不但不能带来太多直接收入，而且消耗的各方面资源比较多，故放弃了继续开设直营店的计划，对于已经开设的直营店，则以关店或整店输出的模式将直营店转换成加盟店的方法解决。

5. 加盟先驱、加盟直营并立、存直去盟

采用此种做法的加盟连锁企业的发展历程一般是这样的：企业不了解自己的项目在市场上能否占有市场份额，而自己又不愿意去耗费人力、物力、财力探索市场，所以选择了直接开放加盟，让加盟商来为自己“试水”。加盟商获得了成功之后，盟主方为了将利润最大化，选择了开设直营店，如此出现该企业加盟与直营并立的局面。

但是采用这种做法的盟主方在后期的经营过程之中往往会发现加盟店的管理失控，部分加盟店因为不愿意服从总部的统一管理、服务等而影响到本品牌的形象。这种情况下，盟主方往往会选择放弃加盟市场，开始收购经营良好的加盟店，整店回收有改造空间的加盟店，终止部分不符合各方面审核标准的加盟店，令其停止使用本品牌。如此，原本的加盟连锁体系就出现了仅存直营店的局面。

6. 加盟先驱、加盟直营并立、存盟去直

此种状况下的加盟连锁企业发展历程与第五种比较接近，只是在最后的企业决策上发生了转变，其主要的原因是企业在试水直营店的过程中没有取得成功，从而最后在整个体系过程中只保留了加盟店。

7. 品牌消失、东山再起

盟主方在刚开始启动加盟连锁项目之前不懂得加盟连锁的基本游戏规则

或者“目的不纯”，从而让快速扩张起来的品牌“臭名昭著”，因此无法再进行市场的推广。

基于上述的发展情况，盟主方能够获得大量的商业模式运作的经验以及单店运营方面的经验，同时因为之前的市场征伐而获取了一定的积累，新的品牌加盟项目也就开始正式步入市场。

综上所述，笔者将加盟连锁企业在发展过程中一些比较有代表性的规律做了梳理，希望能够给正处于其中的盟主方一些启发，帮其寻求到适合自己发展的新思路与新突破。

在本文的最后，笔者还是再次提醒盟主方不要盲目地进行扩张，不要匆忙上马，不要跟风，不要去贪图一时之利而将自己的品牌折戟于加盟连锁市场之中，因为“欲速则不达”。

第二十五节　无壁垒的商业模式：每个行业都能实施加盟连锁

加盟连锁是一种商业模式，它适合各行各业。

我国多数的企业主都是通过肯德基、麦当劳最先了解到加盟连锁，众多人士认为，加盟连锁主要适用于第三产业，而自身的企业并非第三产业，再加上自身所处的产业内至今都未有一家企业采用加盟连锁这种模式来发展，以此来判定加盟连锁这种商业模式不适合自己的所处的行业。

依据笔者多年来从事加盟连锁顾问咨询的经验判断，到目前为止，中国还没有任何一个产业不适合加盟连锁。接下来笔者将从三类产业向大家阐述加盟连锁模式的无处不在。

1. 加盟连锁应用于第一产业

对于一些身处第一产业的企业来说，它们一般将更多的精力放在农产品上，然后通过经销、代理、分销等方式进行销售，几亿元的流水换来的不过是几千万元的利润，这让身处第一产业的企业备受煎熬。究其原因主要有两点，第一点是初级的农产品利润本就不高，第二点是多层的销售环节让原本不高的利润越摊越薄。

笔者先后参与了小龙虾、鸡、鸭、鹅等农副产品的加盟连锁全案策划工作。当年的盱眙县一共养殖了十万亩的满江红小龙虾，但是因为渠道单一、同类产品竞争激烈，盱眙县的小龙虾产业处于销量低、利润薄的境地，面对如此窘境，当地政府毅然采用加盟连锁的模式来发展盱眙小龙虾，仅仅不到100天的时间，盱眙龙虾美食餐厅无锡店单日销量就突破8吨，利润更是相当可观。

运用加盟连锁模式的盱眙小龙虾在江浙地区迅速地建立自己的品牌专卖店，不但打开了销售渠道，建立了自己的销售网络，还将过往微薄的利润提高了十几倍，更重要的是盱眙小龙虾品牌迅速红遍中国，相关机构也给出了65亿元品牌价值的评定。

上述是笔者亲身经历的第一产业应用加盟连锁模式前后的鲜明对比，如此不难看出，身处第一产业的企业不但可以采用加盟连锁模式发展，而且能够创造出独属于自己的农产品品牌。

2. 加盟连锁应用于第二产业

身处第二产业的企业近几年受到市场的冲击非常严重，尤其是采用代理、经销、分销等传统方式发展的企业，究其原因无非是以下几点：

（1）采用代理、经销的模式来打开市场，导致厂家的利润越摊越薄。

（2）实际代理、经销的终端店面会销售多种品牌的同类产品，因此哪个品牌提供的产品利润最大，它就会着重向市场推荐该品牌的产品。现在是一个产品同质化的时代，你的产品不好卖，它可以不再代理你的产品，或者用你的产品来反衬其他利润高的品牌的产品。

（3）实际代理、经销的终端店面很少会将终端消费者反馈的有关产品的建议、意见告知给生产企业，因此生产企业每年都需要花费大量的人力、物力、财力进行市场调研，而调研得出的结果依旧与市场有偏差，从而令生产企业生产的产品越来越偏离市场，偏离消费者的实际需求。

以上种种现象无时无刻不在困扰着身处第二产业的企业。笔者在几年前全程参与了身处第二产业的康联电子的加盟连锁的全案策划工作。起初康联电子采用传统的经销、代理、分公司、办事处的方式进行全国市场的开发，但是随着同类产品不断冲击市场，其不得不考虑转型，而采用加盟连锁模式进行发展则是其当时唯一的选择。

通过转型采用加盟连锁模式进行发展，康联电子借助加盟商的人力、物力、财力迅速占领市场，建立终端渠道、塑造品牌，而且不断地从市场上获得一手的消费者信息，其生产出来的产品日益贴合市场需求、贴合消费者的需求，因消除了多层分润的销售网络，厂家的利润可谓是显著增加。采用了加盟连锁模式进行发展的康联电子仅仅在不到两年的时间内，就取得了耀眼的成就。

一些经营砖厂、水泥厂、饮料厂、电缆厂、螺丝厂等类型的企业主曾多次问笔者："加盟连锁无行业壁垒，那么这个模式是否能够适合我的企业?"

笔者给予的回复是"当然可以"。此种类型的企业在从事加盟连锁模式时可以有很多种形式，如生产特许、商业模式特许。

3. 加盟连锁应用于第三产业

对于第三产业大家都不陌生，而身处第三产业的企业也是最早、最多受益于加盟连锁模式的，但是在第三产业中依旧有许多的企业还认为加盟连锁模式并不适合自己。比如说一家节能服务公司，认为加盟连锁模式并不适合自己，因为自己不需要临街店铺，客户群体绝大多数都是各地政府机构。这家公司在全国各地建立分公司，养活着一大批的市场人员，但是最终呈现的结果是总公司的几个核心成员在不断东奔西跑开发业务，而总公司及各地分公司内的其他市场人员几乎没有什么贡献，为此公司换了一批又一批的市场人员，但是始终没有得到想要的结果。

针对上述情况，笔者的建议是采用加盟连锁的模式去发展，否则公司的负担只会越来越重，企业的核心成员只会越来越忙。如果能够将分公司中的大部分转换成区域加盟商，那么最终呈现的结果将会是另一番景象，因为区域加盟商在当地有自己的人脉圈子，能够很容易与当地的政府机构进行更好的沟通与业务对接，空降的管理层到达陌生的环境后将需要很长一段时间才能够建立自己的人脉圈子，而市场绝不会等你建立完人脉关系后再给你机会。这就是加盟连锁模式的优势之一，企业能够很好地借助加盟商的人力、物力、财力迅速占领市场，而总部需要做的就是将各项服务内容、服务标准、管理经验、经营技巧等全部标准化成相应的手册，然后通过多种方式的培训将这些内容传递给区域加盟商。

类似上述情况的企业数不胜数，笔者在与不愿意采用加盟连锁模式的企业主交流时发现，他们总是能够找到一些非常牵强的理由，比如加盟商容易泄露商业机密、加盟店不如直营店好管理、项目比较复杂、没有充足的资金、没有精力做加盟连锁、项目不需要开店、产品比较单一、我们是代理机构等。

上述理由在笔者看来，没有一个能够站得住脚。

（1）加盟商容易泄露商业机密。难道说知道你商业机密的仅仅是你的加盟商吗？如果说加盟商容易泄露商业机密，那只能够说明企业本身核心竞争力太弱，太容易被模仿。

（2）加盟店不如直营店好管理。因为企业主比较熟悉直营店的管理方式，而加盟店的管理是从零开始，需要一个摸索的时间，很多的企业都停滞在了摸索之初。切忌将自己的短处当作商业模式的弊端，因为其他的企业已经向你证明了加盟店比直营店更容易盈利，更容易形成大规模的管理网络，也更容易降低单店的管理成本。

（3）项目比较复杂。在笔者看来，没有复杂的项目，只有不会将项目模块化、标准化的盟主方。

（4）没有充足的资金。直营店发展就好比滚一个雪球，而加盟店发展就好比同时滚多个雪球。加盟连锁不但增大了单个雪球的体积，还增加了多个雪球的收益。

（5）没有精力做加盟连锁。繁重的事务性工作让企业主无法抽身，这正是企业本身需要采用加盟连锁模式来发展的主要原因，如果企业主能够按照加盟连锁的精髓“复制成功、克隆财富、制造老板”，那么企业主不但能够将自身从企业的烦琐的事务性管理中抽离而出，而且能够通过不断沉淀、积累、完善相应的工作手册来进一步提升企业的综合实力。

（6）项目不需要开店。每次谈及这个话题时，笔者都会向企业主纠正

"店"这个字的真正意义。因为企业主总是会习惯性地将"店"理解成实体的临街店面，其实不然，因为网店也是店、分公司也是店、分工厂也可以是店、手机也可以是店。企业主需要做的就是将自己的思路打开，然后去广义理解这个"店"。

（7）产品比较单一。其实这个理由最容易不攻自破，因为市面上已经有很多的例子可以证明这个理由不是无法开展加盟连锁模式的理由，例如谭木匠依靠梳子已经取得了巨大的成功。

（8）我们是代理机构。这个理由笔者经常听到，每每如此，笔者都会送给这些企业主这样一句话：要么你在微薄的收益中慢慢死亡，要么你选择编织自己的渠道网络，因为你的上游企业在慢慢转型做专卖，不是上游想放弃你，而是再不转型市场将会放弃它。再比如，在日常经营过程中你会发现你的代理商、经销商的经营质量参差不齐，有的经营非常好，有的经营则非常糟糕。作为区域总代理，你可以借助加盟连锁"复制成功、克隆财富、制造老板"的理念，在日常的经营过程中不断收集成功者的经验、总结失败者的教训，然后将这些成功的经验以及失败的教训整理成相应的加盟连锁手册，以此来培训所有的经销商、代理商，让之前做得好的经销商、代理商能够做得更好，之前做得差的经销商、代理商也能够迎头赶上。

笔者送给上述类型企业主一句话：不要因为你的犹豫而错失市场，除非你想被这个时代淘汰。加盟连锁既然能够风行国外 100 多年，既然能够让国外的各行各业接受并应用，那么它就没有理由不能够造福中国的企业，助其腾飞。最后，笔者建议广大还未采用加盟连锁模式的企业抓紧时间，因为这种模式能够帮助你快速前行。

第二十六节　连锁要紧密，联营做先锋

连锁企业在发展到一定的阶段之后，会诞生出一批优秀的加盟商，这些加盟合作伙伴不但拥有经营好一家店面的能力，而且具备开设多家店面的能力，此能力不仅仅局限于资金方面，更多指的是店面经营能力、管理能力、营销能力等综合性的能力。

对于优秀的加盟合作伙伴，盟主方可以采用“利他方能利己”的方针，推出“联营店合作模式”。

1. 此模式推出的目的

- 激励新加入的加盟商不断奋进。
- 扶持更多有能力、有梦想、愿奉献的老一批加盟合作伙伴，让其得到更具综合性的支持，从而步入发展的新阶段。
- 联营店的营业执照由总公司注册，门店在法律层面属于直营店，为公司下一步的估值、融资、上市做储备。
- 由优秀的加盟商开设的新店面，其成功率较新手店将获得大幅度的提升。
- 让总部的现金流获得此阶段内最大的回报。
- 通过联营店的模式充分调动合作伙伴资源，进一步助力加盟总部全国性布局发展。

2. 联营模式合作要点

此模式的合作要点，如表2－21所示。

表 2－21　联营模式合作要点

序号	合作要点
1	总部负责前期 70% 的投资，加盟商负责前期 30% 的投资
2	在总部投资回收周期内，总部获得 70% 的收益，加盟商获得 30% 的收益
3	在总部投资回收周期后，总部获得 30% 的收益，加盟商获得 70% 的收益
4	总部持续性分成仅在第一个加盟期内，3 年后总部不再获得单店收益分成
5	加盟商单店的营业执照必须由总部的指定人员担任法人代表
6	单店签署的房屋租赁合同必须由总部指定做法人代表的人员签署
7	为便于总部与单店结算，总部采用供货价格上浮的方式进行核算

3. 联营店投资比例模型

联营店投资比例模型，如表 2－22 所示。

表 2－22　联营店投资比例模型

序号	项目名称	投资比例及对应估值[①]			
		总　部		联营店	
		投资比例	估值	投资比例	估值
1	加盟金	100%	58000 元	—	—
2	品牌保证金	—	—	100%	10000 元
3	权益金	—	—	100%	3600 元[②]
4	房租	100%	35000 元[③]	—	—
5	装修	—	—	100%	30000 元
6	首批铺货	100%	13000 元	—	—
7	设备类	100%	9000 元	—	—
8	物料类	—	—	100%	3000 元
9	器材类	—	—	100%	1500 元
10	其他类	—	—	100%	2000 元
合计（总）		—	115000 元	—	50100 元
合计（实际）		—	57000 元[④]	—	50100 元
投资比例（总）		70%	—	30%	—

注：①上述投资核算估值按照三、四线城市中等地段商铺面积 20 平方米进行。

②权益金 3600 元以年为单位收取。

③房租 35000 元以半年为单位收取。

④合计（实际）＝合计（总）－加盟金，因加盟金是总部向加盟商收取所得，减完后不计算在实际投资内。

4. 联营店分红占比模型

联营店分红占比模型，如表 2－23 所示。

表 2－23　联营店分红占比模型

<table>
<tr><th>序　号</th><th colspan="2">名　称</th><th>数　值</th></tr>
<tr><td>1</td><td colspan="2">日流水</td><td>3000 元</td></tr>
<tr><td>2</td><td colspan="2">产品成本</td><td>3000×55%＝1650（元）</td></tr>
<tr><td>3</td><td rowspan="7">总部投资回收前供货毛利上浮 28%</td><td>总部利润收入</td><td>1650×28%＝462（元）</td></tr>
<tr><td>4</td><td>总流水占比</td><td>462/3000＝15.4%</td></tr>
<tr><td>5</td><td>净利润占比</td><td>462/（3000×22%）＝70%</td></tr>
<tr><td>6</td><td>单店实际毛利</td><td>3000－（1650＋462）＝888（元）</td></tr>
<tr><td>7</td><td>总部回收周期（总投入）</td><td>115000/462/30≈8.3（月）</td></tr>
<tr><td>8</td><td>总部回收周期（实际投入）</td><td>57000/462/30≈4.1（月）</td></tr>
<tr><td>9</td><td>总部回收盈利（实际投入）</td><td>462×30×4.2＝58212（元）</td></tr>
<tr><td>10</td><td rowspan="4">总部投资回收后供货毛利上浮 12%</td><td>总部利润收入</td><td>1650×12%＝198（元）</td></tr>
<tr><td>11</td><td>总流水占比</td><td>198/3000＝6.6%</td></tr>
<tr><td>12</td><td>净利润占比</td><td>198/（3000×22%）＝30%</td></tr>
<tr><td>13</td><td>单店实际毛利</td><td>3000－（1650＋198）＝1152（元）</td></tr>
</table>

注：表 2－23 中数据摘自某一连锁品牌网站，此处仅供参考。

5. 联营店合作对象及条件

联营店合作对象及条件，如表 2－24 所示。

表 2－24　联营店合作对象及条件

序　号	候选伙伴来源	条　件
1	加盟连锁总部管理层	工龄超过 2 年以上 为公司做出卓越贡献 拥有店面实际经营能力 店面的实际经营者非本人
2	优秀加盟商	投资的加盟店已收回成本 成为总部商学院特聘讲师 能够长期脱离原有店面经营 愿意连续 15 天下店至新开店面，进行无偿支持 拥有投资新店的能力 拥有独立运营两家以上店面的管理能力 愿意接受总部的联营店合作模式

6. 联营店合作伙伴退出机制

联营店合作伙伴退出机制，如表 2－25 所示。

表 2－25 联营店合作伙伴退出机制

序 号	机制条款
1	加盟商因经营不善主动要求退出，总部视情况进行关店或者按照加盟商开店时投资的 20% 回购该店
2	店面处于盈利状态，加盟商因特殊原因不能继续经营下去，总部拥有优先回购该店的权利，按照加盟商初始投资额度的 150% 回购。加盟商可以寻找接替伙伴，但是需经得总部方同意
3	总部上市后，加盟商可以按照单店的实际估值情况获得上市前相应的原始股份
4	加盟店不能够按照总部的统一安排进行店面的实际经营，在扣除全部的保证金后仍然不遵守加盟合同约定的相关规则，总部有权按照加盟初始投资的 10% 回收加盟商前期的所有分红占比权，然后双方实现完全脱离

第二十七节 强有力的招商微信朋友圈打造

对于加盟项目选择中的创业者而言，他们不再盲目，也不再急于求成，而处于一种“不见兔子不撒鹰”的状态，他们会选择通过各种渠道去了解自己感兴趣的项目。

为此，招商人员需要将项目中最真实的一面，最优势的一面，用图文信息传递出去，这样才能够真正打动那些处于观望中的潜在加盟商。

招商人员在与潜在的加盟商进行第一通电话沟通之后，应该第一时间添加对方为微信好友，然后通过朋友圈来不断影响这些潜在加盟商的最终决策。

在内容方面，打造一个强有力的招商微信朋友圈，应注意以下几点（见表 2－26）。

表2-26　招商微信朋友圈内容打造要点

序　号	总类别	分类别
1	产品要素	产品多品类展示
2		单品类多角度展示
3		不断推出新品展示
4		产品生产加工展示
5		产品关联专利展示
6		产品受欢迎程度的展示
7		产品的客户反馈展示
8	店面要素	店面设计形象的展示
9		店面真实情况的展示
10		店面不断创新的元素的展示
11	企业人员要素	企业高管的综合影响力展现
12		企业管理者的工作状态
13		企业服务人员的综合服务能力
14	企业荣誉要素	新获得的企业荣誉
15		过往的荣誉回顾
16	单店业绩要素	新店面开业的状态
17		老店面日常运营状态
18		店面经营者的工作状态
19	加盟要素	来公司考察人员的实时动态
20		商务洽谈沟通场景
21		合同签约场景
22	培训场景	理论培训场景
23		实操培训场景
24		考核现场场景
25		毕业典礼场景
26	其他方面	能够展示加盟项目优势的其他信息

第二十八节　不要让招商的凶猛势头熄火

有时，由于一些外力因素，一个默默无闻的加盟项目会突然间火爆，这会让盟主方认为，这是自己的项目自带的超强吸引力，从而忽略了这个项目的时节性、流行性、事件性等外在因素。以至于品牌的创始团队一时优越感十足，从而缩减了继续扩大影响力的常规工作，降低了接待潜在加盟商的服务标准，减少了盟主方应该给予加盟商的系列支持，降低了筛选加盟商的标准等。结果咨询的加盟商数量越来越少，考察的加盟商签约率逐步下降，已经加盟的加盟商“死亡率”越来越高，原本势头很猛的招商工作逐渐开始出现熄火态势。

盟主方切忌因为加盟项目的火爆而降低了本应该做的常规工作的频率和质量，相反，应该进一步综合性提升项目。熄火现象一旦出现苗头，作为掌舵者的盟主方一定要及时进行调整和纠正。否则，等到招商彻底熄火时，再想通过自身的力量去挽回败局，那就需要盟主方付出相当大的代价，而这个代价有可能让盟主方一蹶不振。

第二十九节　招商高手心态要点

招商对于加盟连锁企业而言是至关重要的渠道拓展方式，因此，每一个加盟连锁企业都会非常重视招商部门的建设工作，尤其是招商人员的培养。

对于招商人员而言，每一次成功招商都是一个跌宕起伏的故事，每一个跌宕起伏的故事背后，都要有平稳的心态。谁都希望自己能够成为招商高手，都能够成为招商界的“飞将军”。

为此，招商人员需要修炼自身多方面的能力，其中的重要一项就是“心态”，因为这将直接决定你自身拥有的能力在实际的运用过程中能够发挥几成。

笔者将从九个主要方面去解读招商高手所需的心态。

1. 平常心态

招商的过程就是销售的过程，若销售成功，招商人员除了能够获得相应的提成之外，还能够获得很大的成就感，反之则会拥有很强的挫败感。除了招商人员自身水平，招商结果还会受到来自领导、同事等的影响。因此，迫切成交将会直接影响到谈判的节奏，谈判节奏如果不能循序渐进，尤其是招商人员让潜在加盟商感觉到了他的着急，那么谈判将会有80%的概率以失败告终。

我们需要的是用平常心看待对方的每一个问题，用平常心去把握自己的谈判节奏，不要将最终的得失前置化，不要一边谈判一边给自己的结果定性，如果能在谈判时做到平常心态，那么成交只会是时间问题。

2. 给予心态

每个人都喜欢得到，不喜欢失去，更不喜欢在别人的引导下失去。潜在加盟商得到的是“可能”实现的创业梦想，投入的却是已经积攒多年的积蓄。

如果招商人员在沟通过程中总是采用一种索取的心态去沟通，比如通过各种直接“威逼利诱”促成加盟，那么潜在加盟商一定会产生一定的心理落差，从而影响最终的成交结果，因为他会感觉你在“抢夺”他的积蓄。相反，如果招商人员能够用给予的心态进行沟通，那么最终会让潜在加盟商在心甘情愿的情况下签署加盟合同。

3. 自信心态

信心是一种力量，首先要对自己有信心，其次要相信公司，相信公司提供给潜在加盟商的是最优质的创业机遇。请记住！你有100%的自信，潜在加盟商最多能感受到70%，因此，为了让潜在加盟商100%地信任你，你最少也应该拥有120%的自信！所以，请多用肯定类词汇。

4. 学习心态

招募加盟商的过程中，招商人员会与不同的人打交道，不同的人所关注的话题和内容是不一样的，只有具备广博的知识，才能与对方有共同话题，才能谈得投机。

因此，只有不断学习才能不断地刷新自己的能力边界，招商人员的学习对象可以是上级领导、同事，也可以是招商圈内的其他专业人士。但是，有一类最值得学习的对象往往容易被忽略，就是潜在加盟商，招商人员能够在与潜在加盟商沟通的过程中获取到同行的信息、市场的信息、产品的信息、地域的信息等。这些信息不但有助于招商人员了解对方的情况，还让招商人员有机会借力打力，更好地与其他潜在加盟商沟通，丰富社交话题。

当然，如果你能够将他人的谈判风格学习融入自己的风格之中，那么你一定是一个招商高手。

5. 事业心态

每一个人都应该对自己的每一次选择负责到底，你轻易放弃的往往不是你的选择，而是你自己。选择了招商这个岗位，你就需要将这个岗位视为自己的事业，用对待自己事业的态度，去做好这个岗位的工作。如果你具备了这个心态，你会发现，你需要了解很多方面的信息，当你不断学习和掌握这些信息之后，你会发现，你跟潜在加盟商的沟通将会非常得心应手，因为对方的每一个问题，你都能够用极其简洁、易懂的语言去回复，你定会在潜在加盟商的心目中树立“专业”的形象，而这个形象一定会为你最终的成交加重砝码。

6. 包容心态

招商人员在招商洽谈过程中会遇到各种挫折，有些挫折是潜在加盟商有意为之，创造出来的，有些是意外造成的。无论是遇到哪种情况，你都需要保持包容的心态，将他每一次的挑剔、每一次的拒接电话、每一次的不回信息、每一次的质疑都看作磨砺自己、提升自己。否则，你的消极的情绪就会传递给对方。

始终保持包容的心态，能够让你成为一个很容易接近、很容易被信任的人，那么你还会担心招商的成交不能够实现吗?

7. 行动心态

招商人员在与潜在加盟商进行沟通的过程中，经常会遇到其他店面的生意如何、目标开店的城市商圈如何等问题。碰到类似的问题，如果招商人员提前知晓可以机智地直接回答，如果不知晓，一定要记得，你的每一个承诺都代表着公司的形象。因此，只要你答应帮助对方去寻找答案，就一定要给对方一个明确的回复，还要将你得到答案的过程，通过巧妙的方式展示给对方，否则就不要轻易应允。

8. 拒绝心态

在面对潜在加盟商的各种咨询、请求时，一定要适当地拒绝，不要恐惧，适当拒绝不会让你丢掉本应该签约的潜在加盟商，反而能够促进潜在加盟商签约。因为你会让对方看到一个有原则的公司、一个正规的公司、一个重承诺的公司。

招商人员自己学会适当拒绝，也不会背负太多的物质、精神包袱，更不会给接下来的加盟服务带来没有必要的麻烦。

9. 主动心态

做招商最大的忌讳就是等待。等潜在加盟商到来，等潜在加盟商回心转意，等潜在加盟商自己想明白等。

招商人员时刻都要处于主动的状态，主动去了解潜在加盟商的各种信息，以利于自己的判断，主动去回访潜在加盟商，主动站在加盟商的角度考虑问题，以便让加盟商同自己站在一起，从而促成最终的签约。

能够控制自己的心态，就能够掌控自己的情绪，就能够左右自己的决定。招商项目谈判的过程，除了进行专业信息的传递之外，最重要的博弈其实就是心理博弈，谁能够拥有强大的心态，谁就能够让胜利的天平向自己倾斜！

第三章

特色招商模式18例

第一节 招商模式综论

每一个连锁企业在采用了加盟模式之后，首先渴望的就是得到一个能够高效招商的方法，于是开始到处拜访，到处咨询，最后拼凑出一个所谓的招商模式，用了这个招商模式之后，不但使用起来别别扭扭，而且效果不佳，于是企业给这个招商模式下了论断——这个招商模式不好，需要寻找更好的招商模式。

在笔者看来，招商模式有很多。没有最好的招商模式，只有最适合企业现阶段发展的招商模式。因此，连锁企业在进行招商模式设计时可以从如下几个角度去思考，以便设计出现阶段最适合自己的招商模式。

1. 先确定企业的商业模式才会有招商模式

招商模式的设计，属于连锁企业商业模式整体设计的一部分，因此，连锁企业的招商模式的设计，只有在整体的商业模式确定下来之后，才能够进行。其中关键的点是招商模式下产生盈利的方向，以及如何能够保障整个商业模式的完整运转，确定了这些，此招商模式才具备可行性。

因此，但凡计划启动加盟模式的连锁企业，都要在整体的商业模式确定下来之后，再进行招商模式的细化设计，否则会事倍功半。

2. 招商模式需要整体设计而非拼凑

就像前文提到的那样，初期发展的连锁企业在没有自己的招商模式时，会认为最好的途径就是模仿同类企业的招商模式。但其他企业的招商模式并不一定适合自己，之前学到的招商模式只是对方招商冰山中，浮在水面上面的浮冰，不知在浮冰之下还有更深的冰层。

对于初创型的连锁企业，笔者建议从加盟项目产品（商业包装完毕后的加盟项目）、价格（加盟的系列费用）、渠道（传播招募信息的载体、人员等）、促销（特定环境下执行的价格策略）、展示（加盟项目有形、无形展现）、过程（招募加盟商过程中以时间为主线的每一个环节）、人员（招商人员的综合素质以及相匹配的激励政策）七个方面去思考，再去设计自己的招商模式。如此一来，虽然不一定能够设计出最适合你的招商模式，但是足够满足你现阶段的发展需要。

3. 招商模式随着企业发展阶段变化而变化

招商模式在企业发展的不同阶段并不是一成不变的，而是会随着企业发展的情况、加盟市场的情况、消费市场的情况、企业资源的配置、招商部门的配置、企业的战略方针等因素的变化而变化。

出现变化之后，连锁企业就需要结合企业自身特点，在原有的招商模式的基础上进行相应的变化调整。

在此，笔者着重强调一点，加盟项目的加盟金只能持续走高，不能够无理由降低。

4. 其他主要模式会影响招商模式设计

商业模式的整体设计结束后，在进行招商模式设计时，其他几个相配合的模式的变化也同样会影响到招商模式，只不过这些变化对招商模式的影响相对较小，但是也不能够忽视，比如营建部门（负责指导加盟商进行店面硬件部分输出的部门）变化、商学院部门（负责指导加盟商进行店面软件部分输出的部门）变化、督导部门（负责督促指导加盟商发展的部门）变化等。

上述内容是连锁企业在设计招商模式时需要着重思考的方面。在此，笔者再着重强调一遍："没有最好的招商模式，只有最适合企业现阶段发展的招商模式。"

第二节　零加盟金思维下的加盟连锁模式

零加盟金思维下的加盟连锁模式如表 3－1 所示。

表 3－1　零加盟金思维下的加盟连锁模式

设计角度	加盟费的额度高低
模式亮点	低门槛，能够充分勾起潜在加盟商对项目的了解欲望
适用情况	●发展初期的连锁企业 ●需要极速扩张，实现规模效应 ●特殊行业、特殊政策之下快速屏蔽竞争对手
适用企业	能够实现门店 80% 以上的产品、设备、物料等从总部进行采购的企业
注意事项	●加盟费用的收取是加盟连锁企业的基础性收益之一，如果加盟费用为零，盟主方则需要从其他的角度将这部分让出去的利润空间找回来，否则将会影响后续的商业模式的运转 ●加盟金的额度可以为零，但是品牌保证金的收取不能够免去，否则盟主方将很难把控加盟商 ●零加盟金推出后，难免会有一些喜欢投机取巧的潜在加盟商打算加入，盟主方一定要做好“广开门，低请进”的策略，严把筛选关
思维解读	零加盟金模式的实施，实际上是从加盟金减免角度来实现招商驱动，但是此种驱动方式，并不能够实现真正意义的自我裂变，企业需要借助外在的传播媒介来实现信息的传递 值得一提的是，此种模式的实施必须要在相匹配的商业模式整体实施的情况下才可以进行，否则将会直接影响企业的后续发展，或者说导致发展乏力。缺少了加盟金的收取，招商部门以及后面的支持服务型的部门，很难获得优质的福利待遇保障，会使企业外驱强有力，却内部乏力
应用风险	●部分的潜在加盟商会认为加盟连锁企业在玩文字游戏 ●可能会造成企业营收项目的减少
营收角度	●品牌保证金的收取 ●权益金的收取 ●首批铺货的差价 ●日常配送产品的差价

第三节　负加盟金思维下的加盟连锁模式

负加盟金思维下的加盟连锁模式如表3-2所示。

表3-2　负加盟金思维下的加盟连锁模式

设计角度	加盟费的额度高低
模式亮点	超低门槛，能够充分勾起潜在加盟商对项目的了解欲望
适用情况	●发展初期的连锁企业 ●需要极速扩张，实现规模效应 ●特殊行业、特殊政策之下快速屏蔽竞争对手
适用企业	●前期必须要有一定量的首批铺货 ●能够实现门店80%以上的产品、设备、物料等从总部进行采购的企业
注意事项	●加盟费用的收取是加盟连锁企业的基础性收益之一，如果加盟费用为负，盟主方则需要从其他的角度将这部分让出去的利润空间找回来，否则将会影响后续的商业模式的运转 ●在加盟金为负数的情况下，总部需要提前备好具备一定价值的有形、无形的商品或服务来冲抵相应的负数金额，从而实现总部对加盟商的承诺 ●加盟金的额度可以为负数，但是品牌保证金的收取不能够免去，否则盟主方将很难把控加盟商 ●负加盟金推出后，难免会有一些喜欢投机取巧的潜在加盟商打算加入，盟主方一定要采用“广开门，低请进”的策略，严把筛选关

续表

思维解读	负加盟金模式的实施，实际上是从加盟金减免角度来实现招商驱动，但是此种驱动方式并不能够实现真正意义的自我裂变，企业需要借助外在的传播媒介来实现信息的传递 值得一提的是，此种模式的实施必须要在相匹配的商业模式整体实施的情况下才可以进行，否则将会直接影响企业的后续发展，或者说导致发展乏力。缺少了加盟金的收取，招商部门以及后面的支持服务型的部门，很难获得优质的福利待遇保障，会使企业驱动力外力，却内部乏力 更重要的是，负数加盟金的金额抵扣，要真实落实，又不能让出太多的利润空间，与此同时，要让加盟商拿到抵扣金额的产品或服务后感觉物超所值才行
应用风险	●部分的潜在加盟商会认为加盟连锁企业在玩文字游戏 ●可能会造成企业营收项目的减少 ●资金链的运转存在一定风险
营收角度	●品牌保证金的收取 ●权益金的收取 ●首批铺货的差价 ●日常配送产品的差价

第四节　许可经营思维下的加盟连锁模式

许可经营思维下的加盟连锁模式如表3-3所示。

表3-3　许可经营思维下的加盟连锁模式

设计角度	降低总体投资、吸纳各级别投资能力人群
模式亮点	多样的加盟类型、多样的合作方式、灵活的市场布局成为该模式的亮点
适用情况	●发展中期以上的连锁企业 ●需要深度渗透市场，实现规模效应
适用行业	绝大多数的行业都可以采用此种模式

续表

注意事项	●需要收取一定金额的加盟金、品牌保证金、权益金等 ●企业对于门店的扶持能力要强 ●拥有与模式相匹配的信息化管理系统 ●商圈保护政策要设计严密
思维解读	对于一款销量一般的 T 恤，在 T 恤上面印上迪士尼的图案后，出现销量增加，单品价格提升等明显变化，此种操作方式即为许可经营模式的应用。一款无人问津的手机游戏，在引入知名品牌采用许可经营模式后手机游戏迅速火遍各地，其主要原因在于手游玩家通过手游内被许可使用的当红卡通人物而知晓此款游戏 加盟连锁企业同样可以被授权使用其他的品牌产品来提升自己的品牌价值，也可以将自己的企业品牌授权其他人使用来进一步加大该品牌的曝光率。但是许可经营如果使用不当，自有品牌则很容易在消费者的认知中被冲淡。为此，笔者分享下许可经营模式如何助力加盟连锁企业的发展 第一，拆分单店功能占领市场 对于加盟连锁企业而言，单店是一个被标准化成若干个标准件的单体元素，对于这些标准件而言，无论是盟主方还是加盟商都完全可以采用许可经营的模式 比如一个做鸭脖的餐饮店，一方面总部在扩张初期可以整店复制式地对外加盟，另一方面可以将以品牌名称命名的鸭脖作为一道菜品，大量许可给其他餐饮店去经营，还可以将鸭脖及相关品类产品以店中店的模式进入其他餐饮店之中，以此来低成本、快速进行市场渗透，扩大品牌影响力 第二，借势知名品牌来提升品牌认知 对于处在发展初期的加盟连锁企业，笔者不建议将自己的品牌授权给其他品类的企业进行使用，因为此种做法很容易冲淡自有品牌在消费者心目中的认知。但是这个阶段的加盟连锁企业可以通过引荐其他知名品牌入驻企业之中，来提升自有品牌在消费者心目中的认知以及价值 比如一家从事全绿色食材经营的餐饮企业，可以通过向消费者传递本店内的肉制品来自 × × 知名品牌，蔬菜来自 × × 知名品牌，米、面、油等来自 × × 知名品牌等，通过这些知名品牌在消费者心目中的认知来快速加深该发展初期的餐饮品牌在消费者心目中的认知 第三，先从关联行业的许可经营着手 为了防止品牌认知会因为企业大肆授权跨度较大的行业而被冲淡，笔者建议发展到一定程度的加盟连锁企业先从关联行业的许可经营着手 比如一家餐饮店，在从事正常餐饮服务经营的同时，可以将单店的食材、餐具、桌椅、菜品半成品等许可经营给对应业态的企业进行使用，一方面可以继续扩大品牌曝光率，另一方面品牌拥有方的单店又拥有了新的盈利产品，品牌拥有者增加了品牌额外的收益价值

续表

应用风险	●管理成本极速上升 ●加盟商彼此之间的相互竞争
营收角度	●加盟费用的收取 ●后续服务、配送的费用的收取 ●授权经营类费用的收取

第五节　融资租赁思维下的加盟连锁模式

融资租赁思维下的加盟连锁模式如表3-4所示。

表3-4　融资租赁思维下的加盟连锁模式

设计角度	降低加盟开店风险
模式亮点	超低风险的加盟项目，能够充分勾起潜在加盟商对项目的了解欲望
适用情况	发展中期以上的连锁企业
适用行业	产品的附加值高且具备一定的增值空间的行业都可以采用此种模式
注意事项	●需要收取一定金额的加盟金、品牌保证金、权益金等 ●企业对于门店的扶持能力要强 ●企业要拥有资金运作能力
思维解读	一些有升值空间产品的加盟项目或者需要高端设备来完成店面经营的加盟项目，采用此种模式可以大大降低盟主方的招商门槛 连锁企业的经营环境中需要高端保值产品、高端美容设备、干洗设备等，企业均可以采用类金融模式去设计自己的加盟连锁模式。笔者以售卖高端翡翠的店面为例，盟主方可以将前期收入的加盟金折合至产品中，比如加盟金10万元，盟主方将会同步赠送加盟商价值10万元的货品，同时承诺在加盟商退盟后会以“（10+X）万元”的费用对货品进行收回
应用风险	●承诺担保的可信度 ●资金运作能力不足可能造成资金短缺
营收角度	●后续服务、配送的费用收取 ●资金运作产生的收益

第六节　整店输出思维下的加盟连锁模式

整店输出思维下的加盟连锁模式如表 3－5 所示。

表 3－5　整店输出思维下的加盟连锁模式

设计角度	降低加盟开店风险
模式亮点	超低风险的加盟项目，能够充分勾起潜在加盟商对项目的了解欲望
适用情况	发展中期以上的连锁企业
适用行业	绝大多数的行业都可以采用此种模式
注意事项	●需要收取一定金额的加盟金、品牌保证金、权益金等 ●科学、合理进行单店估值 ●选择加盟商要有一定的条件
思维解读	整店输出的模式指的是盟主方先将店面筹建起来，并进行了一段时间的经营，潜在加盟商在选择加盟后，盟主方直接将已经正常经营的店面转让给加盟商即可 肯德基、麦当劳前期进行中国市场布局时多采用此种模式进行扩张，其目的一方面在于快速回笼资金，另一方面在于试探性开放加盟业务。但是对于现在的国内市场而言，加盟连锁的模式相对成熟，开放此种模式的重要目的在于高质量进行单店复制 此种模式相对于其他类型的加盟模式而言，成功率较高，但是此种模式下的连锁企业，在扩张速度方面会相对慢一些。运用此种模式的连锁企业，可以充分地进行内部招商的裂变模式扩张。其基础的运作原理是总公司负责进行店面的初步投资，投资后的店面可以在公司的信息通知平台中进行公示，公司的任何人都可以出资认购该店面，如果该店面在双方约定的时间范围内完成了投资回收，那么该店面的所有权归认购人所有，该单店也将会由直营店转化为加盟店 已经成为加盟店"老板"的企业员工也可以将该店挂在公司的招商系统之中，然后由招商部负责将该加盟店"提价卖掉"。如此操作，对于盟主方来讲可以最低成本激励企业员工，最高速度实现扩张，最大限度回笼资金

续表

应用风险	●影响店面生意好坏的因素有很多，一旦新开出的店面并不能够实现盈利，将会造成项目的直接亏损 ●店面的扩张速度相对较慢 ●盈利的店面在转手之后存在经营不善而关店的现象
营收角度	●加盟类费用的收益 ●成熟店面溢价升值收益 ●后续服务、配送的费用收益

第七节　前产业链布局、后产业链增值思维下的加盟连锁模式

前产业链布局、后产业链增值思维下的加盟连锁模式如表 3 - 6 所示。

表 3 - 6　前产业链布局、后产业链增值思维下的加盟连锁模式

设计角度	快速进行市场布局
模式亮点	通过降低风险、投资额度等信息来迅速吸引更多的创业者加入盟主方的体系
适用情况	任何发展阶段的连锁企业
适用行业	绝大多数的行业都可以采用此种模式
注意事项	●一定要收取一定额度的品牌保证金 ●选择加盟商要有一定的条件 ●单店的扶持能力要强
思维解读	采用此种模式进行商业布局的加盟连锁企业，要么拥有足够强的资金实力，要么耐得住低回报的寂寞。因为前期需要大量的资金投入去快速占领市场，同时盟主方将利润中的绝大部分让给加盟商，从而让加盟商快速布局于全国各地。在进行全国各地布局的过程中，盟主方需要同步建设提供店面服务的相关公司，比如装修公司、物流公司、设计公司、货柜制作公司、产品生产厂等 盟主方需要建设上述公司的主要原因是其将前端的产业链的利益几乎全部让给了加盟商，要利用前端布局的店面，来支撑后产业链公司的生存，前产业链的店面只要能够保障后产业链公司的基本生存，后产业链的公司就可以利用对外接收其他方面的业务而获得快速发展

续表

应用风险	●总部后产业链的布局跟不上连锁店的发展步伐，从而造成后产业链无法正常运转 ●前产业链不能够自负盈亏 ●集团性管理成本上升，对于团队的整体管理能力是极大的挑战
营收角度	●加盟类费用的收益 ●店面筹建过程中获取收益 ●自有连锁配套企业的生存、成长 ●后续服务、配送的费用收益 ●资金运作产生的收益

第八节 回购加盟店思维下的加盟连锁模式

回购加盟店思维下的加盟连锁模式如表 3－7 所示。

表 3－7 回购加盟店思维下的加盟连锁模式

设计角度	增强加盟商信心
模式亮点	●提升加盟店的存活率 ●坚定创业者选择加盟的信心 ●加速市场布局 ●快速进行产品、设备、器材等物品变现
适用情况	有一定市场开拓和运营能力的连锁企业
适用行业	绝大多数的行业都可以采用此种模式
注意事项	●选择加盟商要有一定的条件 ●单店要有一定的存活能力 ●单店经营项目内容要具备持久性 ●盟主方要有一定数量的精英店长或者强大的运营团队储备

续表

思维解读	对于绝大多数的加盟式创业者而言，他们在进行项目选择时，最大的担忧就是这个加盟项目万一不赚钱怎么办。这套模式下的加盟项目，对于创业者而言吸引力十足，因为他们没有了后顾之忧 对于盟主方而言，此种模式可以迅速吸引大量的加盟商加盟，这些加盟商每开一个店面，就意味着加盟店需要从总部采购大量的设备、产品、物料等店面经营所需物品，这些物品可以让总部大量获取现金，如果总部能够与上游供应商商定一个结算账期，那么，总部可以利用这些大量到来的资金进行金融运作。如此一来，总部还可以额外获得一笔不错的收入 再来思考下所谓的“回购”，这个回购并不是盟主方回购加盟商的所有投入，对于有些投入总部可以回收，有些投入总部可以折价回购，有些投入总部可以不回购 还有一点重要信息，就是盟主方对于店面的回购一定要设定一定的门槛，比如店面经营时间不得低于 1 年，店面未曾违反过加盟合同条款内容等 对于已经回购的店面，如果盟主方的运营团队能够将回购的店面盘活，那么这个店未来可以成为持续经营的直营店，也可以高价出售给新的加盟商 这套模式如果运用得当，对于盟主方和加盟商而言，可以实现双赢
应用风险	●财务、资金、股份等交易风险 ●单店的存活概率太低，从而导致大量的店面需要被回购 ●单店经营的项目生命周期太短，导致项目还没有形成规模效应就开始萎缩 ●店面回购之后没有店面经营者能够接手，导致回购的单店彻底关门
营收角度	●加盟金方面的收益 ●低价回购后转手高价卖出的收益 ●后续服务、配送的费用收益 ●资金运作产生的收益

第九节 代理模式思维下的加盟连锁模式

代理模式思维下的加盟连锁模式如表 3－8 所示。

表 3－8 代理模式思维下的加盟连锁模式

设计角度	迅速占领市场
模式亮点	●能够让盟主方迅速回笼渠道资金 ●能够让更多拥有丰富资源的群体参与到项目传播上面 ●能够迅速占领市场
适用情况	拥有后期店面运营经验的连锁企业
适用行业	绝大多数的行业都可以采用此种模式
注意事项	●选择加盟商要明确筛选条件 ●要指导代理型的加盟商进行市场开拓 ●单店要有一定的存活能力 ●单店经营项目内容要具备持久性
思维解读	从代理模式思维中，企业在实际进行市场开拓时，可以将整个市场进行区域划分，然后在区域内找到具备项目持续开拓能力的合作伙伴，再指导这些区域的合作伙伴逐级向下进行市场开拓，市场开拓的终极节点是连锁门店 需要注意的一点是，各级代理商并不是代理门店经营的具体产品，而是负责“卖店”，以便让盟主方在短期内能够通过各个层级的合作伙伴，获取更具规模的终端门店，最后将终端门店的收益分成逐级分给各个层级的合作伙伴
应用风险	●资金交易风险 ●寻找的区域合作伙伴不能够及时完成本区域的市场布局 ●门店经营的利润空间不足以支撑整个体系的运转 ●无力扶持大量涌入的终端门店
营收角度	●各层级加盟金方面的收益 ●后续服务、配送的费用收益

第十节　联锁运营思维下的加盟连锁模式

随着平台经济时代的到来，采用传统操作模式的加盟连锁企业发展也遇到了发展瓶颈，为此，笔者将从“连锁企业发展更需要联锁”的角度进行分享。

对于“连锁”，笔者相信大家并不陌生，即使无法采用专业的术语进行解释，也能够采用通俗的语言进行描述，但是对于“联锁”这个词汇，大家可能比较陌生，“联锁”可以理解为盟主方异业联盟、上游供应商整合、下游消费者共享、单店捆绑式拓展、连锁单店的经营项目穿插、采购联盟、搭建行业平台、借力全国平台机构等。

对于凭借加盟商的人力、物力、财力以及其背后的资源迅速编织出一个跨区域经营的商业网络的加盟连锁企业而言，在全面采用“联锁”发展模式之前，首先需要思考两个问题，第一个问题是连锁企业究竟“连”的是什么，第二个问题是连锁企业究竟靠什么来“锁”。

1. 连锁企业究竟“连”的是什么

（1）连的是消费者大数据。

一家店在一个商圈范围能够服务的消费者有一个上限，每一个上限都能够给单店、总部带来不错的市场收益，但是对于总部来讲，如果能够将每一个单店的消费数据都掌握在自己的手上，那么盟主方可以获得的营收点就会非常多，比如数据的二次消费延伸、数据分析报告的售卖等。企业因“连”可以获得额外的收入来源。

（2）连的是廉价物流。

同一个区域如果只有一两家店面，很难同时获得最优质物流团队的支持和最低廉的物流费用支出。而如果盟主方拥有大批量的单店，则会很轻松兼顾上述两点。如果连锁企业需要给单店配送的物品较多，还可以自建物流公司，一方面满足自身连锁店的配送需求，另一方面可以对外获得其他的业务收入。单店物流成本因“连”而降低，企业因“连”而获益。

（3）连的是市场占有率。

当消费者在同一个城市的不同商圈、在同一个商圈不同的街道都可以看到统一的企业识别形象时，这个形象就是消费者心目中的品牌认知符号。加盟连锁企业的竞争之道即蚂蚁战术，每一家单店不需要特别大，但是当企业拥有成千上万家单店时，就构成了无与伦比的规模化威力。企业因“连”而迅速占领市场。

（4）连的是批量采购。

无论身处何种加盟连锁企业，只要连锁单店的数量庞大，无论是生产原材料的采购、装修材料的采购、设备器材的采购、服装物料的采购等，都可以在保证“质量上乘”的同时获得一个“团购价”。单店的采购因“连”而物美价廉。

（5）连的是联合营销。

一个单店一个月独立花费 1000 元的广告宣传费用其实并不算少，但是能够起到的作用却微乎其微。假设连锁企业在全国有 100 家店，那么盟主方每月可以用来进行广告运作的费用就是 10 万元，假设连锁企业在全国有 1000 家店，那么盟主方每月可以用来进行广告运作的费用就是 100 万元，以此类推，每一个单店都只需要投入少量的宣传费用，就可以换来几十倍甚至几百倍的营销力度。单店的营销“微力”因“连”而大。

（6）连的是消费放心。

笔者曾经做过数百次的抽样调研，当一个人抵达一个陌生城市的时候，摆在他面前的有两家从来没有听说过的酒店和一家全国连锁型的酒店，即使连锁酒店的价位稍微高一点，90% 以上的人也会选择全国连锁型酒店，因为消费者给予品牌的信任感因“连”而存在。

（7）连的是人脉资源。

每一个加盟商在当地拥有的各种人脉资源都将给盟主方的发展带来增益，当成千上万的加盟商将自己的人脉资源汇集起来时，将会形成异常强大的人脉财富。企业因“连”而几何倍获得发展所需资源。

2. 连锁企业究竟靠什么来“锁”

（1）不正确的认知。

企业总认为可以依靠核心的人才来锁住加盟商。笔者想问：“万一人才流失了呢?”企业总认为可以依靠祖传的工艺来锁住加盟商。笔者想问：“万一工艺被加盟商进行了消费者无法识别的模仿，加盟商自立门户了呢?”企业总认为可以依靠自主研发的设备及软件来锁住加盟商。笔者想问：“万一设备及软件被竞争对手模仿和超越了呢。”上述的这些认知在笔者看来都无法成为企业的核心竞争力，因为这些内容太容易被竞争对手模仿和超越，太容易让自立门户的加盟商成为企业发展的新的竞争对手。

（2）正确的认知。

连锁企业应该在加盟期内持续性给予加盟商管理、营销、产品、技术、服务、模式、文化、人才等方面的支持，而这些支持能够从不同的角度帮扶加盟商获得人生价值的体现、获得财富收入、实现人生梦想、获得荣誉感。上述所有的内容都会最终汇聚到“品牌”这个词汇之中，而这个词汇也将会成为企业核心竞争力的代名词。

3. 连锁企业如何借力“联锁”模式

在完成上述两个问题思考之后，加盟连锁企业就可以结合自身企业的经营模式、产品特点、市场状况等方面针对性地设计出适合自己企业的“联锁”模式，为此，笔者将从如下几个方面分享连锁企业如何借力“联锁”模式，从新时代经营主体中脱颖而出。

（1）从异业联盟的角度着手。

笔者通过婚庆产业市场来分享加盟连锁企业如何进行异业联盟。婚庆产业内的企业面对的消费群体属于同一人群，而此人群具备几个不同领域的消费需求。因此，当一对拍婚纱照的新人在购买婚纱照服务时，影楼可以给消费者提供价值××万元的大礼包，这些大礼包包括西服定制抵用券、个性化喜酒定制折扣卡、婚前美容体验券、婚车租赁抵用券、酒宴定制折扣卡等。如此操作给影楼提供了宣传噱头，又增加了额外收入，同时影楼能够从异业联盟的合作单位中获得新的客户。此种模式既可以以单店合作模式展开，也可以实现企业与企业间的合作。

（2）从上游供应商整合的角度着手。

连锁企业本身的采购就属于团购，其拥有很强的议价能力，因此企业本身可以逐渐将上游供应商的采购式输出转化成独家式供给，用供应商省下来的营销成本来进一步降低采购成本，同时让企业在产品方面更具市场竞争力。如果连锁企业在发展阶段还不具备大批量采购实力，可以将同业态的企业“连”锁在一起形成采购联盟。

（3）从下游消费者共享的角度着手。

连锁单店在实际经营过程中都会通过一些促销的方式来刺激市场，以此进行消费引流。现金折扣、赠送次数等已很难大幅度吸引消费者进店，产生新的消费，消费者在店内完成了 100 元的消费后还可以将这 100 元拿来进行二次跨业态的消费，此种操作对于消费者的吸引力将会高于以往的促销手段，而此种操作就需要连锁企业在进行线下连锁网络布局的同时进行线上平台的建设，线上平台的工作重心是围绕自己的消费主体去整合配套的企业，让这些发展中的企业将促销手段、宣传经费全部转化成线上平台的产品；而线下一方面可以通过线上的此种运营手段来增强经营能力，另一方面可以通过线上平台吸引更多合作伙伴的加入。

（4）从单店捆绑式拓展的角度着手。

不同品牌、不同行业的企业之间在采用此种角度时需要注意以下两点：消费人群属于同一层次彼此之间能够进行业态互补。

企业具体实施时可以从以下几个方面展开单店捆绑式拓展。

第一，同一商业街、商圈可以集体入驻。

第二，现有的加盟商可以进行多业态的经营发展。

第三，单店与单店之间可以互为对方的店中店。

第四，单店的经营项目彼此之间进行穿插经营。

（5）从搭建行业平台的角度着手。

做到一定规模的连锁企业可以通过将经营企业过程中的经营理念、经营诀窍、管理方式、营销手段等内容进行一定的标准化和改良之后，开展行业内的小、微连锁企业培训，在培训的过程中逐步进行行业内企业的整合，以便让小、微连锁企业逐步采用本企业的经营理念、经营模式、设备器材甚至品牌等。

（6）从借力全国平台机构的角度着手。

平台经济时代，连锁企业除了自己采用平台运营模式经营企业外，可以借助全国连锁型平台机构。借助此种平台机构一方面可以获得企业发展时所需要的全国性资源，另一方面可以缩短自身企业平台的建设历程。

上述内容是笔者向发展中的连锁企业提供的“联锁”模式发展思路，平台经济的时代，无“联锁”不“连锁”。联锁运营思维下的加盟连锁模式如表3－9所示。

表3－9　联锁运营思维下的加盟连锁模式

设计角度	资源整合与应用
模式亮点	●提升资源的整合能力及运转能力 ●提升创业者选择加盟的信心 ●加速市场布局
适用情况	拥有资源整合运营能力的连锁企业
适用行业	绝大多数的行业都可以采用此种模式
注意事项	●选择加盟商要有一定的条件 ●单店要有一定的存活能力 ●单店经营项目内容要具备持久性 ●各类供应商一定要严格符合平台发展需要
应用风险	●财务、资金、股份等交易风险 ●上游供应商自立门户、抱团抵抗等潜在的风险 ●不能够得到稳定的收益来源 ●企业管控体系漏洞明显，从而导致体系运转不畅
营收角度	●加盟金方面的收益 ●后续服务、配送的费用收益 ●资金运作产生的收益

第十一节　联营思维下的加盟连锁模式

联营思维下的加盟连锁模式如表 3 – 10 所示。

表 3 – 10　联营思维下的加盟连锁模式

设计角度	资源整合与应用
模式亮点	●提升创业者选择加盟的信心 ●给新加入的加盟商奋进的动力 ●老一批的加盟商能够获得更好的发展支持 ●联营店的营业执照由总公司注册，门店在法律层面属于直营店，为公司下一步的估值、融资、上市做准备 ●由优秀的加盟商开设的新店面将会在成功率上有大幅度的提升 ●总部的现金流能够获得此阶段内最大的回报价值 ●通过联营店的模式充分调动合作伙伴各方资源，以此来进一步助力加盟总部全国性布局发展
适用情况	具有完整的店面运营管理团队的连锁企业
适用行业	绝大多数的行业都可以采用此种模式
注意事项	要选择与至少拥有经营一家店成功经验的加盟商合作
思维解读	联营店这套模式对于盟主方而言是一种对创业者有吸引力的加盟连锁模式，对新的加盟商而言是一种职业生涯规划式的激励模式，也是一种最大限度激活加盟商潜在能力的模式 实施这套模式，加盟商可以避免因为资金压力而无法短期内开新店，盟主方可以在投入不多的现金的情况下，获得优秀加盟商新经营店面的不少股份
应用风险	●财务、资金、股份等交易风险 ●联营店的加盟商不具备多店管理的能力，从而导致新店面和老店面都开始业绩下滑 ●店面的生存能力和生命周期有限，从而导致已经开始联营的门店店面生意惨淡
营收角度	●加盟金方面的收益 ●后续服务、配送的费用收益 ●资金运作产生的收益

第十二节　O2O 思维下的加盟连锁模式

O2O（线上到线下）思维下的加盟连锁模式如表 3－11 所示。

表 3－11　O2O 思维下的加盟连锁模式

设计角度	项目整体的商业模式、扩张方式等
模式亮点	●线下开店，线上引流 ●线下托客，线上维系 ●突破店面物理经营环境
适用情况	发展中期以上阶段的连锁企业
适用行业	绝大多数的行业都可以采用此种模式
注意事项	●需要收取一定金额的加盟金、品牌保证金、权益金等 ●企业对于门店的扶持能力要强 ●拥有与模式相匹配的信息化管理系统 ●商圈保护政策要设计严密
运营模型	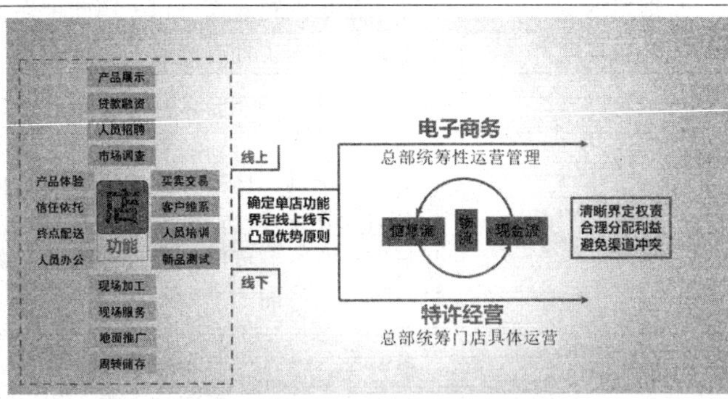
思维解读	此种模式适用于许多不同经营业态的连锁企业，但是不同领域的连锁企业，首先要将 O2O 的本质了解清楚，之后再设计商业模式。O2O 的本质在于将“店”的 16 项功能进行了清晰的界定和划分，将有利于借助互联网模式的店面功能放置到线上，将有利于线下应用的店面功能放置在线下

续表

思维解读	该商业模式可以实现的效果是将线下实体店面客源不断导流至线上，然后借助线上的网络平台对线下的客源进行裂变，最后将裂变后的客源引流至线下。以此来保障加盟商的店面经营成功率，降低招募加盟商的难度（只要加盟××项目，就可以获得来自总部的××数字的客源直接导入）等
应用风险	●容易造成渠道冲突 ●容易造成线上、线下"两层皮"
营收角度	●加盟费用的收取 ●后续服务、配送的费用收取 ●资金运作产生的收益

第十三节　交叉入股思维下的加盟连锁模式

交叉入股思维下的加盟连锁模式如表 3－12 所示。

表 3－12　交叉入股思维下的加盟连锁模式

设计角度	利用捆绑的方式让加盟商更有安全感
模式亮点	●盟主方通过多种形式投资 ●前期持有单店股份 ●新店与盟主方交叉持股 ●提升单店抗击风险能力 ●盟主方在置换中营利
适用情况	有一定资金运作能力的连锁成型企业
适用行业	绝大多数的行业都可以采用此种模式
注意事项	●选择加盟商要有一定的条件 ●单店要有一定的存活能力 ●单店经营项目内容要具备持久性 ●盟主方实行这个模式的前提条件是要拥有一定数量的单店作为股权交换的基础

续表

运营模型	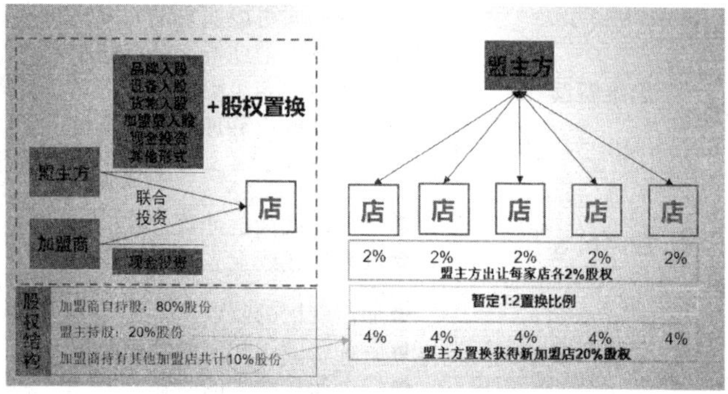
思维解读	对于盟主方而言，盟主方可以将自己企业之中一些有价值的产品、设备、费用明目等内容，进行一定的估值后作为新店的投资。对于加盟商而言，他会降低开店前期的资金投入，因为本应该交给总部的加盟金现在变成了总部的投资，本应该在总部购买的设备、货品等也变成了总部的投资。总部对门店有一定比例的投资，就会更加用心地扶持门店。此种做法在无形之中给加盟商吃了一颗定心丸 除此之外，加盟商可以通过新店的股份，去置换来自总部指定的成熟店面的股份，这样对于一个新店的加盟商而言，无疑又提高了成功的概率
应用风险	●财务、资金、股份等交易风险 ●单店的存活率太低，从而导致缺乏成功的店面进行股份转嫁 ●单店经营的项目生命周期太短，导致项目还没有形成规模效应市场就开始萎缩
营收角度	●股权溢价交易产生的收益 ●加盟金作为投资占股后获得的分红收益 ●后续服务、配送的费用收益 ●资金运作产生的收益

第十四节　社交电商思维下的加盟连锁模式

社交电商思维下的加盟连锁模式如表 3－13 所示。

表 3－13　社交电商思维下的加盟连锁模式

设计角度	提升单店的盈利能力
模式亮点	●先赚钱，再开店 ●小店面，大卖场 ●轻库存，快流通 ●一处开店，全国销售 ●次级商圈，也能开店 ●客户关系，更加紧密 ●物理商圈，深耕客户 ●一人开店，众人帮扶 ●一人开店，众人投资 ●线下开店，线上导流
适用情况	处于任何发展阶段的连锁企业
适用行业	绝大多数的行业都可以采用此种模式
注意事项	●选择加盟商要有一定的条件 ●单店之中要有爆品作为引流工具
运营模型	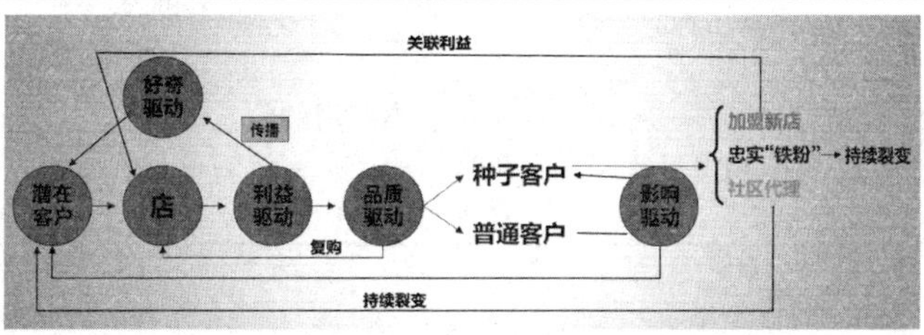
思维解读	社交电商模式是依托于实体门店开展的商业模式，对于此模式的简单理解可以是“基于实体门店，借力移动互联网的属性特点，深度经营门店最大商圈范围内的精准客户，从而实现门店及品牌拥有方的整体生态循环式发展”

续表

思维解读	在循化发展过程中，门店首先需要借助利益驱动的方式，让每一个进店的潜在消费者不但能够成为门店的实际消费者，还能够借助其社交软件来影响社交圈层内的人群，使其成为门店的潜在消费者。当然，如果这个传播的内容不能够充分勾起消费者社交圈层内群体的好奇心，即使消费者进行了信息的传播，其结果也不会理想。因此，门店的实际经营者需要在传播的内容方面拥有独特的创意，这个创意至少要包含三个方面的属性特点 ●要将店内爆品独具特色的点展现出来 ●站在消费者的角度编写文字内容、拍摄图片内容、拍摄视频内容等 ●设计出有诱人的折扣信息 当消费者传播的内容，能够吸引他的社交圈层人群时，门店就可以在短时间内，批量获得新的消费者。如果产品的品质确实经得起市场的考验，那么，消费者复购也将正式拉开序幕 每一个进店的客户，都可以成为门店的社交好友，门店可以通过日常的不断维护与他们建立深层次的联系。在这个过程中，门店会顺其自然将客户分为两类，一类是来店消费的普通客户群体，另一类则是可以成为合作伙伴的种子客户，这些种子客户可以成为社区小代理，帮门店深度开发和维护更多的消费者；也可以成为新的加盟商 针对加盟商孵化出来的新的加盟商，总部一定要在加盟商孵化新加盟商之前，就给加盟商设计好利益分配的规则，如此才能够充分挖掘出加盟商的经营动力 上述内容的循环往复，不但可以让门店的经营实现“店前无客流，业绩无影响”的理想状态，还能够帮助加盟总部实现“招商少投入，加盟不少招”的理想状态
应用风险	●总部不能够快速跟进市场反应，从而脱离实际 ●企业发展时人才的匹配度不能够满足其需要 ●加盟商窜货
营收角度	●加盟类费用的收益 ●后续服务、配送的费用收益 ●资金运作产生的收益

第十五节　代运营思维下的加盟连锁模式

代运营思维下的加盟连锁模式如表 3－14 所示。

表 3－14　代运营思维下的加盟连锁模式

设计角度	提升加盟商的加盟信心
模式亮点	●提升加盟店的存活率 ●提升创业者加盟的信心 ●加速市场布局 ●真正掌控每一家店面的真实情况 ●在盟主方资金紧张的情况下迅速扩展店面 ●让有资金实力、无经营能力的加盟商能够跟随盟主方发展
适用情况	拥有丰富店面运营经验的连锁企业
适用行业	绝大多数的行业都可以采用此种模式
注意事项	●选择加盟商要有一定的条件 ●单店要有一定的存活能力 ●单店经营项目内容要具备持久性 ●与加盟商进行责、权、利的明确界定 ●向加盟商明确传递代运营并不代表 100% 成功
运营模型	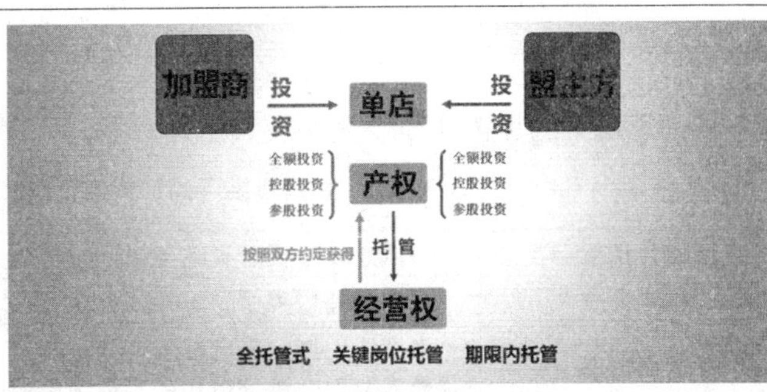
思维解读	代运营模式主要是盟主方给加盟商提供代运营，一般情况下由加盟商负责店面的投资，盟主方负责店面的实际经营管理，盟主方在不投资的情况下，获得单店一定比例的股份，或者收取单店流水一定比例的管理费作为收益

续表

思维解读	盟主方的代运营一般情况下会分为如下几种情况 ●盟主方给加盟商的单店配备核心工作岗位成员 ●在新店开业一段时间内，盟主方给加盟商的单店配备核心岗位工作成员 ●盟主方给加盟商的单店提供全部人员配置 ●在新店开业一段时间内，盟主方给加盟商的单店提供全部人员配置 除上述内容之外，盟主方可以让缺乏资金实力，但有经营能力的加盟商获取创业的机会，比如盟主方可以将自己的直营店委托给加盟商，由加盟商来负责店面的经营
应用风险	●财务、资金、股份等交易风险 ●店面的经营一旦出现长期亏损乃至关店，加盟商就会将所有的责任全部推到盟主方身上 ●加盟商会采用一些特殊的手段挖走来自总部的工作人员 ●跨地域的人员招聘、培养、管理成为企业人力资源的负担
营收角度	●加盟金方面的收益 ●后续服务、配送的费用收益 ●店面代运营产生的收益

第十六节　直销思维下的加盟连锁模式

直销思维下的加盟连锁模式如表 3－15 所示。

表 3－15　直销思维下的加盟连锁模式

设计角度	降低总体投资、吸纳各级别投资能力人群
模式亮点	多样的加盟类型、多样的合作方式、灵活的市场布局
适用情况	●发展中期以上阶段的连锁企业 ●需要深度渗透市场来实现规模效应
适用行业	●绝大多数的行业都可以采用此种模式 ●店面经营的产品、服务要有足够的毛利空间

续表

<table>
<tr><td>注意事项</td><td>●一定要做好直销体系内的利润分配机制，与店面之间的利润分配机制
●清晰界定直销体系内的人员裂变模式，与实体店面的加盟裂变模式的责、权、利分工
●单店的扶持能力要强
●财务的核算成本较高，需要采用相应的信息化管理系统</td></tr>
<tr><td>运营模型</td><td>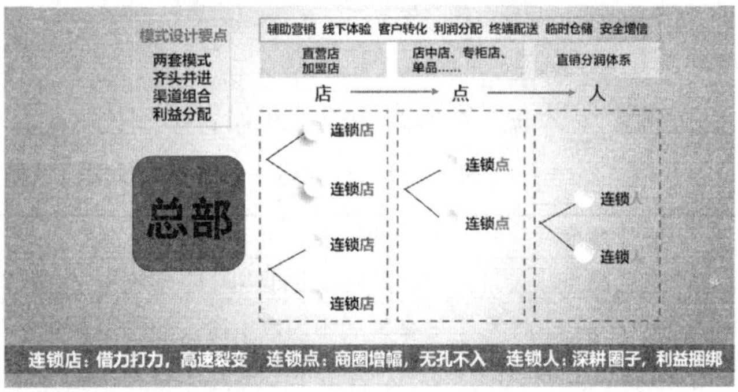
</td></tr>
<tr><td>思维解读</td><td>直销在扩张过程中，必须要有一定数量的实体店面作为支撑，才能够合法化进行整个国内市场的布局。但是在实体店面的布局过程中，仅仅依靠总部来进行店面的布局，很难跟上市场的需要。因此，直销模式下的实体店面，最佳的扩张模式就是采用加盟连锁模式进行快速复制
为此，在进行实体店面的扩张过程中，因为直销模式的特殊性，单店在招商过程中完全可以从现有的直销层级中进行转化，但是在实际的转化与应用过程中，尤其需要注意以下几点
第一，直销的分利模式一定要与加盟连锁实体店面的分利模式隔开，切忌混在一起
第二，店面的功能界定与直销模式的特点要进行明确的设定，比如直销模式最大的特点就是可以通过“文化线 + 利益线”迅速聚集大量的线下消费者，那么店面的功能更多是提供体验、展示、仓储、配送等
第三，合理利用现有直销体系内的客户，进行加盟商的招募工作，对于从此类型转化来的加盟商，需要考虑的主要是开设实体单店的加盟商，可以在整个体系中额外增加哪些方面的收益</td></tr>
<tr><td>应用风险</td><td>●应在合法取得直销牌照后再开始应用此套模式
●产品、服务的利润空间不足以支撑整个体系的完整运转</td></tr>
<tr><td>营收角度</td><td>●加盟类费用的收益
●后续服务、配送的费用收益</td></tr>
</table>

第十七节　金融运作思维下的加盟连锁模式

金融运作思维下的加盟连锁模式如表 3－16 所示。

表 3－16　金融运作思维下的加盟连锁模式

设计角度	降低加盟开店风险
模式亮点	超低风险的加盟项目，能够充分勾起潜在加盟商了解项目的欲望
适用情况	●发展中期以上阶段的连锁企业 ●需要极速扩张，来实现规模效应
适用企业	●适合投资额度在 50 万元以下的企业 ●绝大多数的企业都可以采用此种模式
注意事项	●需要收取一定金额的加盟金、品牌保证金、权益金等 ●企业对于门店的扶持能力要强 ●拥有完善的企业运营管理团队 ●拥有资金运作能力
运营模型	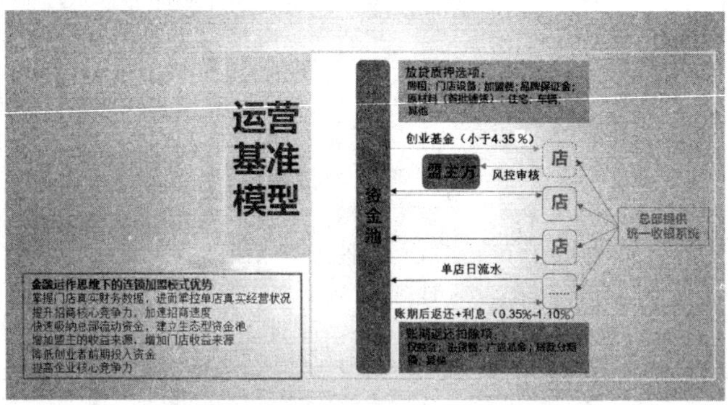
思维解读	盟主方一方面打算在短时间内完成全国的市场布局，另一方面打算尽可能降低加盟商投资风险时，才可以采用此种模式进行企业商业模式设计，在设计此类商业模式时，需要注意以下几个方面 ●单店存活周期要尽可能长 ●单店的投资额度不能超过 50 万元 ●单店保有量要按照一定的比例持续增加

续表

思维解读	●单店的营业收入尽可能实现统收统配 ●加盟费用收取在科学的计算范畴之内 对于上述几个方面的内容，最重要的就是单店的存活周期要尽可能长，而在实际的核算中发现，如果单店的存活周期低于16 个月，那么这个模式将无法应用。为此，笔者建议加盟连锁企业在采用此种模式推行全国连锁时，充分进行单店可复制的标准化，以及单店标准化输出模式的设计 完成上述的设计之后，你的企业就可以基本达到“创业风险我来担，你不经营我回收”。但是，企业需要明确盟主方能够为加盟商承担的风险有哪些，店面在开设之后有哪些方面是盟主方可以回收的，比如：剩余房租，单店的设备、物料、原材料、产品等，单店的装饰 当然，上述的承诺项目还可以有所增加，但是需要结合企业在实际测算过程中的收支比例是否能够让盟主方获得稳步增长的沉淀资金，还能够借助沉淀在企业内部的资金获得资本运作后的收益，如此才能让采用此种模式的加盟连锁企业，获得一个良性的发展，才能让每一个加盟的加盟商获得一个好的归属
应用风险	●招募新加盟商的速度跟不上企业的整体布局 ●单店的扶持能力弱，加盟商“死亡”率太高 ●企业的资本运作不能够产生额外的收益来源
营收角度	●加盟类费用的收益 ●后续服务、配送费用的收益 ●资金运作产生的收益

第十八节　创业孵化思维下的加盟连锁模式

创业孵化思维下的加盟连锁模式如表 3 – 17 所示。

表 3 – 17　创业孵化思维下的加盟连锁模式

设计角度	企业内部创业
模式亮点	●能够充分激发企业内部员工的综合能力 ●店面与总部之间的黏性很强 ●店面能够实现自我裂变

续表

<table>
<tr><td>适用情况</td><td>具有完整的店面运营管理团队的连锁企业</td></tr>
<tr><td>适用企业</td><td>门店需要持续向总部进行采购的连锁企业</td></tr>
<tr><td>注意事项</td><td>●选择具备开店能力的人进行拓店
●人员的晋级规则要设计清楚</td></tr>
<tr><td>运营模型</td><td>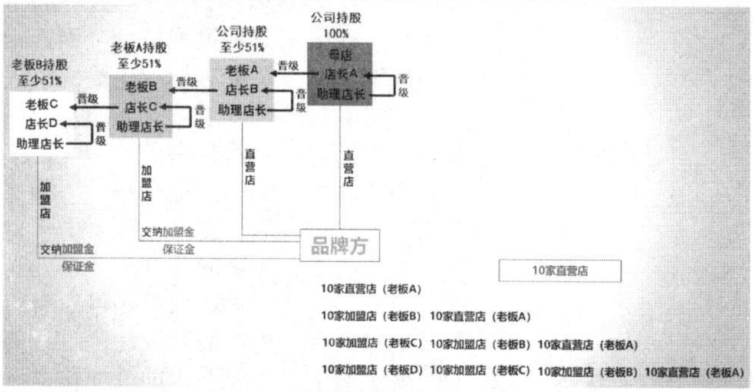
</td></tr>
<tr><td>思维解读</td><td>加盟连锁企业发展的核心其实就是人，如果连锁企业能够具备人才的复制能力，那么加盟项目的成功率就会大大提高
在这套模式之中，人员都可以通过“老带新”的方式进行相对综合性的培训，而这个培训都会伴随着具体的实操工作，如此下来，历经一段时间之后，具备开店能力的人员，基本上都能够掌握店面各个岗位的工作要点内容，并拥有了自己开店的一技之长，如此循环往复，每一个被复制的人员，都将具备非常强的综合能力，这也是保障整个体系能够获得完整运转的一个基础条件。在保障整个体系能够实现良性运转的情况下，各个门店的自我裂变也就会随着各个店面的生意稳定拉开序幕</td></tr>
<tr><td>应用风险</td><td>●财务、资金、股份等交易风险
●多店经营的店长不具备多店管理的能力，从而导致新店面和老店面都开始业绩下滑
●店面的生存能力和生命周期有限，从而导致店面生意惨淡</td></tr>
<tr><td>营收角度</td><td>●加盟金方面的收益
●后续服务、配送费用的收益
●各个参股店面的营收分红
●资金运作产生的收益</td></tr>
</table>

第四章

招商流程与渠道透析

第一节　透析招商全流程

（一）招商全流程节点描述

招商全流程如图 4－1 所示。

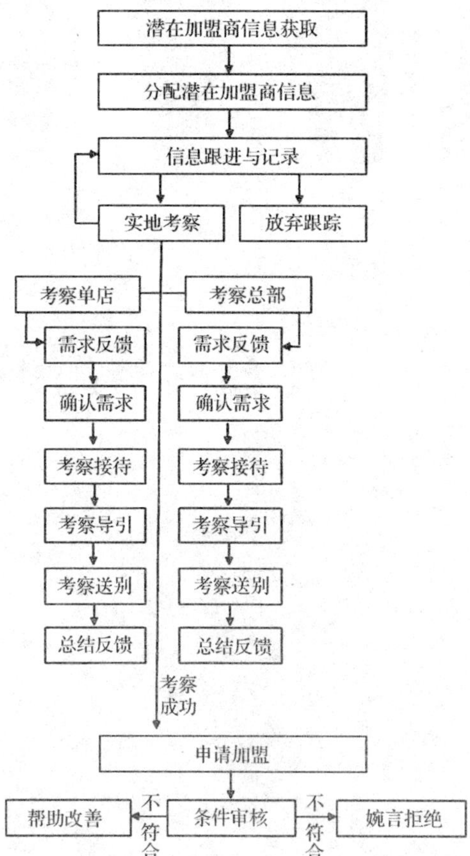

图 4－1　招商全流程

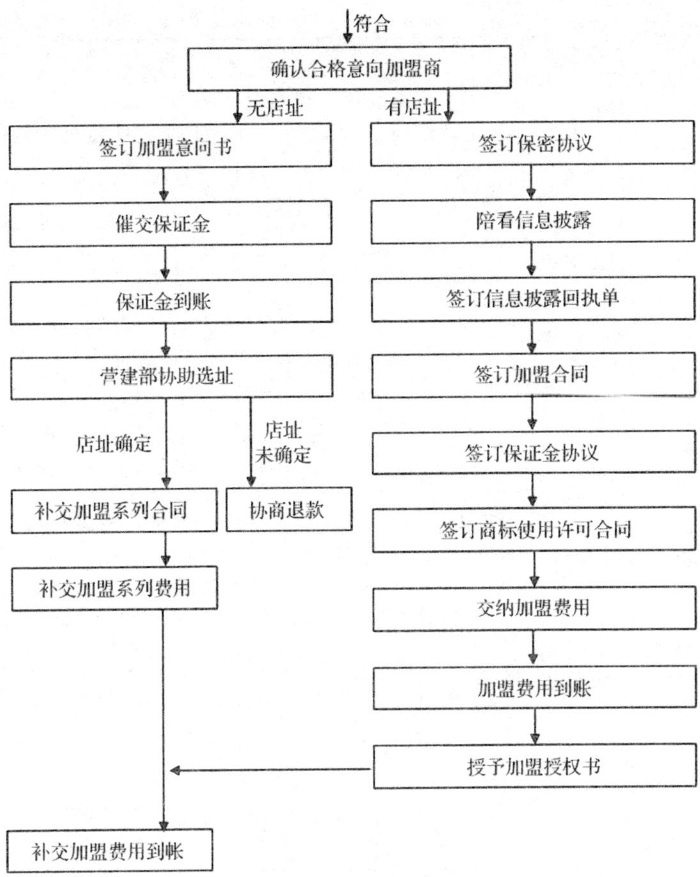

图4－1　招商全流程（续）

招商全流程核心内容解说如表4－1所示。

表4－1　招商全流程核心内容解说

序　号	步骤名称	步骤核心内容解说
1	潜在加盟商信息获取	企业通过参加加盟连锁展会、做电视招商广告、做竞价广告等方式将企业招募加盟商的相关信息传递出去，创业者通过企业预留的联系方式与招商部进行联系，企业获得潜在加盟商信息
2	分配潜在加盟商信息	招商部负责人通过分配机制将获取的潜在加盟商信息分配给相应的招商人员
3	信息跟进与记录	招商人员负责将收到的潜在加盟商信息分类登记在跟踪表中，并及时记录每次的沟通情况
4	实地考察	潜在加盟商为了深入了解企业的加盟项目需要实地到单店之中进行考察

续表

序　号	步骤名称	步骤核心内容解说
(1)	考察单店	根据潜在加盟商的实际需求或者企业有意展现的情况邀请潜在加盟商去直营店面之中进行实地考察
1)	需求反馈	招商部相关人员根据潜在加盟商需要考察店面的信息，向相关部门提交需求申请
2)	确定需求	相关部门依据招商部提交的需求申请，有针对性地进行实际店面的安排
3)	考察接待	直营店店长负责接待来店考察的潜在加盟商，必要时，招商部相关人员全程陪同店面的考察
4)	考察导引	直营店店长负责向来店考察的潜在加盟商进行店面功能区、特色、产品、盈利状况等信息的介绍
5)	考察送别	直营店店长负责礼貌送别来店考察的潜在加盟商
6)	总结反馈	直营店店长负责将自己收集到的潜在加盟商在考察直营店过程中的相关信息反馈给招商部，招商部相关人员负责依据直营店店长反馈的信息有针对性地进行自身工作的调整以及与潜在加盟商的沟通交流
(2)	考察总部	根据潜在加盟商的实际需求或者企业有意展现的情况邀请潜在加盟商到总部进行实地考察
1)	需求反馈	招商部相关人员根据潜在加盟商需要考察总部的信息，向相关部门提交需求申请
2)	确定需求	相关部门依据招商部提交的需求申请，有针对性地进行总部考察的安排
3)	考察接待	招商部相关人员负责接待来总部考察的潜在加盟商
4)	考察导引	招商部相关人员负责向来总部考察的潜在加盟商介绍总部办公区、团队成员等
5)	考察送别	招商部相关人员负责礼貌送别来总部考察的潜在加盟商
6)	总结反馈	招商部相关人员负责依据潜在加盟商反馈的信息有针对性地进行自身工作的调整以及与潜在加盟商沟通交流
5	申请加盟	招商部相关人员指导潜在加盟商填写《加盟申请表》
6	条件审核	招商部负责人依据潜在加盟商填写的《加盟申请表》以及公司现阶段招募加盟商的条件进行审核
(1)	帮助改善	对于现阶段不符合条件但是有改善条件的潜在加盟商，招商部相关负责人可以安排相关人员协助此类潜在加盟商进行改善
(2)	婉言拒绝	对于现阶段不符合条件，同时无法改善的潜在加盟商，招商部相关人员可以婉言拒绝此类人员加盟本企业

续表

序　号	步骤名称	步骤核心内容解说
7	确认合格意向加盟商	此类加盟商一方面满足盟主方对加盟商的各项审核条件，另一方面也认同盟主方提出的相关条件，并愿意加盟
8	签订加盟意向书	暂时没有地址的意向加盟商，可以签订加盟意向书，待地址确定后再签订加盟合同
9	催交保证金	此处的保证金指的是在没有店址情况下交纳的加盟意向金。招商部相关负责人催促意向加盟商尽快将加盟意向金交纳完毕，以便开展下一项工作内容
10	保证金到账	意向加盟商向盟主方交纳完毕相应金额的加盟意向金
11	营建部协助选址	意向加盟商完成加盟意向金的交纳之后，营建部负责安排相关人员立即协助加盟商（费用交纳完毕的意向加盟商此时被称为加盟商）进行店面的选址工作
12	补签加盟系列合同	确定店址的加盟商需要与盟主方正式签订加盟合同
13	补交加盟系列费用	加盟合同签订完毕后，加盟商之前交纳的加盟意向金将全额抵入加盟费之中，剩余的加盟费用需要加盟商在指定的时间范围内补足
14	补交加盟费用到账	加盟商向盟主方补交完毕相应金额的加盟费
15	协商退款	加盟商因为店址始终未能确定打算放弃加盟，营建部相关负责人协助招商部、财务部相关负责人完成加盟商剩余款项的退还工作
16	签订保密协议	为了防止一些潜在的加盟商在看到了公司的核心信息后不再加盟，在没有任何约束的情况下随意泄露公司的商业机密，公司需要与潜在的加盟商签订保密协议，以便让公司的商业机密获得最大限度保护
17	陪看信息披露	一方面为了防止潜在的加盟商在查看公司的信息披露时私自拍照留存，给加盟总部带来没有必要的麻烦；另一方面为了方便招商人员向潜在加盟商及时进行信息解读，招商人员需要全程陪同潜在加盟商一同查看信息披露内容
18	签订信息披露回执单	为了证明盟主方在加盟商加盟之前已经完成了信息披露，招商人员需要在潜在加盟商完成信息披露内容阅读之后，指导潜在加盟商签订信息披露回执单
19	签订加盟合同	招商人员全程陪同加盟商签订加盟合同、
20	签订保证金协议	招商人员全程陪同加盟商签订保证金协议
21	签订商标使用许可合同	招商人员全程陪同加盟商签订商标使用许可合同
22	交纳加盟费用	根据店面类型收取意向加盟商相应的加盟费
23	加盟费用到账	意向加盟商向盟主方全额交纳加盟费

续表

序　号	步骤名称	步骤核心内容解说
24	授予加盟授权书	将具备加盟总部属性特点的授权书发放给加盟商

（二）招商全流程关键节点分析

招商全流程关键节点分析如表4－2所示。

表4－2　招商全流程关键节点分析

流　程	注　解	问题点/介绍要点
渠道的选择	获取潜在加盟商的数据一般分为主动和被动两种方式，主动的方式比如收集创业者的联系方式进行电话沟通；被动的方式比如潜在加盟商主动拨打企业官方电话咨询	盟主方前期需广泛了解多种不同的招商渠道，在自己的能力范围寻找。不要因为自己找不到招商渠道而默认市面上的招商渠道有限。请记住一个原则，凡是能够进行产品广告投放的地方，都具备招商广告投放的潜质
渠道的确定	企业在发展的不同阶段在招商渠道的选择上会有很大的差别，因此，连锁企业应该量身选择渠道	招商渠道会因企业、市场、消费者、传播载体等因素变化而变化。死守之前的招商方式不变，招不到商后将问题归结于加盟市场，却不在自己身上找问题
渠道的投放	企业初次进行招商渠道的广告投放时应该放慢步伐，放缓节奏，一方面让自己的团队适应不同渠道的加盟商特点，另一方面也实地测试渠道的选择是否合适	要把控好自己的投放节奏，切记“贪多嚼不烂”。如果加盟商大量涌进，一方面，会让发展初期的盟主方，在加盟商服务支持上面处于忙乱状态，影响加盟商生存能力；另一方面，大量的招商渠道投放，也会影响盟主方对每一个渠道的把控和监测分析，从而导致在适合的渠道没有加重砝码，在不适合的渠道继续浪费资源。因此，过多的渠道投放不一定是好事情，符合企业现阶段发展的实际最重要
渠道的分析	投放招商信息的渠道应该每天、每周、每月、每季进行分析，综合分析企业现阶段选择的招商渠道是否真的适合本企业的产品、经营模式等方面，以便为下一步的渠道调整提供数据参考	有效分辨出数据的不同来源渠道，以及每一个单独渠道的来访量、成交率等信息，以此来推断出平均获客成本，最后结合企业的实际情况，去衡量这个获客成本是否能够符合发展需要。需要注意的是，招商广告的投放会有一个滞后期，所以要客观分析每一个投放的招商渠道真实的效果以及影响效果的因素

续表

流 程	注 解	问题点/介绍要点
渠道的调整	将现阶段不适合本企业的产品、经营模式的渠道放弃掉，同时增大适合本企业特点的渠道的投放量，并适时引进适合企业招商的新渠道	根据有效分析做出相关决策，切忌拍脑袋下定论。在此需要着重注意两个问题，一是不愿意割舍一些鸡肋招商渠道；二是不愿意尝试新的招商渠道
数据汇总	先将企业现阶段不同的渠道获取的数据进行整体汇总	在进行信息汇总时，一定要备注清楚每一条信息的来源，以便进行数据的分析
数据分配	严格按照企业预先制定的数据分配制度，进行加盟商咨询数据的分配	数据分配的制度一定要透明化，但是这个制度的设定要符合现阶段的实际情况，不能因为过于公平而让公司蒙受没有必要的损失，以每条数据的最佳利用为前提条件，进行数据的分配
客服咨询	很多的潜在加盟商会通过企业对外公开的客户端进行基础信息的了解	招商客服人员在进行咨询者信息回复时，有如下几点信息需要注意 ●不要在客户端口进行过多的交流，迅速索要对方的联系方式，以便进行电话沟通 ●不要直接将项目的介绍资料发给对方，实际上对方不会认真去看，也看不明白项目的真正亮点，这反而会影响对方继续了解项目的信心 ●不要在客服端口给对方进行精确数字的传递
电话跟进	通过打电话的方式先与对方建立初步的联系和进行必要信息的收集	在进行初次电话跟进时，需要注意以下几点信息 ●一定要在尽可能多地掌握对方信息之后再拨打电话 ●初次的电话跟进不需要给客户介绍过多的内容，以答疑解惑为主 ●在沟通过程中，尽可能多地收集一些你之前不了解的对方信息，比如是否体验过店面的服务等 ●一定要给自己留下下一次沟通的理由 ●如果对方还不是你的微信好友，一定要通过这个机会添加对方为好友
资料发放	将企业介绍整个加盟项目的资料发放给潜在加盟商，比如加盟指南	初次的电话沟通完毕之后，企业一般会将项目资料发给对方，在这之前，一定要结合对方的情况，有针对性地提示对方可以着重看项目介绍资料中的相关信息

续表

流　程	注　解	问题点/介绍要点
微信维护	通过微信的朋友圈让潜在的加盟商从不同的角度了解到项目的特色与优势	通过微信维护客户，可以从以下几个角度进行 ●日常更新对项目有积极正面影响的朋友圈内容，比如火爆的开店场景、火爆的日常场景、不断出现的新品、客户反馈、加盟和签约场景、加盟商的培训场景等 ●要定期通过朋友圈与潜在的加盟商进行互动沟通，互动的方式可以是点赞、评论等 ●对于重点需要沟通的潜在加盟商，可以将对方朋友圈中发布的内容作为你分析对方的参考
答疑解惑	在潜在的加盟商看过所有的加盟信息后，企业招商部人员再根据潜在加盟商的疑虑答疑解惑	在这个环节进行沟通时，一定要注意以下几点 ●直面对方的问题，并给出一个客观的回答 ●在答疑解惑过程中寻找邀约对方面谈的机会
邀约考察	邀请潜在加盟商抵达相应的地点进行项目的考察，比如总部、工厂等	邀请对方来公司进行项目的考察，一定要给对方一个充分的理由，比如××公司正好有一个项目说明会、产品体验会、新品发布会、加盟商培训会等。总而言之，要给对方设计一个难能可贵的机会，以便让对方尽快做出来公司考察的决定
考察接待	招商部相关人员负责接待前来考察的潜在加盟商，并负责在考察过程中全程进行答疑解惑	在考察接待过程中，要尽可能地做到以下几点 ●按照公司设计好的参观路线进行项目参观 ●依据对方犹豫迟疑的点进行有针对性的介绍、展示、演示、尝试、体验等 ●在考察过程中再次补充性寻找对方加盟抗拒的点 ●全程给对方一个专业、敬业的精神面貌
合同讲解	有针对性地对潜在加盟商不明白的合同条款进行讲解	在给对方进行合同讲解的前后，需要着重注意以下几点 ●合同尽可能做成精装版本 ●给对方留出一定的自由时间进行合同阅读 ●有针对性地讲解对方看不懂、看不明白的地方，切忌全篇讲解合同

续表

流　程	注　解	问题点/介绍要点
签约付款	邀请潜在的加盟商到公司指定的部门交纳加盟相关的系列费用	签约付款环节最能体现出公司的专业度，因此在这个环节时要注意以下几点信息 ●一定要在加盟系列合同签署完毕之后再收取费用 ●一定要带领对方在财务室完成付款环节 ●一定要给潜在加盟商创造一个方便的支付环境 ●对方支付完款项后一定要给对方一个收款凭证
合影留念	邀请加盟商至公司总部具备代表性的地方进行合影留念	一定要将新加盟的加盟商带到突出公司属性特点的地方进行合影留念，合影留念的环节一定要尽可能地采用专业的相机进行拍摄，一方面给对方一种被重视的感觉，另一方面给企业留下珍贵的宣传素材
营建交接	将加盟商的相关信息移交给营建部，由营建部负责接下来的筹建工作	招商人员将加盟商的详细档案做清楚，然后将新加盟商交接给营建部门，以便营建部门能够更有针对性地协助新加盟商进行店面的筹建工作
新闻发布	招商部负责根据自己对加盟商信息以及新市场的情况的了解，完成新闻的编辑以及对外的发布	每一个新加盟商的加盟，对于公司来讲都是一个非常有价值的新闻点，因此，招商人员需要结合这个加盟商的情况进行客观信息陈述，以便撰写出一篇有看点的新闻稿，比如这个加盟商如何获知品牌加盟信息，之前主要从事哪些方面的工作，经历了什么样的心路历程，才最终选择加盟等信息，都可以作为新闻点的素材。编写的新闻至少要有朋友圈版本和网页版本

第二节　详解招商渠道

加盟连锁企业经常会感到困扰：什么样的招商渠道更适合自己，还有什么好的招商渠道可以供自己选择，自己怎么才能够找寻到更多的招商渠道？

实际上，招商渠道无穷无尽。为什么这样说？如果你仔细观察周围的商业环境你就会发现，你能够在电视上、广播中、机场大屏、高铁杂志、加盟展会、出租车车套、微信朋友圈、头条资讯、网络新闻、抖音、快手、商品包装袋、纯净水桶等地方，看到加盟项目的广告信息，这些广告信息似乎无孔不入。

1. 传统加盟连锁渠道扩张历程

对于绝大多数的加盟连锁企业而言，在不借助外援的情况下，盟主方在开放加盟连锁时，一般会遵循如下规律（见图4－2，表4－3）。

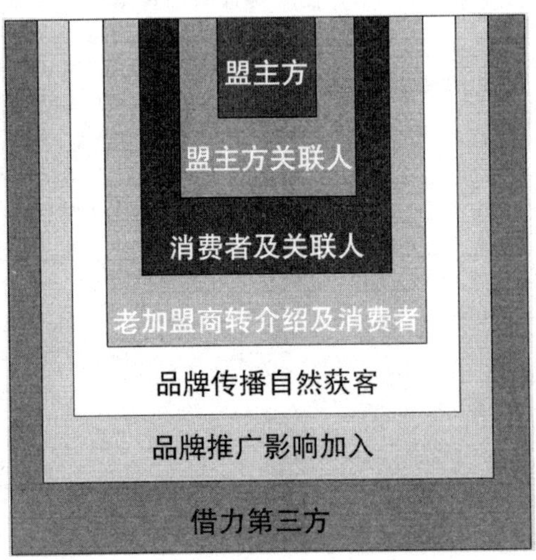

图4－2　传统加盟连锁渠道扩张历程

表 4－3　传统加盟连锁渠道扩张历程

发展阶段	详细说明
第一个阶段	对于每一个加盟连锁企业而言，最难迈出的第一步就是招募前几个加盟商，因为前几个加盟商一般都是盟主方身边的群体。对于这些群体，盟主方一般会有一个比较纠结的情结，这个情结中充斥着跃跃欲试的兴奋感，又充斥着万一不成功后的内疚感，盟主方需要把握好开放加盟的节奏。根据实际情况来看，前几个加盟商是盟主方带着复杂的情绪招募进来的，而这个阶段的盟主方也并不是很清楚，自己到底需要给加盟商提供哪些方面的支持，在这种情况下，加盟商实际上能够倒推盟主方去完善自己的服务体系，也能够为盟主方下一步的发展打下坚实的基础
第二个阶段	随着已经开起来的加盟店生意持续火爆，盟主方身边的其他关联人员也会蠢蠢欲动，开始成为第二梯队的加盟商 这个时候，另一个主力群体开始走进盟主方的加盟体系，这个群体就是项目的消费者，这些消费者亲身体验过，感受到了项目的好处，同时自己正好有加盟创业的打算，因此，这些消费者最容易成为盟主方新一批次加盟商，而这个加盟商群体的人数会持续增加 对于盟主方而言，这个群体的加盟商，不会像第一批次的加盟商这么有包容度，他们会认为盟主方应该为收取的加盟金提供相应的服务，否则就是盟主方服务不到位 因此，处于这个阶段的盟主方需要努力做出相应的管理、服务方面的调整，一方面需要提供给加盟商更好的服务，另一方面需要整体去升级企业运营机制，为下一步的大力发展打好基础
第三个阶段	处于这个阶段的加盟连锁企业，一般情况下会有两个主力的加盟商来源，一个主力的加盟商来源为消费者的转化，另一个主力的加盟商来源为加盟商的转介绍 在这个阶段来临之前，盟主方需要提前做好两个机制，以此来迎接这两大主力批次加盟商的到来。一个机制是消费者转化加盟商的营销机制，另一个机制是加盟商转介绍的激励机制。只有完成这两个机制的设计，盟主方才能够顺利地将加盟连锁企业推向下一个发展阶段
第四个阶段	经历了上面三个发展阶段的加盟连锁企业，已经拥有了一定的规模，也因为吸纳了许多加盟商而磨合出了适合自己企业的商业运营模型 由于前期发展的加盟商受店面的分布、盟主方关联人的分布等影响，加盟商的整体分布会出现以总部为中心向周边进行辐射性发展的态势

续表

发展阶段	详细说明
第四个阶段	如果加盟连锁企业具备了全国性的布局发展条件，则需要借助外力来进行扩张，因此这个时候的盟主方需要通过全国性的媒体、渠道、活动来传播自己的品牌项目，以此来促进更多其他区域的加盟商加盟。但是在这个时候，盟主方一定要把握好自己的发展节奏，因为盟主方给外来区域加盟商提供的服务，需要更进一步的磨合 这个阶段的盟主方一定要根据自己企业团队的实际情况去进行外在渠道的建设工作，以免造成大量加盟商进入，而自己的企业现阶段又没有能力进行支撑，影响店面的整体输出质量的情况
第五个阶段	上一个阶段的加盟市场布局之后，一般情况下，加盟连锁的总部会再上一个台阶，这个时候的总部具备了大力发展的综合能力 因此，这个时候的加盟连锁企业可以在自己潜在加盟商聚集处进行广告的投放，甚至在一些发展相对滞后的地区进行精准广告的投放，以此来实现自己项目的全面布局
第六个阶段	第六个阶段实际上是对上述阶段的补充，任何一个加盟连锁企业，在实际的发展过程中很容易出现“偏科”现象，比如有些加盟品牌在招商的能力上非常强，但是在后期的运营能力上比较弱；有些加盟品牌比较擅长后期的运营管理，但是在前期招商时比较乏力 因此，加盟连锁品牌在上述任何一个阶段出现招商乏力时，一定要学会借助外力来推动品牌的整体发展，不要让自己的加盟势头熄火，因为熄火后的加盟品牌再起势将非常艰难，甚至可能一蹶不振。但是企业借助外力进行招商加盟，一定要保障项目本身的运营能力没有问题。如果项目的存活率、可行性、持久性等方面已经出现了明显的问题，企业即使借助第三方，也很难起死回生，反而会加速项目的衰败

2. 企业为何找不到招商渠道

(1) 盲目锁定在一个固定思维区域之中。

很多的加盟连锁企业在进行招商渠道的选择时，虽然算不上是墨守成规，但是始终会围绕之前采用的招商渠道的周边、相近的渠道进行选择，而不愿、不敢去尝试这个范围以外的其他招商渠道。

在这些企业看来，之前的招商渠道用得还行，新的招商渠道不一定会比之前的渠道好多少，更换新的招商渠道，还需要现有的团队成员重新熟悉这个招商渠道，对于这些不确定性的恐惧是加盟连锁企业寻找招商渠道总在同一个圈里转，很难突围至其他领域的主要原因。

（2）缺少与时俱进的市场敏感度。

在笔者看来，只要是你的消费者聚集的地方，都可以成为你招商的渠道。无论你处于哪个行业，你绝大多数的加盟商，会先从成为你的客户开始，然后逐渐成为你的加盟商。所以，加盟连锁的招商部门一定要密切关注你的项目受众群体现在主要集中在哪些地方，他们集中的地方就是你接下来要谋划植入广告信息的地方。

比如你现在做的项目受众群体是年轻时尚一族，那么你的广告投放就可以向凝聚年轻人员的网站、App（手机软件）等渠道展开。

3. 招商渠道转化从现有资源开始

很多的加盟连锁企业在从事加盟连锁模式之前，有的是电商公司，有的是生产型公司，有的是微商型公司，有的是家族型产业，有的是批发商等。无论哪种类型的企业转型做加盟连锁，都不要丢下之前积累的招商渠道。

以在京东开店的电商公司为例，它可以通过一个促销的政策，将每一个在电商平台之中购买产品的客户，都添加至企业微信号（所属权归企业的个人微信号）之中，然后通过朋友圈去影响自己的潜在加盟商。

以微商企业为例。每一个从事微商模式经营的企业，都会有大大小小的代理商，这些代理商有的具备一定的投资能力，有的投资能力有限，一般情况下，这些代理商的投资能力偏低。因此，微商企业在进行加盟项目设计时，就需要结合自己的渠道人员的投资能力情况，有针对性地设计出项目投资额度，然后将自己的微商代理商，转化成自己的加盟商。有投资能力的可以成为多店加盟商、区域加盟商，投资能力小的可以成为单店加盟商，投资能力再小的，企业可以给他们设计一套众筹的模式，让多个这样的代理商共同开店。

4. 招商渠道的脉络分布属性

加盟连锁企业一定要学会按照清晰的组织分类脉络，及时整理招商渠道，如此才能及时捕捉到真正适合自己的招商渠道。

招商渠道脉络整理思维如表4－4所示。

表4－4　招商渠道脉络整理思维

<table>
<tr><th>序号</th><th>一级</th><th>二级</th><th>三级</th><th>备注说明</th></tr>
<tr><td>1</td><td rowspan="10">线上渠道</td><td rowspan="4">移动端</td><td>社交软件类</td><td>微信、微博、脉脉等</td></tr>
<tr><td>2</td><td>流行软件类</td><td>抖音、快手等</td></tr>
<tr><td>3</td><td>自媒体类</td><td>利用今日头条、一点资讯、微博、博客、微信公众号等自媒体平台进行招商的渠道，利用自媒体平台的传播属性找到招商对象，然后在共享空间进行招商信息的分享</td></tr>
<tr><td>4</td><td colspan="2">客户聚集的其他移动平台</td></tr>
<tr><td>5</td><td rowspan="6">电脑端</td><td>官方网站</td><td>加盟连锁企业需要给加盟招商信息留足展示面</td></tr>
<tr><td>6</td><td>搜索引擎类</td><td>百度、搜狗、360 搜索等</td></tr>
<tr><td>7</td><td>招商网站类</td><td>专业展示招商项目的网站</td></tr>
<tr><td>8</td><td>娱乐网站类</td><td>视频类、音乐类等</td></tr>
<tr><td>9</td><td>门户网站类</td><td>新浪、搜狐、网易等</td></tr>
<tr><td>10</td><td colspan="2">客户聚集地的其他网站平台</td></tr>
<tr><td>11</td><td rowspan="7">线下渠道</td><td rowspan="2">实体店类</td><td>自有实体店</td><td>门店内及相关的包材等展示招商信息</td></tr>
<tr><td>12</td><td>他人实体店</td><td>整合、收编相近业态的实体店面</td></tr>
<tr><td>13</td><td rowspan="2">展会类</td><td>加盟类展会</td><td>参加全国性和地区性、行业性展会与洽谈会，或者与加盟连锁相关的展览会，对于加盟连锁企业而言，既可以实际参展，在展会上租赁一个位置，也可以只是借助展会的人流，向参展人群发放自己的招募宣传册。在参加各种各样的加盟连锁展会时，企业应仔细分析和研究，在展会的性质、展位位置、参展费用谈判等方面仔细论证，使参展的效果达到最佳</td></tr>
<tr><td>14</td><td>行业类展会</td><td>会出现潜在的合作伙伴及加盟商的展会</td></tr>
<tr><td>15</td><td rowspan="3">活动类</td><td>高端峰会</td><td>在具有一定影响力的峰会上进行品牌曝光、结识人脉，可以寻找到区域性的合作伙伴</td></tr>
<tr><td>16</td><td>行业论坛</td><td>在具有一定影响力的行业论坛上进行品牌曝光、结识人脉，可以寻找到区域性的合作伙伴</td></tr>
<tr><td>17</td><td>专业培训会</td><td>在具有一定影响力的专业培训会上进行品牌曝光、结识人脉，可以寻找到区域性的合作伙伴</td></tr>
</table>

续表

序号	一级	二级	三级	备注说明
18	线下渠道	加盟商类	加盟商推荐	加盟商推荐自己的客户、朋友、家人等加盟
19			加盟商升级	单店加盟商升级成多店加盟商，多店加盟商升级成区域加盟商
20		内部创业		内部创业渠道是将内部的优秀伙伴转变成加盟商的一种渠道。这种渠道虽然不是一个企业的主流招商渠道，但是一个企业不可忽略的招商渠道。因为内部创业渠道，不单单能招到对品牌具有深刻认知与高忠诚度的加盟商，更重要的是也给内部伙伴提供了一个很好的职业生涯规划
21		供应商类		将供应商开发成自己的加盟商
22		圈子招商		社会的圈子分为五大类：同乡类、学习类、商会类、爱好类、企业类。加盟连锁企业的中高层人员可以利用这些圈子进行加盟商招募，这些圈子里面挖掘出来的加盟商，很多时候可以成为项目方的多店加盟商、区域加盟商
23		电话招商		电话招商渠道是指通过电话直接向潜在加盟商发起邀约。电话名单的来源就尤为重要，主要有网络、黄页等，尽量选择有质量的电话名单来源，确保目标客户的准确性，这样可以节约大量的后期成本
24		项目周边资源招商		在同行、上下游合作伙伴中寻找或者同业介绍，这是值得信赖、成功率较高的方式
25		同业转化招商		直接联系现有的同行业甚至不同行业的单店所有者，劝说他们成为自己体系的加盟商
26		培训招商		培训渠道是一个各行各业都可以广泛运用的渠道，并且这种渠道能大大提高招商的签约率。培训渠道是给招商对象发送邀请函，设计吸引人员的主题，而后进行相关的培训，在培训会上关联相关的项目或产品。这种渠道对讲师的要求以及主题的设计要求较高，即企业将成为非专业的培训公司
27		其他潜在加盟商聚集的环境		

第五章

招商部管理制度

第一节 加盟商信息管理制度

××公司加盟商信息管理制度如下。

第一章 总 则

第一条 目的

为了规范连锁企业在加盟商信息管理的安全性、有效性，降低因加盟商信息的错乱管理，而给企业带来不必要的麻烦，特制定本制度。

第二条 适用范围

本制度适用于××公司招商部全体成员。

第三条 权责

××公司招商部负责人对本制度的执行贯彻负主要责任。

第二章 主要权责

第四条 招商部负责公司所有意向加盟商、准加盟商、加盟商信息的汇总、整理工作。

第五条 招商部负责建立加盟客户档案，并负责编制客户一览表，以供查阅。

第六条 加盟客户档案的建立，详细内容如下：

1. 每发展、接触一个新意向加盟商、准加盟商，均应建立意向加盟商、准加盟商档案户头，以便于定期跟踪、回访。

2. 加盟客户档案采用标准化、规范化的方式登记，记录客户基本信息，如客户名称、法定代表人、联系人、地址、邮编、电话、传真、职业、经营范围等。

第七条 加盟客户档案的更新、修改，详细内容如下：

1. 客户的地址、联系方式等变更，应及时记入加盟客户档案。

2. 客户业务、加盟商的重大变动事项，与总部、分公司、区域加盟商的接触的主要事项和业务交往，均须记入客户档案。

3. 签订加盟合同之后，招商部将该档案移交给营建部，加盟店开业后，营建部将该档案移交给督导部，此后就一直由督导部负责更新、保管。

第八条　所有关于××公司的加盟信息资源的所有权全部归公司所有。

第九条　所有招商人员均不得私自隐瞒、销售、外泄任何潜在、准加盟商的信息，否则公司将进行严厉处罚。

第十条　公司配发的招商移动电话严禁拨打任何私人电话。

第十一条　招商人员的电话、微信、E－mail、QQ 或网谈通等必须使用公司统一注册的名称和密码，且必须绝对保密，严禁泄露，违者将处罚××～××元，直至开除和追究相关法律责任。

第三章　附　则

第十二条　本制度未尽事宜参照××公司相关管理制度规定执行。

第十三条　本制度由××公司制定，修订、废止时亦同。

第十四条　本制度经××公司总经理审批后生效。

第二节　加盟商信息分配管理制度

××公司加盟商信息分配管理制度如下。

第一章　总　则

第一条　目的

为了规范连锁企业在潜在加盟商信息分配、保障信息分配的及时性、有效性、公平性，并保证信息价值最大化，特制定本制度。

第二条 适用范围

本制度适用于××公司招商部全体成员。

第三条 权责

××公司招商部负责人对本制度的执行贯彻负主要责任。

第二章 信息分配主要原则

第四条 招商类网站提供的招商信息分配原则

1. 由两名招商经理轮流下载潜在加盟商信息。

2. 招商部负责人负责潜在加盟商信息的分配。

3. 负责下载潜在加盟商信息的招商经理多分配一条信息，然后按平均原则分配潜在加盟上信息，余下信息按在岗工位依次循环分配。

第五条 400 招商热线信息分配原则

由招商部负责人负责安排招商经理接听电话，对有效信息进行登记，然后按在岗工位依次循环分配。

第六条 官网在线咨询信息分配原则

由招商部负责人负责潜在加盟商信息的收集，对有效信息进行登记，然后按在岗工位依次循环分配。

第七条 转介绍信息分配原则

由招商部负责人负责潜在加盟商信息的收集，对有效信息进行登记，然后按在岗工位依次循环分配。

第八条 自主开发的信息分配原则

自主开发的潜在加盟商信息，遵循谁开发谁负责维系的原则，但是需要及时在招商部负责人处进行客户信息的备案，每月自主开发新客户××个以上，可获得额外开发奖金××元。

第三章 附 则

第九条 本制度未尽事宜参照××公司相关管理制度规定执行。

第十条 本制度由××公司制定，修订、废止时亦同。

第十一条 本制度经××公司总经理审批后生效。

第三节　潜在加盟商考察接待管理制度

××公司潜在加盟商考察接待管理制度如下。

第一章　总　则

第一条　目的

为保证连锁企业在潜在加盟商考察接待中迅速建立信任感、体现出统一的对外形象，提高招商签约率，特制定本制度。

第二条　适用范围

本制度适用于××公司招商部全体成员。

第三条　权责

××公司招商部负责人对本制度的执行贯彻负主要责任。

第二章　主要权责

第四条　潜在加盟商的直接负责人，在邀约潜在加盟商来公司进行考察时，需要跟对方约定好具体的考察时间，以便相应的招商人员能够做好行程提醒、天气情况提醒、行程路线提醒等相应事宜。

第五条　潜在加盟商的直接负责人，给到潜在加盟商的任何信息类提醒，都要尽可能提前，以便让潜在加盟商能够有充足的时间，去做相关准备。

第六条　潜在加盟商全程考察费用由对方承担，特殊情况可报领导审批，否则，任何对潜在加盟商的承诺，都将由潜在加盟商的直接负责人独自承担。

第七条　潜在加盟商的直接负责人，需要严格按事先确认的日程安排表进行相关接待，在考察期间如果需要公司其他同事、领导等的配合，需要至少提前一天时间去做协调。

第八条　原则上，不提供接站和送站服务；但对于签订了意向书、交纳了意向金或签订加盟合同、交纳加盟金的考察者，提供免费送站服务。

第九条 潜在加盟商的直接负责人，可以协助前来考察的潜在加盟商预订宾馆、机票、车票等，但费用由考察者自出，此类信息必须事先进行告知。否则，所有损失由潜在加盟商的直接负责人自行承担。

第十条 潜在加盟商的直接负责人负责全程主陪，特殊情况可上报领导特批，然后由特批的领导负责代替接待。

第十一条 考察期间尽量促成加盟合同的签订（无店址的签订加盟意向书）。

第十二条 注意公司的保密制度，在考察期间不得随意泄露公司的商业秘密，如商品价格、现有加盟商的“死亡率”等。

第三章 附 则

第十三条 本制度未尽事宜参照××公司相关管理制度规定执行。

第十四条 本制度由××公司制定，修订、废止时亦同。

第十五条 本制度经××公司总经理审批后生效。

第四节 潜在加盟商能力评估管理制度

××公司潜在加盟商能力评估管理制度如下。

第一章 总 则

第一条 目的

为了保证连锁企业在潜在加盟商能力评估方面的准确性、合理性、有效性，保障企业能够招募到符合项目本身需要的加盟伙伴，特制定本制度。

第二条 适用范围

本制度适用于××公司招商部全体成员。

第三条　权责

××公司招商部负责人对本制度的执行贯彻负主要责任。

第二章　主要权责

第四条　招商部人员需要对招募的加盟商，是否符合公司招募要求负主要责任。

第五条　招商部负责人，需要严格按照公司的潜在加盟商能力评估规范指导、协助每一个招商人员，对自己招募的潜在加盟商进行综合能力的评估，以免出现不符合公司综合选择标准的加盟商加盟至本体系内，造成加盟商以及公司双方面没有必要的损失的情况。

第六条　如果招商人员因加大签约量、私人关系或私收贿赂等而降低筛选要求，从而将不符合条件的加盟商引进本体系内，一经发现，公司将予以××元至××元的处罚，直至开除和追究相关法律责任。

第七条　加盟商资格的全面评估工作应由一个工作小组负责进行。小组成员应包括三人：中心总监、招商部负责人、负责直接对接潜在加盟商的招商人员。

第八条　负责直接对接潜在加盟商的招商人员需要通过日常的工作沟通、见面交流、特定询问等方式去收集可帮助评判加盟商各项能力的信息，并确保已获取信息的真实性、客观性。

第九条　评估加盟商的全部过程公司可以依据自身的情况去选择公开进行，还是内部进行。

第十条　潜在加盟商能力评估表，如表5－1所示。

表5－1　潜在加盟商能力评估表

序　号	评估指标	分数 （各项满分为10分）
1	对行业的熟悉及热爱程度	
2	对本品牌项目的认可度	
3	加盟经验	
4	目标地区的商圈潜力	
5	信誉状况	
6	经营能力	

续表

序　号	评估指标	分数（各项满分为10分）
7	管理能力	
8	对加盟店的投入度	
9	行业经验	
10	资金实力	
总计	—	

第十一条　经过上述全面评估，总分超过80分的为准加盟商。

第十二条　对同一个商圈而言，要从若干个加盟申请人中筛选出一个更为合适的准加盟商。

第十三条　经评估认可后可以与潜在加盟商签订加盟相应的合同、协议。

第十四条　经过上述全面评估后暂时不能入选的加盟申请人也应得到妥善对待。

第三章　附　则

第十五条　本制度未尽事宜参照××公司相关管理制度规定执行。

第十六条　本制度由××公司制定，修订、废止时亦同。

第十七条　本制度经××公司总经理审批后生效。

第五节　选址未成功管理制度

××公司选址未成功管理制度如下。

第一章　总　则

第一条　目的

为了规范连锁企业，在潜在加盟商选址未成功后仍能提供合理处理方案，特制定本制度。

第二条　适用范围

本制度适用于××公司招商部全体成员。

第三条　权责

××公司招商部负责人对本制度的执行贯彻负主要责任。

第二章　主要权责

第四条　潜在加盟商在没有具体的店面经营地址时，招商人员不能够直接跟潜在加盟商签署加盟合同，而应签署加盟意向书，待到店址确认后再补签加盟合同。

第五条　招商人员需要与潜在加盟商约定好选址的最长周期时间，然后呈现在工作甘特图之中。

第六条　招商人员需要明确向潜在加盟商讲解清楚，总部指导选址的定义，以及在选址未成功的情况下，总部与潜在加盟商之间合作关系的处理方式。

第七条　招商人员需要明确向潜在加盟商讲解总部选址指导的价值。指导选址期间价值表如表5－2所示。

表5－2　指导选址期间价值表

序　号	费用项目	项目说明	价值（元）
1	选址信息费用	信息来源及指导选址的知识产权费用	
2	人员差旅费用	根据差旅票据计算	
3	人员工资费用	每人每天的计费方式	
4	区域保护机会成本	区域保护期间总部将损失招商机会	

第八条　签订加盟意向书之后，招商人员需要第一时间将潜在加盟商的相关信息，传递移交给负责店面选址指导的相关部门。

第九条　招商人员在实际招商过程中，需要严格按照公司制订的最新的《加盟商选址未成功解决方案》执行，否则造成的一切损失将由招商人员承担。

第三章　附　则

第十条　本制度未尽事宜参照××公司相关管理制度规定执行。

第十一条　本制度由××公司制定，修订、废止时亦同。

第十二条　本制度经××公司总经理审批后生效。

第六节　电话管理制度

××公司电话管理制度如下。

第一章　总　则

第一条　目的

为了规范招商电话使用、固化月电话报销标准，明确电话机所属，促使内部、外部职员间沟通流畅，特制定本制度。

第二条　适用范围

本制度适用于××公司招商部全体成员。

第三条　权责

××公司招商部负责人对本制度的执行贯彻负主要责任。

第二章　电话类别

第四条　业务移动电话：由公司报销话费，话机归属公司或私人，此电话使用场所在办公室外部的手机。使用人出差或外出不在办公场所，使用的由公司统一配备的电话卡。

第五条　移动座机办公电话：由公司报销话费，话机归公司所有，接打电话人不特别指定主要用于业务办公的办公室固定电话或移动座机。使用要求：接打电话不能长时间占线，不能公话私用，办公室间的电话不能用业务办公电话。

第六条　内部内线电话：公司办公区各办公室所装的内线电话，此电话主要方便办公区部门间的充分沟通，要求不能长时间占线。

第七条　传真电话：专门为接发传真信息而设的传真电话。此电话要求除传真外不得向外打，且不能长期占线。

第三章　话机归属及估价

第八条　私有电话：人员私人购买的手机，话费由公司承担的（公司统一配备的电话卡）。此类电话不归公司所有。

第九条　公有电话：公司购买的手机或座机，话费由公司承担，此类电话归公司所有，人员只有使用权。

第十条　公有电话估价：所有座机按每部200元估价，所有传真按每部800元估价。

第四章　话费标准及报销

第十一条　标准：根据不同岗位的业务使用量不同，标准不同，话费标准如表5－3所示。

表5－3　话费标准

序　号	岗位名称	标准（元/月）	备　注
1			
2			
3			
4			
5			

第十二条　报销：业务移动电话统一按照标准随工资发放。每月由后勤统一交付电话费，根据个人标准按照当月的实际消费实报实销，超出标准部分由个人自行承担。

第十三条　补助：出差在外人员的电话费补助包含于杂费当中，对于特殊业务所产生的电话费支出，可根据话费单据实报实销。

第五章　电话使用的注意事项

第十四条　使用时间：个人业务移动电话24小时开机。

第十五条　打电话：以业务办公包月电话为主。

第十六条　接电话：以个人业务移动电话为主。

第十七条　节假日电话：以个人业务移动电话为主。

第十八条　话机维修、丢失、损坏等注意事宜。

1. 维修：公司固定办公电话、传真出现非人为故障由公司负责维修。如出现人为故障，由相关责任人负责维修。

2. 损坏、丢失：公司办公电话损坏、丢失，由部门负责人负责。

第十九条 电话装机、改号、报停等注意事宜。

1. 装机：部门负责人根据办公需求向后勤部提出书面申请《电话（办理、保修、改号、报停）申请》，经批准同意后，由业务支持部门负责办理电话装机事宜。

2. 改号、报停：无论商务移动电话或业务办公电话的改号、报停由公司业务支持部门统一负责，且经总经理批准。任何电话使用人无权私自对电话进行改号、报停。

第二十条 保证电话畅通，不能影响工作。通过抽查或相关人员反馈，无论任何原因出现电话不通现象，对电话使用人进行20元/次处罚；出现3次以上，取消当月电话补助。

第二十一条 电话（办理、保修、改号、报停）申请表如表5-4所示。

表5-4 电话（办理、保修、改号、报停）申请表

<table>
<tr><td>申请人</td><td colspan="2"></td><td>责任人</td><td></td></tr>
<tr><td>日　　期</td><td colspan="4"></td></tr>
<tr><td>事　　由</td><td colspan="4"></td></tr>
<tr><td>部门部长</td><td></td><td>部门总监</td><td></td><td>总经办</td></tr>
</table>

第六章　附　则

第二十二条 本制度未尽事宜参照××公司相关管理制度规定执行。

第二十三条 本制度由××公司制定，修订、废止时亦同。

第二十四条 本制度经××公司总经理审批后生效。

第七节 微信管理制度

××公司微信管理制度如下。

第一章 总 则

第一条 目的

招商专用微信呈现的内容，将直接代表连锁企业的品牌形象，为了保证招商微信的规范使用，促进加盟工作的顺利开展，特制定本制度。

第二条 适用范围

本制度适用于××公司招商部全体成员。

第三条 权责

××公司招商部负责人对本制度的执行贯彻负主要责任。

第二章 微信注册

第四条 招商人员使用的微信号一律为公司统一配发的微信号，或者采用公司指定的手机号进行微信号的注册。

第五条 严禁招商人员私自使用自己的微信号，作为公司的招商微信号。

第六条 微信号一律按照公司统一制定的命名规则进行命名。

第七条 为了防止微信号被冻结，新注册的微信号必须添加五位以上长期使用的微信号作为好友。

第八条 为了防止微信号被查封，新注册的微信号必须进行银行卡的绑定以及理财产品的购买，此项操作需要绑定的银行卡必须经由招商部的负责人进行指定，理财基金可由招商部负责任审批后获得。

第三章 微信装饰

第九条 头像部分。招商专用的微信必须严格按照公司指定的统一头像进行微信号的装饰，比如项目商标。

第十条 昵称部分。招商专用的微信必须使用公司统一规定的昵称序列进行命名。

第十一条 个性签名。招商专用的微信的个性签名一律采用项目的宣传标语。

第十二条 朋友圈背景图。招商专用的微信朋友圈背景图可以在公司规定的图片中进行选择。

第十三条 朋友圈内容。招商专用的微信朋友圈至少要发布15天以上的图文内容。

第四章 日常运营方面

第十四条 招商人员尽可能地将每一个联系上的潜在加盟商，都添加成为微信的好友。

第十五条 招商人员必须按照公司统一设定的潜在加盟商分类标签，进行标注。

第十六条 招商人员不得将自己的个人好友添加至微信通信录中。

第十七条 招商人员严禁在朋友圈之中发布个人的负面情绪信息。

第十八条 招商人员及时在朋友圈中更新招商部统一发布的图文信息。

第十九条 ××公司规定的其他方面内容。

第五章 附则

第二十条 本制度未尽事宜参照××公司相关管理制度规定执行。

第二十一条 本制度由××公司制定，修订、废止时亦同。

第二十二条 本制度经××公司总经理审批后生效。

第八节　工服管理制度

××公司工服管理制度如下。

第一章　总　则

第一条　目的

为了规范招商部人员整体形象以及精神面貌，树立良好的职业形象。根据公司有关规定并结合实际情况，加强工作制服的管理工作，特制定本制度。

第二条　适用范围

本制度适用于××公司招商部全体成员。

第三条　权责

××公司招商部负责人对本制度的执行贯彻负主要责任。

第二章　工装类别

第四条　本规定中的工装，是指在公司经营管理过程中穿着的由公司统一定制的服装，包括夏装与冬装。

第五条　工装分夏装和冬装两种，其穿用时间分别为：夏装，5 月 1 日至 10 月 15 日；冬装，10 月 16 日至次年 4 月 30 日。

第六条　每年的 4 月、5 月和 9 月、10 月 4 个月为夏装和冬装的混装期。在此期间，员工可根据本人体质适应性自行决定制服款式，但必须按套装要求着装。

第七条　公司所有人员一律穿统一配发的工作制服。

第三章　工装着装注意事项

第八条　除特殊场合和原因外，员工上班必须穿着工装，否则处以 10 元罚款。

第九条 不得擅自改变工装的样式及颜色，否则自费重新订购。

第十条 工装应保持整洁，如有污损应自行清洗或修补，否则每查处一次处罚5元。

第十一条 工装如丢失或破损至不能使用时，应直接报告总经办行政部，由员工自费重新订购。

第十二条 冬季工装因故毁损时须着与工装颜色、款式接近的服装并向行政部报告。

第十三条 参加公司会议和重要活动，或有统一要求时，须严格按照要求着装，不得例外。否则每次处以10元罚款。

第十四条 招商人员每周六可以着便装。但禁止穿拖鞋（包括凉拖），禁止穿着过于单薄、暴露的低领、吊带衫、露背装、露脐装、背心、短裤或奇装异服。

第十五条 招商人员对外业务时如有需要可着便装。但参加公司会议和重要活动时必须按要求统一着装。

第十六条 试用期员工在试用期一个月内可穿着与公司工装款式相近、颜色相似的衣服；试用期满一个月后，自行购买和公司相同或相近的工装，公司按工装统一标准给予一定比例的补助。

第十七条 公司人员辞退、辞职、调岗或停薪留职时，工装归本人所有，工作满一年以上时工装费用作为员工福利，不满一年离职的由个人根据服务年限承担工装制作相应费用，离职时由人力资源部进行交接登记，通知财务部进行扣除，（工装个人挂账一年，根据服务年限进行扣除，即“扣除 = 工装费用 − 工装费用/12 × 服务期限”）。

第四章 冬季工装着装要求

第十八条 上班时间不得卷袖口和裤腿，男员工上衣应扎在裤子里，西服内配衬衣打领带，以深色鞋为主；女员工着裙装时穿5厘米左右的高跟鞋、软底为宜，鞋面应保持清洁光亮，所有员工不得穿拖鞋（包括凉拖）。

第十九条 为配合工装，员工上班应将头发梳理整齐，男职员发不过耳，不准留胡须；女职员提倡化淡妆，金银或其他饰物佩戴应适当。

第五章　夏季工装着装要求

第二十条　女士夏装要求如表5－5所示。

表5－5　女士夏装要求

序　号	详细要求
1	衬衣短袖需有袖、有领（圆领不宜太低）
2	商务T恤需有袖、有领，禁止穿着运动T恤（主要禁止穿圆领T恤）
3	中裤、短裙需及膝盖
4	连衣裙需有袖、有领，圆领不宜太低，色彩不允许太夸张
5	下身着长裤、中裤、裙子，中裤、裙子需及膝盖
6	鞋、袜保持干净、卫生，鞋面洁净
7	禁止穿拖鞋、凉拖
8	禁止穿着过于单薄、暴露

第二十一条　男士夏装要求如表5－6所示。

表5－6　男士夏装要求

序　号	详细要求
1	短袖需有袖、有翻领或立领
2	商务T恤需有袖、有翻领或立领，禁止穿着运动T恤（主要禁止穿圆领T恤）
3	下身着长裤（商务裤、休闲裤或牛仔裤），禁止穿运动裤
4	鞋、袜保持干净卫生，鞋面洁净
5	禁止穿拖鞋（包括凉拖）
6	禁止穿短裤、背心和无领无袖的T恤

第二十二条　所有员工禁止留怪异发型，不染怪异发色，不蓄须文身，不涂有色指甲油，不浓妆艳抹，不戴夸张的饰物。

第二十三条　如有员工违反以上规定，则责令其回家更换衣服，所耗时间按请事假处理。

第二十四条　员工违反以上规定的，除通报批评以外，每次罚款10元，一个月连续违反三次以上的扣发当月服装补贴。

第六章　附　则

第二十五条　本制度未尽事宜参照××公司相关管理制度规定执行。

第二十六条　本制度由××公司制定，修订、废止时亦同。

第二十七条　本制度经××公司总经理审批后生效。

第六章

招商实战模板解读

第一节　全面透析加盟指南

（一）简述

加盟指南，又为招募文件、招商指南、招商手册等，是由盟主方编制并向潜在加盟商群体公布的精练、概括地介绍自己加盟体系并吸引潜在加盟商加盟的文件。潜在加盟商可以根据加盟指南大致了解盟主方的状况，并按照上面的联系方式（电话、传真、E-mail、地址、申请表等）与盟主方进行进一步的加盟商谈。

（二）招商手册设计原则

1. 精简原则

言简意赅进行企业亮点、价值、支持、产品、服务等方面的介绍，无须长篇大论描述，更不需要流水账式展现。因此，企业在编制加盟指南时首先需要用精练的语言进行单独事项描述，其次着重选择一些事项进行展现，无须将企业所有的产品、资质、支持等信息进行罗列。

2. 群众原则

每一位创业者在选择自己的创业加盟项目时，都会进行自我评判，评判自己的资金、经历、能力、人脉等各方面是否能够胜任这份事业。依据实际的调查数据显示，他们在进行自我评判过程中，只要有一项标准感觉自己达不到，就会选择放弃该项目。而实际上，他们认为的不足，很多时候盟主方是有能力帮助其去弥补的，可是往往盟主方连看到这个潜在加盟商的机会都没有。因此，企业在设计加盟指南时，一定要让绝大多数拿到加盟指南的潜在创业者都觉得自己完全能够胜任，让他们迅速从茫茫创业人群中冒出，让企业从被动招商转化成主动招商。

3. 实惠原则

加盟指南在实际编制过程中一定会出现政策方面的信息，比如加盟金、品牌保证金、权益金、订货费等。因此，企业在设定类似这些敏感信息时，一定要明确，盟主方收取费用，是为了取之于加盟商用之于加盟商。在内容的具体阐述中，一定要让潜在加盟商觉得盟主方收取的相关费用，较之盟主方提供的相关支持能够完全匹配，而且费用总额相对于盟主方提供的支持要“便宜很多”。

4. 悬念原则

在实际编制加盟指南过程中，一定不能将潜在加盟商需要了解的信息，全部展现在对外的加盟指南之中，因为这样的加盟指南会让你的潜在加盟商没有跟你沟通的理由，没有电话沟通，没有面对面沟通，想成交这些加盟商难度非常大。另外，文字信息的传递存在偏差，在很多时候潜在加盟商会因自身的理解而产生误解，轻易放弃该项目，而实际上这个项目很有可能最适合他，盟主方也就与他擦肩而过了。

5. 图文原则

加盟指南一定要用图文并茂的形式展现，切忌大段大段的文字描述。企业在设计加盟指南时，能用图片、图表时，就不用文字。因为图片、图表能够更加直观展现产品、服务的特色，以及盟主方的综合实力。应尽量避免纯粹文字堆积或图片数量太多的两种极端情况。

6. 角度原则

很多的加盟连锁企业在编制加盟指南时，恨不得将创始人自己的发家史都放在加盟指南之中，此种做法不能说完全不对，因为有些依托于创始人的项目确实有必要放些相关内容。但是对于绝大多数的加盟项目而言，这样做完全没有必要，因为潜在加盟商感兴趣的并不是创始人有多厉害，而是你的项目怎么保证赚钱。企业应该站在这个角度去设计。对于潜在加盟商而言，他关心的三个话题是项目投资大小、回报周期和加盟支持，然后才是其他方面的项目介绍信息。

7. 描述原则

文字描述一定要优美、深刻、煽情而又不浮夸，比如使用一些可突出语言效果的排比、对仗等。数据要尽可能精准，因为精准的数字更能够引起潜在加盟商的注意，更能够让潜在加盟商放心选择加盟你的项目。但是对于一些企业拿捏不准的事，不要精准用词，因为对外宣传使用的资料，在法律层面相当于企业对受众群体做出了相应的承诺，哪怕相关的内容并没有出现在合同之中。

8. 场景原则

加盟指南在实际的应用中，应依据不同的应用场景进行有针对性的设计，并不是所有的纸质版的加盟指南都要印制成精装版，针对一些人流量较大，需要进行项目广撒网的情况，你的加盟指南就需要精练成一页纸，甚至几句话，以此来满足快餐式阅读项目信息的人群的需要。

（三）市场状况

1. 市场状况调研纲领

加盟连锁企业在进行加盟指南有关市场状况描述之前，需要针对自己企业所处的行业领域进行详细的市场调研，市场状况调研信息如表6－1所示。

表6－1　市场状况调研信息

一级目录	二级目录	三级目录	四级目录
行业概括	行业介绍		
	产品发展历程		
	当前产业政策		
	产业生命周期		
	行业市场竞争程度		
	其他方面		
产品生产调查	国内生产统计	产品结构	
		产量统计	
	地域产出结构		
	企业市场集中度		
	产品生产成本		
	项目投资建设情况		
	其他方面		

续表

一级目录	二级目录	三级目录	四级目录
产品消费调查	产品消费量调查		
	专题研究调查		
	消费群体调查	消费群体构成	
		不同消费群体特点	
		下游消费群体市场需求规模	
	消费区域市场调查		
	品牌满意度调查	品牌结构	
		品牌地域性差异调查	
		品牌满意度	
	渠道调查	销售渠道分析	
		销售场所构成	
	其他方面		
产品进出口市场调查	进口市场	产品结构	
		地域格局	
		进口量与数据统计	
	出口市场	产品结构	
		地域格局	
		出口量与数据统计	
	进出口政策	贸易政策	
		关税政策	
	其他方面		
典型企业与品牌调查	企业简介	发展时间	
	企业规模	总部人数	
		办公面积	
	薪资结构	总部薪资构成	招商部
			营建部
			培训部
			督导部
		直营店薪资构成	店　长
			中层管理者
		加盟店薪资构成	店　长
			中层管理者

续表

一级目录	二级目录	三级目录	四级目录
典型企业与品牌调查	产品构成	总部产品构成	
		分部产品构成	
		直营店产品构成	小型店产品构成
			标准店产品构成
			旗舰店产品构成
		加盟店产品构成	小型店产品构成
			标准店产品构成
			旗舰店产品构成
	产品销量统计	直营店销量统计	
		加盟店销量统计	
		其他渠道销量统计	
	连锁类型	直营连锁	
		加盟连锁	
		直营 + 加盟连锁	
	店面数量	直营店数量	
		加盟店数量	
		直营 + 加盟店比例	
	店面分布态势	直营店分布态势	
		加盟店分布态势	
		整体店面分布态势	
	加盟政策	费用构成	
		各费用占比	
		促销政策	
	加盟支持		
	加盟优势		
	招商渠道	线上渠道	
		线下渠道	

续表

一级目录	二级目录	三级目录	四级目录
典型企业与品牌调查	加盟类型	按照店面面积分类	小型店（面积区间）
			标准店（面积区间）
			旗舰店（面积区间）
		按照店面股权构成分类	
		按照其他标准分类	
	店面回收周期		
	店面人员配置		
	其他方面		
创业环境调查	创业动机		
	创业年龄区间		
	创业性别比例		
	创业学历分布		
	创业人群地域分布态势		
	创业行业需求分布		
	创业投资金额		
	创业投资来源		
	其他方面		
重点城市消费调查	北京	产品品牌结构	
		产品品类结构	
		消费群体构成	
		价格变化趋势	
		产品满意度调查	
	上　海	产品品牌结构	
		产品品类结构	
		消费群体构成	
		价格变化趋势	
		产品满意度调查	
细分市场调查	细分市场调查一	产品应用特点	
		市场容量	
		消费模式	
		发展趋势	
	细分市场调查二		
	细分市场调查三		

续表

<table>
<tr><th>一级目录</th><th>二级目录</th><th>三级目录</th><th>四级目录</th></tr>
<tr><td rowspan="14">上下游市场调查</td><td rowspan="5">原材料市场</td><td>上游原材料构成</td><td></td></tr>
<tr><td>国内产销量</td><td></td></tr>
<tr><td>原材料价格走势</td><td></td></tr>
<tr><td>主要供应商供应量</td><td></td></tr>
<tr><td>产业政策</td><td></td></tr>
<tr><td rowspan="4">消费市场</td><td>消费市场构成</td><td></td></tr>
<tr><td>消费市场结构变化趋势</td><td></td></tr>
<tr><td>下游市场相关政策</td><td></td></tr>
<tr><td>主要消费群体消费量</td><td></td></tr>
<tr><td rowspan="2">产业链运营分析</td><td>产业环境分析</td><td></td></tr>
<tr><td>上下游关联度分析</td><td></td></tr>
<tr><td>产业发展前景分析预测</td><td></td><td></td></tr>
<tr><td>其他方面</td><td></td><td></td></tr>
</table>

2. 市场状况描述原则

对于加盟指南之中的市场情况，在实际的编制过程中建议遵循以下原则。

（1）展现给潜在加盟商的市场情况，是为了给他们增加加盟本项目的信心。

（2）在展示中尽可能用精准的数据进行描述，而这些数据尽可能找到官方来源。

（3）描述市场情况时，不需要将整个行业分析展示给潜在加盟商，只需要展现比较有代表性的几个方面即可，更重要的是所展现的内容一定要给自己的项目加分而非减分。

（4）不要在这部分内容中加入任何有关竞争对手信息的描述。

3. 市场状况描述方向

对市场状况进行描述时可以从以下几个方向着手。

（1）市场容量大。

（2）消费群体广。

（3）消费观念强。

（4）增长比例高。

（5）消费频率高。

（6）产品带黏性。

（四）企业介绍

对于加盟指南之中的企业介绍，在实际的编制过程中建议企业遵循以下几个要点。

（1）企业介绍的总字数控制在300字以内。

（2）首段文字综述性介绍企业情况。

（3）中间分二至四个段落分别介绍企业不同方面，介绍内容不宜太多，否则会影响潜在加盟商对企业整体的印象，介绍内容可以从产品/服务、连锁扩张、团队精英、项目低风险、战略部署、独特资质等方面入手。

（4）结尾一方面呼应上文，另一方面敞开合作之门。

（5）对于企业各方面优势的描述尽可能使用具体数字、第三方凭证等。

（6）文字内容之中尽可能将合作伙伴、加盟商、消费者等关联单位都涵盖进去。

（7）找准符合企业整体发展特点的措辞，比如一个年轻时尚的创业型团队，就需要避免出现中规中矩的表述方式。

（8）语言要精练、朗朗上口。

（9）企业介绍里面的内容，如果会出现在加盟指南其他的展示篇幅内，此处就尽可能地避免再次出现。

（五）加盟支持

1. 正确认知加盟支持

加盟支持是为加盟商保驾护航的，这也是潜在加盟商在正式签约盟主方之前，重点进行咨询和考察的内容。因此，在加盟支持方面，盟主方应尽自己最大的可能，将自身能够给到的支持全部展现出来，以免潜在加盟商与盟主方的好项目擦肩而过。

但是在实际的展现过程中，很多的盟主方过度对自身加盟支持进行了夸大和虚构，导致潜在加盟商对项目评判的误判，也为盟主方日后带来非常大的麻烦。

因此，在加盟支持上面，笔者建议从以下几个方面去正确认知加盟支持。

(1) 避免出现虚假承诺，结合企业自身特性去设计。

(2) 切忌抄袭同行或对标企业。

(3) 避免招商员过分承诺，一定要明确加盟支持要点。

(4) 避免人云亦云，寻找独特的支持方式。

2. 加盟支持角度

一个加盟企业可以给到加盟商的加盟支持有很多，但是，企业需要清晰地意识到，哪些方面才是你的加盟商在这个阶段最需要的，最能够保障它的。不是你认为最合适的就是最好的。

一些不知如何提炼自己企业加盟支持的企业可以参照以下内容（见表6－2）。

表6－2 加盟支持角度与详细解析

支持角度	详细解析
品牌支持	在全国范围内有一定的品牌影响力的盟主方，均可以将自己的品牌的使用权，作为给予加盟商的加盟支持，因为，有一定影响力的品牌本身就自带“粉丝”。当然，在全国范围内已经拥有一定的品牌影响力的企业毕竟是少数，对于发展初期的加盟连锁企业而言，如果你的拓展区域在一定商业半径之内，而你又在这个区域内家喻户晓，你依旧可以在区域范围招商时使用品牌支持，作为给予加盟商的众多支持中的一种
宣传支持	新店开业如果想迅速打开市场，有必要借助一些媒介，进行宣传推广是极好的方式之一，加盟总部完全可以将其将宣传支持，作为自己给到加盟商的一种支持方式。总部可以将其作为吸引加盟商加盟的条款之一，既解决了加盟商新开店面无人知晓的尴尬局面，也能够帮助总部迅速依托此店，开展地推式的招商宣传，可谓一举多得
促销支持	开业做活动已然成为常态化的做法，那么，开业做活动就一定需要对应的促销产品或服务，加盟总部可以依据加盟商的类型，有针对性地通过设定特殊的产品、特殊的促销期间订货价、特殊的促销物料等来给予加盟商支持，从而吸引更多的创业者涌入加盟体系之内

续表

支持角度	详细解析
培训支持	很多加盟商在开业前夕都会产生“开业恐惧”，担心各种问题的发生。加盟总部需要做的就是将这些年、这些店的成功经验、失败教训等内容都汇总成各类型的培训教材，然后系统地对加盟商进行培训，以此来缓解加盟商对于开业的各种忧虑，从而降低潜在加盟商考虑的成本，实现快速决策、快速加盟
产品支持	盟主方这些年、这些店沉淀下来的每一款产品都是经验的积累，都是通过大量人力、物力、财力的付出而换回的结果。因此，盟主方给加盟商提供的经营所需的产品，都可以作为盟主方给加盟商提供的支持
技术支持	盟主方这些年、这些店沉淀下来的每一项技术都是经验的积累，都是通过大量的人力、物力、财力的付出而换回的结果。因此，盟主方给加盟商提供的经营所需的技术，都可以作为盟主方给加盟商提供的支持
专利支持	盟主方所拥有的发明专利、创新型专利等，都可以授权给到加盟商进行展示、宣传、使用。此类授权本身就可以算作是盟主方给到加盟商提供的支持
开业支持	盟主方可以依据过往开店的经验，将其标准化成一套开业手册，一方面教会加盟商如何使用开店手册进行开业筹备，另一方面根据实际的需要，安排相关人员协助加盟商进行开业筹备。总部的领导亲临开业现场，也可以算作是盟主方给到加盟商的开业支持
选址支持	尽管很多的盟主方已经完成了单店选址模型的标准化，并且也能够给到加盟商有关选址内容的培训，但是在实际操作过程中，加盟商依旧不能够很好地选址。因此，盟主方可以通过发放选址手册、开展选址培训，协助指导选址、协助评判选址等，给加盟商提供选址支持
营销策略支持	该项支持可以分为几个阶段，第一个阶段是开业前的营销策略支持，第二个阶段是开业期间的营销策略支持，第三个阶段是单店在常规运营期间的营销策略支持。笔者着重强调一点，盟主方在营销策略方面的支持不应该是上述内容的其中一个阶段，而应该是上述内容的全部阶段
资金支持	这个方面的支持相对比较特殊，这个支持与加盟连锁企业的商业模式有着紧密的联系，因为只有总部在商业模式之中有所涉及，才能够真正地落实此项支持，此项支持的实施包括盟主方给加盟商提供创业资金贷、创业资金担保等方面

续表

支持角度	详细解析
人才支持	总部可以通过派遣开业驻店店长、开业驻店核心岗、临时性驻店店长、临时性驻店核心岗、推荐店面经营所需的人才等方面，来实现对加盟商的人力支持
装修支持	总部可以通过委派第三方、总部直属的装修公司对加盟商店面进行装修，总部负责出具单店装修效果图后指导加盟商进行装修等形式，来实现对加盟商的装修支持
物料支持	物料支持更多体现在加盟商加盟后的第一个阶段，比如开业时所需的宣传物料、产品物料、日常经营所需的物料等内容。总部将本应该有偿销售给加盟商的物料，通过免费赠送、低价售卖等形式给到加盟商，从而实现对加盟商的物料支持
设备支持	设备支持更多体现在加盟商加盟后的第一个阶段，比如开业时所需的各种设备，这些设备有些是日常经营时必备的设备，有些是开业时为了营造某种氛围而临时用到的设备。总部将本应该有偿销售或租赁给加盟商的设备，通过免费赠送、低价售卖、免费租赁等形式给到加盟商，从而实现对加盟商的设备支持
研发支持	总部不断给予加盟商有关产品/服务方面的新鲜内容，可以作为盟主方对加盟商的研发支持
平台支持	绝大多数的盟主方能够接触、运用、嫁接的平台型的资源，是独立的一个加盟商很难获得的。但是在总部的转介绍、引荐、嫁接后，一个独立的加盟商可以借助平台的资源进行单店的发展，此种做法，完全是实现盟主方给加盟商平台支持的一种表现
系统支持	很多的加盟连锁企业，在使用了一段时间的通用版本的企业管理系统之后，都会在原有的系统的基础上进行创新型改良，从而打造更适合加盟总部、加盟单店共同使用的一套管理系统，而此系统就是盟主方对加盟商的系统支持
调换支持	对于一些经营产品的连锁企业而言，盟主方如果能够给加盟商提供调换过时、过季、残品、次品的机会，以及店面之间的跨区域调货等支持，一定能够在众多的加盟项目之中脱颖而出，从而让更多的潜在加盟商加盟进来
名人支持	总部如果拥有这方面的资源，又能够通过人物亲临现场、人物形象代言、人物远程互动等方式给加盟商支持，这个项目一定能够在众多的加盟项目之中脱颖而出，从而让更多的潜在加盟商加盟进来

续表

支持角度	详细解析
运营支持	一个没有运营团队的加盟连锁企业是不完整的企业，但是一些加盟连锁企业，并不能够将建设运营团队作为企业发展的重心，导致一些加盟商在加盟之后的几个月内，就开始陆陆续续地关店。在这个时代，如果盟主方拥有一个经验丰富、模式新颖、支持全面的运营团队，而这个运营团队又能够在第一时间给到加盟商店面运营支持，那么，这个项目一定能够在众多的加盟项目之中脱颖而出，从而让更多的潜在加盟商加盟进来
物流支持	总部可以通过委派第三方给加盟商提供物流配送服务，也可以通过总部直属的物流公司给加盟商提供店面配送服务。无论是哪种形式，只要盟主方能够让加盟商降低投入成本、快速收到物品等，均可以作为物流支持
项目退出支持	这个方面的支持相对比较特殊，这个支持与加盟连锁企业的商业模式有着紧密的联系，因为只有总部在商业模式之中有所涉及，才能够真正落实此项支持，此项支持可以通过盟主方给加盟商提供接盘人、总部议价回收等形式来实现。此支持对于盟主方来讲是一把双刃剑，一方面可以迅速让犹豫不决的加盟商涌进体系之内，另一方面要求总部拥有强大的后续运营团队，支撑退出后的门店周转
标准化支持	这个支持对于加盟连锁企业而言，本不应该成为一种特色，但是在这个时代，很多的加盟连锁企业并没有实现单店经营的标准化，从而让实现标准化单店的企业“鹤立鸡群”
业绩奖励支持	盟主方可以将月、季、年作为考评时间段，设置各种不同的奖项，一方面可以让经营中的加盟商有奋斗的动力，另一方面可以让潜在的加盟商看到自己的努力能够换回收获。从而让更多的潜在加盟商加盟至项目中
价格政策支持	盟主方设计产品、设备、器材、物料等单店经营过程中所需的物品的特殊的议价策略，让新进的加盟商获得显著的价格优势，让经营中的某些产品、设备、器材、物料等具备显著的价格优势等。从而实现对加盟商的价格政策支持
实时支援支持	加盟商同样会感受到老板的孤独。因此，在他经营过程中，如果盟主方能够实时支援加盟商帮其解决日常经营过程中遇到的棘手问题，那么这个项目一定能够在众多的加盟项目之中脱颖而出，从而让更多的潜在加盟商加盟进来

续表

支持角度	详细解析
专家共享支持	对于一些特殊的行业，专家的实力就代表了企业的整体实力和单店的综合实力。如果总部通过资源共享的方式整合市面上某些方面的专家资源，然后将这些资源共享给每一个单店，那么，这些单店在本商圈范围内的影响力一定会大幅攀升，专家共享的方式可以是远程协助、亲临现场等。而这个方面的加盟支持也会吸引这个领域内的潜在加盟商蜂拥而至
实时信息支持	盟主方可以将消费者状况、活动状况、产品信息、服务信息、促销信息等有助于单店经营的信息，通过分类处理后实时共享给加盟商，这项工作的完成将会让盟主方独树一帜，从而吸引更多的加盟商加盟
系统知识支持	零散进行单店经营培训，不能够让加盟商获得真正的成长和蜕变。相反，会让加盟商在零散接触信息时误解信息的真意，从而做出错误的判断和行动。因此，如果盟主方能够将单店经营所需的信息整合成系统化的知识体系，然后有节奏地对加盟商进行有针对性的培训，就能够突出盟主方的独特性，从而让更多的潜在加盟商加盟进来
案例支持	盟主方的各种案例，都可以授权给到加盟商进行展示、宣传、使用等，因此，该项授权本身就可以算作盟主方对加盟商的案例支持
定制支持	这个定制支持可以从不同的角度去看待，比如许多的单店在自己做活动期间，需要定制一些特殊的小礼物，而一个单店定制的数量毕竟有限，因此很难拿到特别优惠的价格，但是总部可以通过协调几家店面同时进行定制，来帮助加盟商在满足定制需求的同时，支付最低的价格；还可以是单店接单，总部为单店的消费者完成定制服务；定制支持也可以是盟主方针对加盟商经营环境、资源配置等情况，有针对性地进行加盟商商业经营计划的个性定制
配赠支持	很多的加盟商在加盟前都会询问："你们的加盟费都包括什么?"当一些品牌影响力不是很强的盟主方，表示加盟费并不包括一些硬件的物品时，很多的潜在加盟商都会略带一些失落的情绪。如果盟主方能够将一些物品用市场的价格计算至加盟费总额中，虽然加盟费总额提升了，但是当招商人员对潜在加盟商进行项目介绍时，潜在加盟商会有一种加盟费降低的错觉，从而让配赠支持得以发挥出最大的能量，让更多的潜在加盟商加盟进来

续表

支持角度	详细解析
驻店支持	在加盟店的开业之初，加盟商缺乏专业人员、缺乏应急人员时，总部可以实现外派驻店支持。此政策的实施，一方面对于潜在加盟商是巨大的诱惑，另一方面对于经营期间的加盟商而言是一个后期保障。因此，驻店支持能够让这个项目在众多的加盟项目之中脱颖而出，从而让更多的潜在加盟商加盟进来
活动支持	活动是单店与消费者之间最好的互动理由，因此，单店的活动越多，消费者与店面之间的互动频率就会越高，消费者黏性当然也会越大。对于单店而言，不断更新迭代出各种活动是很难做到的，因为单店的人手、精力毕竟有限。但是对于盟主方而言这就相对比较容易，因为盟主方可以收集全国范围内各个单店的活动，稍加优化后推广至全国各个门店。此做法十分简单，但是绝大多数的加盟连锁企业并不将此当一回事，从而错失了绝佳的支持模块，错失了一个强有力吸引加盟商的理由
资质支持	盟主方所拥有的各种资质，都可以授权给到加盟商进行展示、宣传、使用等，该项授权本身就可以算作盟主方给到加盟商的资质支持
荣誉支持	盟主方所拥有的各种荣誉，都可以授权给加盟商展示、宣传、使用等，该项授权本身就可以算作盟主方给到加盟商的荣誉支持
渠道支持	随着互联网、物联网等先进技术的普及，很多行业的盟主方可以给加盟商提供客户、直接销售渠道等支持，当盟主方喊出“加盟送客户，开店有渠道”时，相信很多的加盟商定会闻风而至
政策支持	政策支持对于一些处于特殊行业的企业而言至关重要，比如安保类、供电类、医院类、学校类、药店类的加盟连锁企业，如果盟主方拥有更多的政策便利，可以帮助潜在加盟商落实开设店面的工作，那么，这个项目在这个行业之中会十分抢手
延伸收入支持	随着互联网、物联网等先进技术的普及，很多行业的盟主方具备了给加盟商提供更多商品、更广销售区域的能力。当盟主方喊出“先开店，后赚钱；一处开店，全国卖货；小店面，大卖场”时，相信很多的加盟商定会闻风而至
策划支持	如果盟主方能够在加盟商开业时有针对性地策划一场开业庆典，能够在门店所处的特殊商圈内策划出独特的营销活动等，这个项目也将会成为引人关注的项目

上述的加盟支持方式并未穷尽，盟主方可根据自有条件另行开发。

（六）加盟优势

1. 正确认知加盟优势

加盟优势是盟主方的专属标签，是盟主方通过自身挖掘、提炼、设计等方式将企业具备的优势显性化，以便让潜在的加盟商在进行项目选择时能够一目了然地知晓项目的特点。

对于加盟优势，盟主方切记结合企业自身的实际特点进行阐述，尽可能地避免擦边球式的设计，或者过度夸大的设计，企业所做所有宣传活动都应保证不违反广告法。

当然，企业自身如果具备某些方面的优势，但是自身的挖掘、提炼、设计等能力不足，致使项目的真正优势被埋没，也是非常可惜的一件事情。因此，笔者建议企业进行加盟优势挖掘、提炼、设计时可以从以下几个角度开展。

（1）多看看同行的优势，绝对优势绝对突出。

（2）竞品没有你却拥有，不宜太多，有料即可。

（3）双方均有优劣，拥有凭证容易见证。

2. 加盟优势角度

只要用心发掘，每个企业都有自己的独特优势，所以企业一定要善于发现和挖掘自己的长处，并用语言描述出来。一般企业的着眼点可以是人无我有、人有我强的方面。

其实有时候，即使该优势别人也有，只要企业语言修饰得当，能把它合理表达出来，也仍然能看起来十分突出。加盟优势角度与详细解析如表6－3所示。

表 6-3　加盟优势角度与详细解析

优势角度	详细解析
总部团队	加盟合同的签订仅仅是盟主方与加盟商之间合作的开始，很多的潜在加盟商在进行项目选择时，会通过各种的渠道和途径去了解盟主方的团队构成如何、实力如何等。因为总部团队的能力，将直接决定总部未来的成长空间，决定项目的好坏，决定加盟商未来能够得到总部什么样的支持，决定随着总部的发展加盟商会有多大的提升空间。如果总部拥有一个强大的管理团队，那么，这项内容完全可以作为盟主方的独特优势之一
核心技术	每一个发展中的盟主方都会有自己独特的核心技术，这个核心技术可能是产品型的、设备型的、服务型的、信息型的等，无论是哪一种核心技术，均可以作为盟主方的独特优势之一
特色产品	特色产品本身就具备一定的市场冲击力，而这个冲击力在一个新鲜的市场中，能够爆发出其应有的影响力。因此，一个项目如果拥有一个特色产品，完全可以作为盟主方的独特优势之一
起步时间	同样的一个项目，一个经营了几十年，一个刚刚起步，潜在的加盟商可能首先会习惯性地去信赖经营了几十年的企业，而刚刚起步的企业则会被放到下一位的考虑之中。因此，一个项目如果拥有很长的经营时间，完全可以作为盟主方的独特优势之一
率先上市	对于潜在加盟商而言，在同一行业中进行项目的选择时，率先上市的盟主方的杀伤力很大，因为他们认为在同行业之中，上市公司会比其他公司更加正规，更加稳妥，更加有实力等
运营模式	只要盟主方拥有市面上鲜有，且经过市场检验后具备可行性的模式。那么，无论是总部的运营模式，还是单店的运营模式，都可以是盟主方的独特优势之一
品牌价值	品牌价值的高低，取决于品牌在某一个细分领域的市场占有率，如果品牌的影响力大，那么品牌本身就可以作为盟主方的独特优势
物流模式	独特的物流方式能够让潜在的加盟商投入更少，精力损耗更小，成为盟主方的独特优势之一
培训模式	培训模式可以多种多样，包括集中培训、线上培训、线下培训、阶段性培训等。盟主方可以灵活设计、组合出属于自己企业的独有培训模式，而这个独特的培训模式只要能够让学习者快速掌握学习内容，就可以成为盟主方的独特优势之一

续表

优势角度	详细解析
标准化程度	标准化程度的高低一方面会直接影响企业的扩张速度，另一方面会影响加盟店的开店质量。同样，标准化程度高可以作为盟主方的独特优势之一
行业资历	在一些特殊的行业中，会有明显的资历高低之分，如果盟主方在此行业之中有明显的资历优势，那么，资历完全可以成为盟主方的独特优势之一
简单易学	项目越简单，越容易激发潜在加盟商自己的创业信心，所以，盟主方可以在产品加工、设备使用、店面经营等方面，将自己的单店打造得极致简单。那么，这个极致简单的项目可以成为盟主方的独特优势之一
投资额度	据不完全数据统计，有65%的创业者投资额度控制在35万元以下，如果盟主方在进行自己的单店设计时，能够将这个因素考虑进去，在满足整个项目经营所需的前提条件下，又能够设计最小的投资额度。那么，这个大生意、小投资的项目可以成为盟主方的独特优势之一
单店盈利模式	潜在加盟商加盟主要就是为了实现自己创业赚钱的梦想，因此，盟主方在进行单店盈利模式设计时，一定要有真实的数据支撑，用独具一格的单店盈利模式来保证单店能够在极短的时间内回收前期的投资。如此一来，这个快回收的盈利模式可以成为盟主方的独特优势之一
总部商业模式	总部的商业模式将直接影响单店的商业模式，影响加盟商与总部之间的合作形态，比如资金支持、回购支持等一些特殊的支持，就与总部的商业模式设计有着直接的关系。这些商业模式的设计能够让总部获得更多的收益来源，所以盟主方可以让出一部分的收益回馈给加盟商。如果总部拥有类似的商业模式，那么，这个独特的商业模式可以成为盟主方的独特优势之一
加盟类型	加盟类型按照不同的分类规则可以有很多种，比如单店加盟、多店加盟、区域加盟；再比如独立加盟、控股制加盟、参股制加盟等。总而言之，盟主方需要依据自身企业独特的属性、行业特点，以及潜在加盟商的属性去设计出更适合自己的加盟类型，然后将此独特的加盟类型作为企业的独特优势之一
风险担保	对于风险担保，不同的企业在实际应用中会有很多种变体的应用，比如说产品销售不畅时，总部负责回购所有的产品；单店在多长时间内无法实现前期投入回收，总部负责资金补偿或者直接回购单店等。无论是哪一种形式的风险担保，只要盟主方能够履行诺言，而自身的项目又与众不同，那么，别具一格的风险担保模式可以成为盟主方的独特优势之一

续表

优势角度	详细解析
产品品类	品类的丰富程度、品类的独特搭配模式、品类的创新程度等，都可以作为盟主方在产品品类方面的独特设计思路。与众不同的产品品类设计可以成为盟主方的独特优势之一
专利技术	专利技术以及含金量等，都可以成为盟主方的独特优势之一
荣誉牌匾	荣誉牌匾以及含金量等，都可以成为盟主方的独特优势之一
名人代言	名人代言以及影响力等，都可以成为盟主方的独特优势之一
创始人	一些拥有特殊荣誉、资质、经历、背景的盟主方创始人，完全可以将自带的光环加持至项目上，而这个内容也完全可以成为盟主方的独特优势之一
利润空间	足够的利润空间是吸引潜在加盟商最好的方式，因为创业者选择加盟项目，就是为了获得最好的利润。所以，如果盟主方的项目利润空间足够可观，那么，这完全可以成为盟主方的独特优势之一
晋升模式	晋升模式可以理解成企业内部员工的职业生涯规划，合理的职业生涯规划能够充分激发出员工的潜力。同样的道理，如果盟主方能够给加盟商设计一个清晰的创业生涯规划，那么加盟商就会更具奋斗的动力。因此，独特的晋升模式可以成为盟主方的独特优势之一
行业领袖	在加盟连锁领域有很多的行业领袖型的人物，企业可以请这些人为项目代言，或者将他们发展成为自己的项目合伙人、加盟商等，这些都可以成为盟主方的独特优势之一
平台推荐	在加盟连锁领域有很多有名的平台机构，如果盟主方的项目成了这些平台的优质推荐项目，那么，这个资历就可以成为盟主方的独特优势之一
政策支持	对于一些特殊的行业，一些创新的领域，国家会有一些特殊的政策进行支持。盟主方取得了政策支持，其实最大的价值并不是免除了多少税收，获得了多少资金的支持等，而是拿到了一柄无往不前的“尚方宝剑”，可以巧妙地将本项目享受特殊政策支持的信息传递出去。这种信息对于潜在的加盟商而言是非常具备吸引力的，因为这个信息会增强他们选择加盟的信心，而这完全可以成为盟主方的独特优势之一
媒体报道	众多的媒体报道宣传说明了项目本身很受欢迎，说明这个项目的公众认知度很高，是一个很值得相信的项目。因此，当盟主方的项目具备这个潜质时，一定要将这些信息提炼成本项目的独特优势之一

续表

优势角度	详细解析
成功案例	对于一些特殊的行业，比如教育培训等，成功案例非常能够说明项目优质。盟主方的项目如果也属于此种类型，不要忽视这些案例，一定要将这些典型案例尽可能完整、真实地展现出来，以便在宣传时使用
客户见证	来自客户、加盟商的正能量的表述、馈赠等是优质项目的佐证。因此，这方面的见证时，可以成为项目的独特优势之一
名企介入	知名企业的介入能够迅速提升新生项目的信任度、知名度等，如果盟主方的项目拥有知名企业参股、控股等属性。那么，这个属性完全可以成为盟主方的独特优势之一
企业估值	一些处于A轮、B轮等融资阶段的企业，可以将企业自身的估值作为企业的优势之一进行展现
供应商背景	有一定知名度的供应商可以给项目增光添彩，因此，拥有这一属性的项目一定不要忽略了这个为品牌背书的机会
名投入股	在A轮、B轮等融资阶段，知名投资公司的投资行为能够为企业背书，因为在潜在加盟商看来，这些知名的投资公司选择的项目是优质的项目。因此，拥有知名投资公司介入的项目一定不要忽略了这个机会
国际流通资质	并不是所有的产品都具备国际流通的资质，并不是所有的公司都拥有这方面的能力，当盟主方拥有这方面的能力时，一定要对其进行展现，因为在很多潜在的加盟商看来，能够拥有国际流通资质的产品是好产品，拥有这方面能力的公司是有能力的公司，这个项目是一个值得投资加盟的项目
区域保护	每一个潜在的加盟商在咨询加盟时都会问及区域保护的问题，因为他们担心自己的生意一旦好起来，很多的消费者都会成为自己未来的店面竞争对手。独特的区域保护政策、方式将会在一定程度上成为盟主方的独特优势之一
项目升级	在一些特殊的行业，很多的盟主方会把项目设计成初级、中级、高级形态，以便让更多的创业者能够从最低的门槛进入，然后通过不断努力奋斗来自我升级。如果盟主方设计的项目是这种状态，本身就是一个非常具备竞争力的加盟优势
项目稳定	项目的稳定可以通过现有店面的经营状态、企业的发展年限等进行阐述，一个稳定的项目也传递给潜在的加盟商另一个信息，这个项目的成功率很高。项目稳定本身可以作为项目优势之一
收益稳定	很多的行业都会有淡旺季之分，因此单店会出现不稳定的收益状态，如果盟主方的项目并没有淡旺季之分，那么，这个特点同样可以成为盟主方独特的加盟优势之一

续表

优势角度	详细解析
保险担保	对于一些特殊的行业，尤其对结果要负责任的项目，如果盟主方能够与保险公司合作，然后由保险公司对经营结果进行担保，那么这个产品会受到消费者的青睐，因为他们会降低心理防线，消费者愿意尝试，尝试后又能够获得很好的效果，那么潜在的加盟商就会想象出开店后店面爆棚的场景，无形之中给潜在的加盟商打下了一剂创业强心针。这剂强心针可以成为盟主方独特的加盟优势之一
直营店现状	潜在的加盟商在实际签约加盟前一定会去直营店实地考察，如果说加盟店的生意的好坏与加盟商自身的经营能力有关，那么直营店由总部直接管辖，如果直营店的生意都很一般，潜在加盟商对于这个项目的信心就会大打折扣。相反，如果潜在加盟商看到的是一片繁荣景象。那么，繁荣景象可以成为盟主方独特的加盟优势之一。除此之外，直营店的数量多以及直营店与加盟店的比例合理，也会成为盟主方独特的加盟优势之一
消费群体	消费群体广泛，产品又具备很强的黏性等特点，这些属性可以成为盟主方独特的加盟优势之一
选址灵活	如果单店的营销方式比较独特，那么选址的成本就会很低，而这也可以成为盟主方独特的加盟优势之一
历史传承	类似餐饮等领域的项目会有历史传承的特点，而这些特点无论是对消费者而言，还是对潜在的加盟商而言都是非常有吸引力的。因此，具备这个属性特点的项目可以成为盟主方独特的加盟优势之一
地方特色	地方特色的唯一性比较明显，如果盟主方的项目在特色产地已经具备了一定的影响力，那么，有地方特色的项目就可以作为盟主方独特的加盟优势之一
专家鉴定	对于一些特殊的行业，比如安防领域、珠宝玉石领域、二手车交易领域等，知名的专家进行鉴定能够给到消费者极大的购买信心。实际上，每一个潜在的加盟商在选择项目时，都会从消费者的角度去看待项目，如果这个项目能够很好地抓住消费者的心，基本上就能够抓住潜在加盟商的心。 另外，在加盟连锁领域会有很多的专家和机构平台专门负责对项目的优劣进行评判，这些评判也是非常有可信度和公信力的。 如果项目方具备上述的专家背书，那么，这些信息完全可以作为盟主方独特的加盟优势之一

续表

优势角度	详细解析
项目垂直化	产业垂直化发展越来越成为细分领域市场未来的发展走向，对于盟主方而言，细分领域市场的垂直化发展可以让企业在这个市场领域之中更具话语权。与此同时，能够实现垂直化发展的连锁企业具备一定的综合实力。因此，潜在加盟商在进行项目选择时，会通过盟主方产业链的延伸程度来判定项目方的实力，以及自己在加盟之后未来的可发展空间。如果项目方具备项目垂直化发展的优势，完全可以将这个优势作为盟主方独特的加盟优势之一
市场独有	在一定的时间内，盟主方自创的商业模式、产品品类、专利技术等方面会市场独有，但长期而言，市场独有是不现实的。但是对于发展初期的加盟连锁企业而言，你独创的任何市场独有，都可以作为你独特的加盟优势之一，但是你的市场独有一旦公布出来，你就需要做好替代、升级这个市场优势的准备
规模优势	规模的大小将会直接体现在品牌的影响力方面，消费者的认知方面。因此，盟主方的项目如果有庞大的市场规模，那么，这个市场规模就可以成为企业的加盟优势之一
产能优势	产能的高低在某种程度上可以体现出企业的综合实力，因此，盟主方的项目如果有强的生产能力，那么其生产能力就完全可以成为企业的加盟优势之一
设备优势	自主研发的设备、全球领先的设备、行业独有的设备、高性价比的设备等都可以作为盟主方的加盟优势之一
项目发源地	盟主方在进行项目描述时，如果盟主方经营的产品或服务有明显的地域优势特点，那么盟主方无论是在公司的注册、企业文化的设计上，还是其他方面的设计上都要尽可能地与项目发源地联系在一起。如此一来，盟主方就可以将这些联系作为自身的加盟优势之一
人员要求	简单易操作的项目对于人员的综合素质、数量的要求不是很高，这也是潜在加盟商进行项目选择时的重要考量因素之一。对于盟主方而言，项目当然会因行业、定位等各方面的不同而有很大的差别，但是需要遵循的原则是将加盟项目打造至极致简单的状态，尽可能地避免人工感性操作。如果盟主方可以合理降低对项目执行人员的要求，那么，盟主方就可以将此作为自身的加盟优势之一

续表

优势角度	详细解析
旗下成熟品牌	连锁企业在发展到一定的阶段后都会衍生出自己的子品牌，因为这样可以让自己的加盟商获得更多的营收渠道，总部自然也就能够获得新的发展空间。对于潜在的加盟商而言，他们也更愿意选择这样的盟主方作为合作伙伴，因为他们认为这样的盟主方拥有支持加盟商的丰富成功经验。如果盟主方拥有这方面的条件，那么，盟主方就可以将此作为自身的加盟优势之一
广告优势	总部的全国性的广告宣传、单店的有针对性的地推广告宣传，都可以为新生地带的店面带来一定的客流量，这些客流量会增强潜在的加盟商开店的信心。如果盟主方正在做全国性的广告宣传推广，又能够拿出加盟金的一定数额，去帮助新开单店进行广告投放。那么，盟主方就可以将此作为自身的加盟优势之一
特殊资源优势	一些拥有全国性资源的盟主方，可以将这些资源通过特殊的方式嫁接给加盟商，这样做，一方面可以盘活盟主方已有的资源，另一方面可以助力加盟商快速发展，一举两得。如果盟主方拥有此种类型的资源，又能够有效将这些资源嫁接至加盟商处。那么，此种做法完全可以作为盟主方独特的加盟优势之一
督导优势	督导团队的主要工作是负责加盟商在加盟期内各种事宜的对接，它也是帮助加盟商更好发展的一个部门。这个部门人员素质高、数量多等，是可以作为盟主方的加盟优势的
加盟政策	盟主方可以通过实施特殊的加盟政策（地域、行业等）来吸引潜在加盟商的加盟，而这种做法也可以成为盟主方的加盟优势之一
续约政策	每一个潜在加盟商在加盟时，都会考虑到期之后会怎样，盟主方会不会坐地起价等。为此，如果盟主方能够提前设计好具备吸引力的续约政策，就能够吸引潜在加盟商的加盟，而这种做法也完全可以成为盟主方的加盟优势之一
客户导流	对于采用线上、线下一体化经营的盟主方而言，盟主方可以通过商业模式的运作，实现在全国范围内开发客户，然后通过线上平台导流客户至线下实体店进行有效的服务。如果盟主方的商业模式可以实现此操作，那么，这完全可以作为盟主方独特的加盟优势之一
装修模式	独特的装修、最低的投入费用、最短的装修周期等信息，都是潜在加盟商关心的。因为上述的每一个信息都会影响对方开店的时间、投入的成本、经营的质量等。为此，如果盟主方拥有一套独具特色的装修模式，那么，此种模式也完全可以成为盟主方的加盟优势之一

续表

优势角度	详细解析
采购模式	灵活的采购模式、低廉的采购价格等也都是潜在加盟商关心的话题。为此，如果盟主方拥有一套独具特色的采购模式，那么，此种模式完全可以成为盟主方的加盟优势之一
投资担保	有一些潜在的加盟商在加盟时会出现贷款创业的现象，如果盟主方能够出任贷款人的担保人，那么，盟主方不但可以解决潜在加盟商的资金短缺问题，还可以向更多的潜在加盟商传递一个信息：我们对自己的项目有信心，我们的项目成功率非常高，因为我们敢做潜在加盟商的贷款担保人。此种模式也可以成为盟主方的独特加盟优势之一
提供创业贷	有一些潜在的加盟商在加盟时会出资金短缺的现象，如果盟主方拥有资金的运作能力，并设立了创业投资贷的运作模式，那么，盟主方不但可以解决潜在加盟商的资金短缺问题，还可以向更多的潜在加盟商传递一个信息：我们对自己的项目有信心，我们的项目成功率非常高，否则我们也不敢低息放贷给加盟商。此种模式也可以成为盟主方的独特加盟优势之一
退出机制	每一个创业者在迈出创业的第一步时都会反复琢磨一件事情，万一自己的项目经营不善该如何。如果盟主方在商业模式的整体设计之中，将加盟商的退出机制设计进来，那么，绝大多数的潜在加盟商会选择此种类型的项目进行加盟，因为他们没有后顾之忧。如果盟主方的项目具备这方面的条件，也拥有实施这套机制的团队成员，那么，这个退出机制可以成为盟主方独特的加盟优势之一
资质代办优势	对于一些特殊经营的行业，在实际开店时则需要办理特殊的证照，而这种特殊的证照一般情况下比较难办理。如果盟主方具备代办这些资质的能力，那么，它可以成为盟主方独特的加盟优势之一
特殊开业方式	现在越来越多的盟主方开始注重单店独特的开业方式，如果盟主方能够设计出一套特殊的开业方式。那么，它可以成为盟主方独特的加盟优势之一
额外收益优势	一些走在商业模式前沿的盟主方，逐渐开始设计给自己的加盟商增加额外收益的模式，比如自动售卖机、现金流运营等。而这些新模式的实施都可以作为盟主方的独特加盟优势之一

续表

优势角度	详细解析
交叉入股优势	交叉入股是盟主方入股加盟商一定的股份，同时转给加盟商一些其他成熟店面的股份。此种模式看似简单，但是对于总部的整体管理团队的要求非常高。如果盟主方采用此种模式，那将会让潜在的加盟商信心大增，因为他们认为总部入股了自己的单店，就会更加关注自己，自己的店面还没有开业就可以享受到成熟店面的分红。此种做法的真正实施完全可以成为盟主方独特的加盟优势之一

上述的加盟优势并未穷尽，盟主方可根据自有条件另行开发。

（七）企业文化

企业文化是一个企业赖以生存的重要组成部分。在加盟指南中，需要重点突出一些内容，企业文化内容与重要级别如表6-4所示。

表6-4　企业文化内容与重要级别

序　号	内　容	级　别
1	加盟商	★★★
2	消费者	★★☆
3	盟主方	★☆☆

在进行企业文化设计时，可以从以下几个方面进行展开。

（1）站在加盟商的角度去设计。

（2）重点突出加盟商的关注点。

（3）加盟商关注点有行业属性。

（4）按照关注点有取舍地展示。

（5）不要只用文字描述，要有图。

（6）根据加盟商文化素质定文风。

（7）加盟商期待与盟主方一家。

（8）加盟商愿与盟主方共对外。

（八）运营模式

1. 设计原则

（1）清晰描述本企业的战略目标、发展目标等宏观方向。

（2）粗犷式展现单店的盈利模式，不可泄露企业的商业秘密。

（3）要有关于模式亮点的描述，描述时要言简意赅。

（4）模式展现的内容一方面要具备“高大上”的属性，另一方面要尽可能地通俗易懂。

2. 案例列举

某单店运营模式如图 6－1 所示。

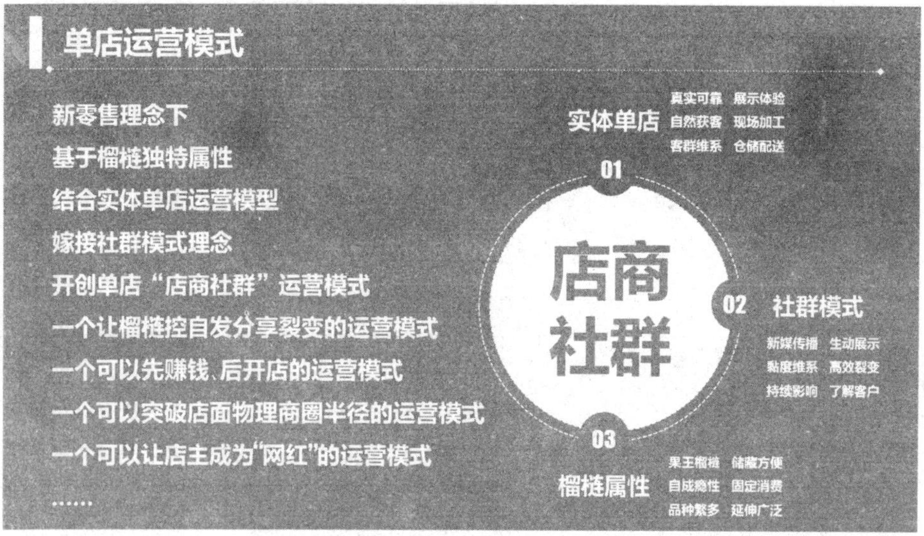

图 6－1 某单店运营模式

（九）加盟商现状

对于潜在加盟商而言，盟主方的现在就是他们的未来，盟主方的增长空间就是他们未来的发展空间。因此，盟主方在进行加盟商现状方面描述时，一定要充分站在加盟商的角度进行描述，具体可以参照表 6－5 中的内容。

表 6－5 加盟商现状撰写要点

序号	撰写角度	撰写目的	撰写要点
1	加盟商增长态势	●加盟商增长态势预示着项目的火爆拥有持续性 ●充分调用“羊群效应”	●有希望 ●有未来 ●跟着走 ●急迫感

续表

序号	撰写角度	撰写目的	撰写要点
2	加盟商成功案例	●加盟商成功案例具备感染力 ●充分调用“他行我就行”的意识	●要有故事 ●要有前后对比 ●不是个例 ●成功的特点
3	加盟商数量及分布	●加盟商数量及分布具备整体性 ●充分调动“跟着盟主方有肉吃”的意识	●展现总部“全面布局”的能力 ●展现总部规模力量 ●数据要尽可能精准 ●扩张有条理
4	加盟商升级转化态势	●加盟商升级转化态势具备升值性 ●充分调动“着眼未来”的意识	●升级率 ●单店到多店到区域加盟商历时多久 ●盟主方对待努力的加盟商的态度
5	加盟商成功率	●直面加盟商成功率凸显盟主方的坦诚度 ●让对方产生项目“高成功率”的意识	●不能承诺 ●绝对高的成功率 ●给对方的失败找理由 ●给自己的失败找借口
6	加盟商个人成就	●加盟商的个人成就来自盟主方的一手塑造 ●让对方拥有足够的“蠢蠢欲动”心态	●不承诺“雨露均沾” ●个人成就要有据可查 ●盟主方在中间起到了什么关键作用 ●例子不超过三个
7	特殊加盟商	●特殊加盟商的加入是盟主方最好的代言 ●让对方拥有“追星”的心态	●保证它的成功 ●创造出它的故事 ●待遇优厚
8	加盟商营业收入态势	●加盟商的营业收入最具直观性 ●让对方彻底放下防备心态	●整体态势 ●单店态势 ●新店态势
9	优秀加盟商集体活动	●加盟商的集体活动更具集体性 ●让对方感觉更容易“融入”	●承诺有兑现 ●努力有回报 ●有家更温暖
10	优秀加盟商奖项	●优秀加盟商的奖项更具激励性 ●让对方看到“努力就有回报”的希望	●结果呈现 ●大奖动心 ●只要努力就有回报
11	加盟商见证	●加盟商的见证更具真实性 ●让对方听到“同类的声音”	●不怕土，就怕不真实 ●原汁原味地展现

（十）加盟条件

每一个加盟连锁企业对外招商的时候，都会对加盟条件进行展现，这部分的内容其实是一把双刃剑，展现好了，加盟商进来咨询，展现的内容不符合潜在加盟商的心理状态，他们就会认为自己不适合该项目，而实际上他们本身符合相关条件，此类现象比比皆是。

因此，盟主方在设计加盟条件时一定要有两个版本，一个版本留给企业招商人员使用，另一个版本公开给潜在加盟商看。对于第二个版本，企业在实际设计时需要遵循的原则是“让每个浏览者都认为自己适合”，以此来实现“将被动等待转化成主动出击”的效果。

企业设计加盟条件，可以参照以下几个角度（见表6－6）。

表6－6　加盟条件设计角度及详细描述

序号	设计角度	详细描述
1	加盟条件不宜太多	针对加盟商的审核条件尽可能地控制在3～5条，因为每增加一条意味着减掉一批人
2	用简洁的文字进行描述	尽可能避免使用特别明确的文字进行加盟条件的描述，因为加盟商容易误解
3	避免使用未经核实的数字	精准的数字背后是强有力的筛选和承诺
4	特殊的要求暂缓提出	针对特殊行业的招募工作，可以先将特殊的条件抹掉

（十一）加盟常见问答

1. 核心要点

潜在加盟商在加盟期间为了尽可能了解项目的“完全”状态，会问他们能够想得到的所有问题，针对这些问题，盟主方必须要设计好每一个问题的答案，其最终目的是在回答咨询方问题的同时，将盟主方的项目优势尽可能展现出来。

因此，盟主方在进行问题答案的设计时可以遵循以下几个要则（见表6－7）。

表6－7　加盟常见问题回答要则

序号	回答要则	详细解读
1	突出特色与优势	挑一些经典的、能突出本企业特色和长处的、经常被问及的问题，如此才能够更好地进行项目展现

续表

序号	回答要则	详细解读
2	语言描述精练准确	语言的描述一定要简练，不宜长篇论述，应直接阐述结果，在回答的答案中进行广告的植入
3	问答条数不宜太多	一般常见问题不超过 8 条，一方面满足宣传的需要，另一方面让感兴趣者留足

2. 加盟商咨询时常见问题

潜在加盟商与盟主方进行项目沟通时看似有很多的问题，但是在实际的整理之后你会发现，很多加盟商反反复复咨询的问题就这么多，只是他们的表述方式有些变化而已。

表 6－8 所示内容是潜在加盟商在咨询时经常会问及的问题。

表 6－8 加盟商咨询时常见问题

序号	加盟商咨询时常见问题
1	本体系的加盟店的主要业务是什么
2	加盟条件是什么
3	我没有任何的从业经验，是否能从事这个行业
4	我应该怎么选择加盟方式
5	不同类的加盟店的加盟政策各是什么
6	如果当地有加盟店了，我是否还可以加盟
7	总部给予的支持都有哪些
8	我们的店与其余同类店的区别在哪里
9	是否可以把店变成商场专柜的形式
10	商场专柜和独立店哪个好
11	我们与同行竞争的优势是什么
12	我们的产品或服务的特色是什么
13	加盟费为什么那么高（或那么低）
14	加盟是否能稳赚不赔
15	总部如何保证加盟店盈利
16	加盟和当地消费水平是否有关
17	产品或服务项目的成本怎么样
18	我们当地至今还没有类似的店，开这样的店能不能行
19	其他公司都有装修费的补贴和返还，你们为什么没有
20	其他品牌都有很多的仪器配送，你们为什么没有
21	能不能一个城市只设一家加盟店
22	先做小点的类型，以后升级是否可以
23	我加盟是不是一定要到总部去

续表

序号	加盟商咨询时常见问题
24	怎样选择合适的地址
25	招聘什么样的员工最合适
26	总部能否为加盟商提供员工
27	加盟店的员工怎么进行培训，培训什么内容
28	装修的花费大概是多少
29	为什么看到你们的单店店面，装修各有不同
30	从筹备到开业大概需要多少天
31	开业时你们是否会派人过来指导，主要指导什么
32	每个店面都有主打项目，那我们的主打项目是什么
33	总部做活动打折时，加盟商的利润如何保证
34	签加盟连锁合同时为什么没有公证
35	我们的产品是否可以出口
36	到总部考察，交通路线是什么
37	如果加盟店打广告也吸引不来顾客，怎么办
38	我们这个行业的未来发展的趋势是什么
39	加盟店销售好，进货数量大时，拿货折扣能否降低
40	某些产品知名度不高，产品会销售得好吗
41	加盟商如何知道产品新信息
42	公司能否经常培训
43	产品供货是否及时，产品是否齐全
44	加盟店的销售情况好，但没达到总部要求的底线怎么办
45	总部如何实施全程的开业支持
46	装修是否一定要和总部完全一样
47	加盟店招聘不到合适的员工怎么办
48	装修完后，加盟店按照总部的开业促销方案实施却未达到预期的效果，怎么办
49	总部如何针对加盟店的选址结合当地实际情况，提供具体建议
50	加盟店在开业前期的广告宣传不到位，导致店面生意惨淡，怎么办
51	公司提供的宣传资料能否适合加盟商当地的情况
52	没有顾客进店怎么办
53	顾客对我们不熟悉，产品能销售出去吗
54	怎样发展新顾客
55	加盟店生意不好的时候公司给什么样的支持
56	店员专业技术和加盟商经营管理知识十分欠缺怎么办
57	总部的指导人员驻店时间多久
58	做了多种形式的广告，效果不大怎么办
59	总部的广告支持是怎样的
60	配送的内容包括什么

续表

序号	加盟商咨询时常见问题
61	加盟连锁的费用都有哪些，如何支付
62	加盟期满后是否可以续约
63	店内设备是否可以由加盟商自己购买
64	总部现在有多少家加盟店，多少家直营店
65	总部实施加盟连锁是否合法
66	总部是否有区域加盟或区域代理政策
67	除了单店之外，公司的产品有没有别的销售渠道
68	公司有什么专利
69	总部如何保障加盟商的区域专卖权
70	如果加盟商的第一家店生意好，再加盟时加盟金是否会下降
71	总部是否会为加盟商做单店投资预算
72	具体的加盟流程是什么
73	总部在营销上会给加盟商什么支持

（十二）加盟费用

1. 定义诠释①

加盟费用，指的是在加盟关系的存在过程中，为使加盟能成功进行，加盟商需要向盟主方交的费用，分为三类：初始费（加盟金）、持续费（推广费、管理费等）以及其他费用（各类保证金、培训费、合同续约费、设备费、原料费、产品费等）。

2. 设计原则

加盟费用的设计，将会直接影响接下来加盟商的招募工作，因此，盟主方在进行加盟费用设计时，不要"拍脑袋"决定自己的加盟类费用。费用太高，加盟商望而却步，加盟费用太低，盟主方入不敷出。盟主方在进行费用设计时可以从以下四个原则进行考量（见表6－9）。

表6－9　加盟费用设计原则

设计原则	详细描述
战略原则	这是加盟费用设计的首要考虑原则，因为战略性地进行市场布局，可能会出现非常规的加盟费用的出现，比如负加盟金、零加盟金等

① 内容参考《特许经营学》，作者李维华。

续表

设计原则	详细描述
整体原则	对于加盟商而言，他们关心的永远是整体性的投资额度，其决定不会因为你将某些费用进行上下浮动而有所改变
动态原则	加盟的相关费用会依据实际的品牌发展的需求、品牌影响力的提升等因素而进行相应提升，此提升不仅适用于新加盟商，也适用于续约加盟商
个性原则	加盟费用会因为特殊加盟商、特殊贡献者、企业内部人员、团购性加盟商、特殊时期、特殊场景等进行个性化降低或者提高

对于很多的盟主方而言，单店加盟只是加盟类型之一，盟主方还可以推出多店加盟、区域加盟等政策。当盟主方出现多层级的伙伴招募现象时，就需要整体进行加盟类费用设计，进行多层加盟类费用的设计时，可以参照表6－10中的内容。

表6－10　多层加盟类费用设计要点

类　别	单店加盟	多店加盟	区县加盟	市级加盟	省级加盟
近期收益	较重	较重	较重	一般	较轻
未来收益	较轻	一般	一般	较重	较重
抗风险能力	弱	弱	一般	较强	很强
加盟金额	统一价	团购价	团购价	团购上浮	团购上浮

3. 费用构成

盟主方可以依据自己的费用构成、期望利润、战略目标去设计项目的费用额度，在此以意向加盟金和加盟金为例。

（1）意向加盟金。

意向加盟金设计要点如表6－11所示。

表6－11　意向加盟金设计要点

序号	影响因素	详细描述
1	成本	●选址相关无形资产成本 ●商业机会成本 ●人员薪酬待遇 ●人员食宿交通费用 ●市场激励费用 ●其他费用
2	利润	期望利润
3	战略	●市场策略 ●竞争策略 ●特殊政策

（2）加盟金。

加盟金设计要点如表 6－12 所示。

表 6－12　加盟金设计要点

序号	影响因素	详细描述
1	成本	●培训费用 ●人员薪酬费用 ●市场激励费用 ●市场推广费用 ●配送物品费用 ●驻店人员食宿交通费用 ●宣传物料费用 ●手册费用 ●其他费用
2	利润	期望利润
3	战略	●市场策略 ●竞争策略 ●特殊政策

4. 类别解读

加盟费有很多类别，盟主方可以依据企业自身行业属性、企业情况设计自己的加盟费用，加盟费用并不是一成不变的，它会随着企业的发展发生收费项目、收费金额的变化。

加盟费用的类别及应用解读如下。

（1）初始费用明细及应用解读。

初始费用明细及应用解读如表 6－13 所示。

表 6－13　初始费用明细及应用解读

费用名称	释　义	用　途	收取时间	收取形式
加盟金	加盟连锁初始费，指的是盟主方将加盟连锁权授予加盟商时所收取的一次性费用	盟主方为使加盟商正常开业以及开业后顺利进入正常营运阶段，而在加盟商开业前为其提供一系列支持和帮助。它同时体现了盟主方所拥有的品牌、专利、经营技术诀窍、经营模式、商誉等无形资产的价值	签署加盟连锁合同后	一次性收取，开业后不退还

续表

费用名称	释　义	用　途	收取时间	收取形式
加盟意向金	意向加盟商已完全认可盟主方提供的加盟连锁项目，但因加盟商没有选好加盟连锁的商铺地址，同时希望盟主方能够将相应的商业区域预留一段时间。在满足加盟商诉求的同时，盟主方为了保障自己的商业权益不受损失而向加盟商收取的费用	加盟商向盟主方做出的承诺保证	签订加盟意向书后	一次性收取，加盟商后期选择签署加盟连锁合同可抵加盟金。加盟商后期不打算签署加盟连锁费用，盟主方扣除给意向加盟商提供工作的报酬后，将其无息退还给意向加盟商

（2）持续费用明细及应用解读。

持续费用明细及应用解读如表6－14所示。

表6－14　持续费用明细及应用解读

费用名称	释　义	用　途	备注说明
特许权使用费	特许权使用费，又称权益金、管理费等，指的是加盟商在经营过程中按一定的标准或比例向盟主方定期或不定期支付的费用。它体现的是盟主方所拥有的品牌、专利、经营诀窍、经营模式、商誉等无形资产和有形产品、无形服务等特许权的价值	体现了在加盟期内，来自总部的持续性支持	●加盟签约时，一次性收取加盟期内的所有费用 ●每年指定日期收取，可按照固定的金额收取或按照流水百分比收取

续表

费用名称	释　义	用　途	备注说明
市场推广及广告基金	市场推广及广告基金，指由盟主方按加盟商营业额或利润等的一定比例或某固定值而向加盟商定期或不定期收取的费用所组成的基金，该基金一般由盟主方统一管理，或由盟主方和加盟商双方共同管理	加盟商使用该基金时需向盟主方提出申请，由盟主方审批和统一规划。该基金主要用于加盟连锁体系（包括盟主方和加盟商）的市场推广和对外广告宣传，但一般不能用于盟主方招募加盟商的广告或宣传	无

（3）其他费用明细及应用解读。

其他费用明细及应用解读如表6－15所示。

表6－15　其他费用明细及应用解读

费用名称	释　义	用　途
履约保证金	加盟商签订合同后交给盟主方的保证金，作为加盟商保证遵守所签合同条款的押金	盟主方向加盟商收取的这个费用主要用于加盟商不履行所签订的合同义务，比如不及时支付应向盟主方支付的款项时的补偿。合同期满，加盟商未有违约现象，保证金如数退还加盟商。一般，退还保证金不计利息
品牌押金	又称品牌保证金，指的是加盟商在签署加盟连锁合同的同时向盟主方交纳的费用	用于约束加盟商，使其在加盟连锁关系持续期间，不发生有损加盟连锁体系品牌的行为。合同期满、未有违约情况，押金如数退还加盟商。一般，退还押金不计利息
货品保证金	货品保证金指加盟商在订购货物时向盟主方交纳的非货物价款的费用，一般，盟主方可根据实际的货物数量和价值确定货品保证金的收取额度	盟主方向加盟商收取的这个费用主要用于加盟商不履行所签订的货品采购合同的义务，比如不及时支付应向盟主方支付货款时的补偿。合同期满，加盟商未有违约现象且货物款项支付完全时，保证金如数退还加盟商。一般，退还保证金不计利息

续表

费用名称	释　义	用　途
培训费	盟主方对加盟商进行培训时需要收取的费用	盟主方对于加盟商的培训分为两类。一类是在签订合同后、开设单店前进行的培训，主要内容是全方位地使加盟商进入运营单店的角色之中。这时的培训通常是免费的，加盟商要承担的就是自己的交通和食宿费。另一类培训是在加盟商单店开业之后的正常营业过程中，盟主方对加盟商进行的培训，主要内容是盟主方开发的新的技术和体系的新规定等，加盟商承担自己的交通和食宿费，盟主方可能会收取一定的培训费
受训保证金	盟主方为了鞭策加盟商全身心投入新项目的学习之中，预收的一笔费用。这笔费用在加盟商完成相应的考核之后会被无息退还	很多的加盟商在加盟之后，并不会认真地学习来自总部的统一培训课程，在他们看来，总部提供的培训一看就懂了，自己回去多练习几遍就能够完成相关的工作 为了引起加盟商对于开业之前培训的重视，特设立这份保证金。加盟商为了自己不被扣除保证金而努力学习，企业从而实现盟主方贯彻相关经营技巧的目的
加盟连锁转让费	加盟连锁合同未到期时，如果加盟商欲放弃该加盟连锁并将其转让出去，需要交纳给盟主方的费用	收取该费用是因为盟主方需要花费额外的资源去培训一个新的合格加盟商，因此，原加盟商就需要对盟主方做出补偿。值得注意的是，在有些国家和地区的加盟连锁法律法规中，加盟连锁未到期是不允许加盟商或盟主方单方退出的，因此也就不存在加盟连锁转让费了
设备费	加盟商向盟主方支付的由盟主方代为购买或提供的设备的费用	由于各种原因，比如设备是盟主方自己专门定制的非标准物、盟主方集中采购会降低物品的价格、保证整个体系的一致性等，盟主方通常会指定各个单店使用统一的设备。那么这时，如果盟主方代为购买或提供的话，加盟商就要向盟主方支付一笔费用

续表

费用名称	释 义	用 途
原料费	加盟商向盟主方支付的由盟主方代为购买或提供的原料的费用	加盟商在日常经营过程中所需要的各种原材料，都需要向总部采购，因此，加盟商需要按照合同的约定，以及实际的需求量支付给盟主方相应金额的原材料费用
产品费	加盟商向盟主方支付的由盟主方提供的产品的费用	加盟商在日常经营过程中所需要的各种产品，都需要向总部采购，因此，加盟商需要按照合同的约定，以及实际的需求量支付给盟主方相应金额的产品费用
装修费	加盟商向盟主方交纳的装修费用，费用来源是盟主方代替加盟商进行店面的装修而产生的一系列费用	为了保障店面在装修方面的统一性，越来越多的盟主方会采用代装修的方式，在装修过程中所涉及的拆旧费、人工费、材料费等开支，则需要加盟商承担
软件使用费	盟主方向加盟商收取的软件类使用费用，如收银软件、拓客软件、ERP 软件等	盟主方自主开发软件系统的开发费用、维护费用或者盟主方预付给软件公司的软件费用，这些费用都需要被分摊到每一个加盟商身上，因此，加盟商在加盟之后需要向总部交纳合同约定的相关金额的软件使用费

5. 特殊应用举例

（1）负加盟金。

负加盟金设计要点如表 6－16 所示。

表 6－16 负加盟金设计要点

类目名称	详细内容
特性	●品牌初涉市场 ●力求快速布局市场 ●能够通过首批配送的物品收回成本 ●盟主方对于加盟商拥有很强的把控力度 ●盟主方能够从加盟商日后的经营中获得持续性营收 ●拥有严格的加盟商筛选标准 ●用于激励盟主方内部人员进行自主创业 ●加盟项目较强区别于行业同类项目

续表

类目名称	详细内容
应用形态	●现金奖励 ●现金抵扣 ●首批货物抵用 ●配送支持抵用 ●装修返利 ●设备抵扣 ●培训抵扣
适用情况	多数用于商品零售型行业，但是对于特定的加盟连锁商业模式下的企业而言，店面筹建期间，需要向总部进行大批量的商品、设备、原材料、器材等物品采购的企业也可以应用这个政策

（2）低加盟金（含零加盟金）。

低加盟金（含零加盟金）设计要点如表6－17所示。

表6－17 低加盟金（含零加盟金）设计要点

类目名称	详细内容
特性	●品牌初涉市场 ●力求快速布局市场 ●能够通过首批配送的物品收回成本 ●盟主方对于加盟商拥有一定的把控力度 ●拥有一定的加盟商筛选标准 ●盟主方能够从加盟商日后的经营中获得持续性营收 ●盟主方将加盟金的收益转移到了其他费用的收取方面 ●区别于行业同类加盟项目
应用形态	常规性应用
适用情况	适用于大多数发展初期的企业以及大多数的行业，但是在盟主方无法通过后期获得持续性营收的行业应用较少

（3）高加盟金。

高加盟金设计要点如表6－18所示。

表 6－18　高加盟金设计要点

类目名称	详细内容
特性	●品牌在市场中已经具备一定的影响力，或者品牌项目从属的机构在市场中有一定的影响力 ●不能够通过首批配送的物品收回成本 ●盟主方对于加盟商的把控力度一般 ●通过加盟金高低来筛选合适加盟商 ●盟主方很难从加盟商日后的经营中获得持续性营收 ●加盟金成为盟主方在加盟连锁体系中主要获得营收项目
应用形态	常规性应用
适用情况	适用于大多数发展中期、后期的企业以及大多数无法通过后期获得持续性营收的企业乃至行业，比如服务型行业

（4）续约加盟金。

续约加盟金设计要点如表 6－19 所示。

表 6－19　续约加盟金设计要点

类目名称	详细内容
特性	●按照当时加盟金额进行核算 ●优惠力度的高低取决于当前盟主方的品牌影响力 ●续约加盟金将会影响当前的潜在加盟商是否下定决心加盟
应用形态	●按照当时加盟金额全额支付 ●当时加盟金进行一定折扣后支付 ●交纳一个固定的合同续约费
适用情况	大多数行业

（十三）加盟类型

1. 加盟类型细分

对于绝大多数的连锁企业而言，加盟的类型无非分为加盟一个区域或者加盟一个单店，仅此而已，但是对于一个有目标、有规划的连锁企业而言，加盟类型的设计，将会直接影响接下来的市场布局、招商的难易程度等。因此，企业需要将加盟类型的设计拔高为企业的战略核心要素之一。

加盟类型细分如表 6－20 所示。

表6-20 加盟类型细分

<table>
<tr><th>加盟类型</th><th>释义</th><th>细分类别</th><th>释义</th></tr>
<tr><td rowspan="7">单店加盟</td><td rowspan="7">单店加盟商，即只有权开设一家加盟店的加盟商</td><td>按面积大小分类</td><td>小型店、标准店、旗舰店等</td></tr>
<tr><td>按店面功能分类</td><td>综合型店面、服务型店面、营销型店面、生产型店面等</td></tr>
<tr><td>按主题定位分类</td><td>电影主题咖啡店、足球主题咖啡店、音乐主题咖啡店等</td></tr>
<tr><td>按经营的产品品类分类</td><td>单品类经营店面、多品类经营店面、复合品类经营店面等</td></tr>
<tr><td>按经营主体分类</td><td>独立经营、托管经营、半托管经营等</td></tr>
<tr><td>按股权构成分类</td><td>独立式加盟、参股式加盟、控股式加盟、众筹式加盟、交叉入股式加盟等</td></tr>
<tr><td>按消费人群分类</td><td>普通消费人群、中端消费人群、高端消费人群等</td></tr>
<tr><td rowspan="2">多店加盟</td><td rowspan="2">多店加盟商，即有权开设两家及以上店面的加盟商，比如两店加盟商、三店加盟商等</td><td>同类型店面加盟</td><td>有权开设一家以上加盟店的加盟商，且开设的店面属于同一类型</td></tr>
<tr><td>非同类型店面加盟</td><td>有权开设一家以上加盟店的加盟商，且开设的店面不属于同一类型</td></tr>
<tr><td rowspan="5">区域加盟</td><td rowspan="5">区域加盟商，指加盟某盟主方后获得在某指定地理区域专有权利的加盟商</td><td>一般型加盟</td><td>加盟商负责在约定的地理区域内，以及一定的时间范围内筹建约定数量的直营店</td></tr>
<tr><td>招商型加盟</td><td>加盟商负责在约定的地理区域内、时间范围内协助盟主方完成约定数量的单店加盟商、多店加盟商的招募工作</td></tr>
<tr><td>拓展型加盟</td><td>加盟商负责在约定的地理区域内，以及一定的时间范围内筹建约定数量的直营店、加盟店。但不负责店面的前期培训、后期运营督导</td></tr>
<tr><td>运营型加盟</td><td>加盟商负责在约定的地理区域内，以及一定的时间范围内协助盟主方完成约定数量的单店加盟商、多店加盟商的招募工作，并按照盟主方的要求完成前期培训工作、后期督导运营工作</td></tr>
<tr><td>综合型加盟</td><td>加盟商负责在约定的地理区域内，以及一定的时间范围内筹建约定数量的直营店、加盟店。并负责店面的前期培训、后期运营督导</td></tr>
</table>

2. 加盟类型应用

（1）单店加盟、多店加盟、区域加盟可以自由搭配，从而形成多个不同的组合。

（2）在前期的市场布局之中，加盟类型最多不超过三个。

（3）共同推出的加盟类型中要有清晰关联性，不要推出相去甚远的加盟类型。

（十四）投资回收

1. 单店投资回收（对内）

单店的投资无论对于盟主方而言，还是对于加盟商而言，都是一个至关重要的话题。

盟主方在进行单店设计的过程中，一定要通过实际测算去推算出单店的实际投资，因为不同的投资额度决定了盟主方的招商受众，盟主方的招商受众决定了盟主方的招商渠道选择。在设计过程中，盟主方可以根据测算数据，有针对性地调整单店的最佳投资项目，以便得出一个性价比最高的投资额度。

盟主方在进行单店投资额度测算时，可以参照表 6－21 中内容。

表 6－21　某品牌________单店（标准）投资预算表（个体户）

	费率表		变量表		
	销售税率	3.30%	月租金（元/m^2）	60	
	服务税率	5.50%	装修费用（元/m^2）	800	
	个体固定税额（元）	2400	加盟金（元）	30000	
	销售毛利	56.00%	品牌保证金（元）	20000	
	服务毛利	70.00%	设备费（元）	2000	
	年销售增长率	20.00%	年营业天数（天）	358①	
	现金折现率	3.75%	水电费（元/月）	800	
	服务及其他收入/销售收入	10.00%	物业费（元/月）	200	
	服务及其他收入/零售收入	5.00%	办公费（元/月）	200	
	固定资产残值率	5.00%	人员工资（元/店/月）	12000	

注：①每年闭店天数为 7 天或 8 天，多处于春节期间。

续表

	费率表		变量表		
	权益金（元/m^2）	*30.00*	加盟期（月）	*3*	
	店面租金递增	*5.00%*	转让期（月）	*10*	
基本投资			**第一年**	**第二年**	**第三年**
	加盟期（年）	*3*			
	计算面积（m^2）	*45.5*			
	转让费（元）	*40000*	40000		
	备用金（元）	*2000*	2000		
	加盟金（元）	30000	10000		
	品牌保证金（元）	20000	20000		
	设备费（元）	2000	2000		
	店面装修费（元）	36400	36400		
	租金（元/年）	32760	32760		
	首次订货额（元）	*80000*	*80000*		
	首次订非商品订货额（元）	*10000*	*10000*		
	开办费（元）	*500*	500		
	总投资（元）	253660	233660		
预测表	营业收入	708840	708840	850608	1020729.6
	销售商品收入（元）	644400	644400	773280	927936
	年商品零售额（元）	644400	644400	773280	927936
	日商品销售额（元）	*1500*	1500	1800	2160
	日服务销售额（元）	*300*	300	360	432
	营业成本（元）	283536	283536	340243.2	408291.84
	销售商品毛利（元）	360864	360864	433036.8	519644.16
	销售商品毛利率	56.00%	56.00%	56.00%	56.00%
	增值税（销售）（元）	—	—	—	—
	销售商品利润（元）	360864	360864	433036.8	519644.16
	服务收入（元）	64440	64440	77328	92793.6
	服务成本（元）	19332	19332	23198.4	27838.08
	服务毛利（元）	45108	45108	54129.6	64955.52
	服务毛利率	70.00%	70.00%	70.00%	70.00%
	营业税（服务）（元）	—	—	—	—
	服务利润（元）	45108	45108	54129.6	64955.52
	营业利润合计	405972	405972	487166.4	584599.68
	固定资产				
	固定资产原值（元）	2000			
	折旧年限（年）	*3*			

续表

	费率表		变量表		
	固定资产残值率	5.00%			
	年折旧额（元）	633.33	633.33	633.33	633.33
	装修摊销（元）	12133.33	12133.33	12133.33	12133.33
	转让费摊销（元）	4000	4000	4000	4000
	权益金（元）	16380	16380	16380	16380
	加盟金（元）	30000	10000	10000	10000
	营业费用（元）	190760	190760	192398	194117.9
	店面租金（元）	32760	32760	34398	36117.9
	人员成本（元）	144000	144000	144000	144000
	水电费（元）	9600	9600	9600	9600
	物业费（元）	2400	2400	2400	2400
	其他（元）	*2000*	2000	2000	2000
	管理费用（元）	4400	4400	4400	4400
	办公费（元）	2400	2400	2400	2400
	其他（元）	*2000*	2000	2000	2000
	财务费用（元）	*200*	200	200	200
	利润总额（元）	147465.33	170965.33	251021.73	346735.11
	所得税（元）	2400	2400	2400	2400
	净利润（元）	145065.33	168565.33	248621.73	344335.11
投资回报		总投资	第一年净现金流	第二年净现金流	第三年净现金流
		-53660	185832	265388.4	361101.78
	净现值（元）	749009.97	179115.18	246550.41	323344.38
	净现值差（元）		-74544.82	172005.59	495349.97
			12	3.63	0
	投资回收期（月）	15.63			
	投资回报率	55.00%			

注：①斜体为需要手工填写的数据，下划线为测算的评判结果。

②评判标准：净现值要大于零，并且投资回收期不超过18个月，投资回报率不低于10%。

③表6-21中数据摘自某一连锁品牌，此处仅供参考。

2. 单店投资回收（对外）

加盟商需要知道一个单店的大概投资情况，以便判断自己的投资能力是否能够满足这个项目的需要。但是盟主方切忌在对外展示的表单中过多、过详细地展示单店投资情况，具体的展现尺度可以参照表6－22。

表6－22　单店投资回收财务表（对外）

基本投资		数值
加盟金		20000
店面装修费		79000
设备、器材		90000
三个月房租		27504
其他		5000
初始投资		224000
月营业收入		120000
月营业毛利润		68400
月净利润		22320
投资回收期（月）		9.7
注意	这些文字内容一定要有：本表各类型店以中等城市、中等地段、中等店面面积（80平方米）为例。本表仅供投资参考，并不作为经营承诺 货币单位：元 计算时算大不算小，精简列表科目	

（十五）产品介绍

产品介绍要点如下。

（1）关于产品介绍的篇幅一定要有。

（2）产品既包括有形的产品，也包括无形的服务。

（3）在进行产品介绍时一定要措辞精练，尽可能在两句话之内将产品的亮点提炼清楚。

（4）尽可能选用一到两款的产品进行高毛利展现，但是避免出现具体的数字。

（5）如果产品的特色不够突出，那就不要将此款产品的相关内容放于此处。

（6）选择用来展示的产品不宜过多。

（7）有关品质的承诺有数字、有依据。

（8）如果产品拥有相关的资质认证类文件，一定要进行展示。

（9）一些获得过特殊荣誉的产品，一定要展示出来。

（10）对于一些有一定影响力的特殊受众，企业可以将其作为案例对外展示。

（十六）技术介绍

技术介绍要点如下。

（1）关于技术介绍的篇幅可以有。

（2）在进行技术介绍时一定要措辞精练，尽可能在两句话之内将项目的亮点提炼清楚。

（3）如果技术的特色不够突出，那就不要对此项技术进行介绍。

（4）选择用来展现的技术不宜过多。

（5）做技术承诺时有数字、有依据。

（6）如果某些技术拥有相关的资质认证类文件，一定要展示。

（7）一些获得过特殊荣誉的技术，一定要展示出来。

（十七）设备介绍

设备介绍要点如下。

（1）关于设备介绍的篇幅可以有。

（2）在进行设备介绍时一定要措辞精练，尽可能在两句话之内将产品的亮点提炼清楚。

（3）如果设备的特色不够突出，那就不要介绍此款设备。

（4）选择用来展现的设备不宜过多。

（5）做设备保障介绍时有数字、有依据。

（6）如果某些设备拥有相关的资质认证类文件，一定要展示。

（7）一些获得过特殊荣誉的设备，一定要展示出来。

（十八）加盟流程

1. 基础设计原则

加盟流程的基础设计原则如表 6－23 所示。

表6-23 加盟流程的基础设计原则

设计原则	详细描述
“一事三套”原则	一套加盟流程是对外公开展示所用；一套在加盟商加盟之后指导其开展工作所用；一套是招商部实际招商所用
对内详细原则	对内的加盟流程，实际是指导、规范招商部的工作人员进行招商时所用，因此越详细越好，详细到每一个话术、每一个表单等
对外精简原则	对外的加盟流程，是为了指引加盟商快速联系到盟主方所设计，因此越简单越好，不要让加盟商一看到加盟流程就望而却步
符合实操原则	设计加盟流程，是为了促进整个加盟环节快速高效运行，而非人云亦云进行展示。因此，加盟流程的设计一定要符合实际的招商工作

2. 加盟流程（内部版）

详见本书“全透析招商全流程”。

3. 加盟流程（外部版）

加盟流程（外部版）如图6-2所示。

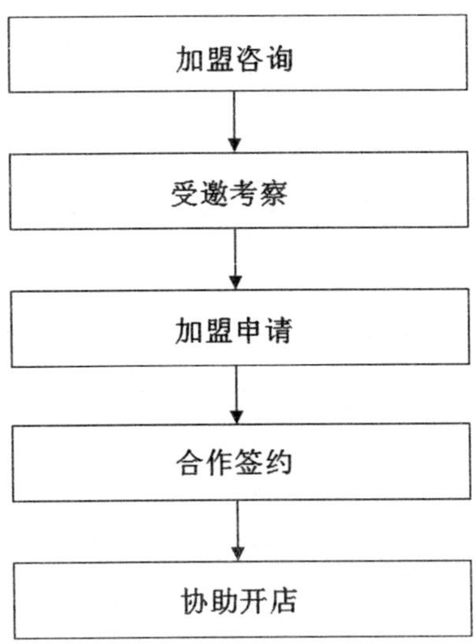

图6-2 加盟流程（外部版）

（十九）加盟申请表

盟主方通过加盟申请表可以收集到许多潜在加盟商的信息，因此，在设计加盟申请表时，尽可能将本企业打算收集到的信息全部预留出来，以便招商人员在实际应用时能够更加全面地收集信息。

但是在实际的应用过程中，加盟申请表可以依据不同的应用场景进行相关信息的增减，这样潜在加盟商不会因为复杂的加盟申请表信息而望而却步。

标准版的加盟申请表内容参考如表 6－24 所示。

表 6－24　×××加盟申请表

填表日期：______年____月____日

个人情况

姓名：______性别：____年龄：____手机：______证件号码：______________

学历：□初中及以下 □高中 □大专 □本科及以上　目前职业：____________

通信地址及邮编：______________________________________

信息来源

□网络 □电视 □杂志 □朋友介绍 □吉祥物用户□其他__________________

加盟意向

加盟区域：____

预计投资：□5 万～8 万元 □8 万～15 万元 □15 万～25 万元 □25 万元以上

投资方式：□独资 □合伙 □单位出资 □其他_______

资金来源：□自有 □筹借 □贷款 □其他_______

计划何时开设：□立即 □一月内 □三月内 □其他_______

计划经营方式：□自己亲自经营 □合作经营 □第三方经营 □其他_______

预计本项目年收益：□10 万～15 万元 □15 万～20 万元 □20 万元以上

打算加盟店面类型：□基本店（25～30m^2）□标准店（31～40m^2）

□形象店（41～60m^2）□旗舰店（61～200m^2）

店面情况

有无店铺：□无店面 □待定店面 □有店面 地址_______

门脸宽度（米）：_______

店铺面积：□20m^2 以下 □20～50m^2□50～80m^2□80m^2 以上

店铺所处商圈类型：□住宅区 □商业区 □金融区 □办公区 □文教区 □工业区

□娱乐区 □综合区

店铺产权：□自有 □租赁 租金________元/月

您看中×××的哪些优势

□店铺成功案例 □文化优势 □品牌优势 □服务优势 □区域保护优势 □运营优势

□物流优势 □激励优势 □行业优势 □利润优势 □产品优势

当地市场简况

当地人均收入：约________元/月

当地竞争者的主要品牌

感谢您对×××加盟体系的关注！请将此表格邮寄或传真到总部。我们会在收到申请表后三个工作日内与您取得联系！

地址：

邮编：

财富热线：

E-mail：

网址：

（本表复印有效）

第二节　年度招商计划总纲

无规划，无计划，定然无方向。因此，连锁企业在进行全国范围内招商时，一定要先做好年度招商计划，然后依据年度招商计划进行季度、月度、周度的任务分解，对于这份年度招商计划，可以参照表6－25中内容。

表 6－25　特许加盟招商计划样本

<table>
<tr><td rowspan="24">年总结</td><td>计划目标</td><td colspan="2"></td><td>实际完成</td><td colspan="2"></td><td>完成率</td><td></td></tr>
<tr><td>情况分析</td><td colspan="7">（建议从人员配置、广告投放、政策支持等方面进行阐述。）</td></tr>
<tr><td>新增数量</td><td colspan="2"></td><td>“死亡”数量</td><td colspan="2"></td><td>累计数量</td><td></td></tr>
<tr><td colspan="8">各地域加盟商分布</td></tr>
<tr><td rowspan="2">地区名称</td><td colspan="5">加盟数量</td><td rowspan="2">饱和度</td><td rowspan="2">备注</td></tr>
<tr><td>迷你店</td><td>小型店</td><td>基本店</td><td>标准店</td><td>旗舰店</td></tr>
<tr><td></td><td></td><td></td><td></td><td></td><td></td><td></td><td></td></tr>
<tr><td></td><td></td><td></td><td></td><td></td><td></td><td></td><td></td></tr>
<tr><td></td><td></td><td></td><td></td><td></td><td></td><td></td><td></td></tr>
<tr><td rowspan="10">签约加盟商数据分析</td><td colspan="2">信息来源</td><td colspan="5">（建议以《加盟申请人跟踪记录表》积累的数据采用饼状图的方式进行分析。）</td></tr>
<tr><td colspan="2">跟踪周期</td><td colspan="5"></td></tr>
<tr><td colspan="2">初始兴趣</td><td colspan="5"></td></tr>
<tr><td colspan="2">城市分布</td><td colspan="5"></td></tr>
<tr><td colspan="2">性别比例</td><td colspan="5"></td></tr>
<tr><td colspan="2">有无店址</td><td colspan="5"></td></tr>
<tr><td colspan="2">有无经验</td><td colspan="5"></td></tr>
<tr><td colspan="2">过往职业</td><td colspan="5"></td></tr>
<tr><td colspan="2">资产评估</td><td colspan="5"></td></tr>
<tr><td colspan="2">其他</td><td colspan="5"></td></tr>
<tr><td colspan="3">营销策略总结</td><td colspan="5"></td></tr>
<tr><td rowspan="13">年计划</td><td colspan="4">年度总目标（加盟数量）家</td><td colspan="2">单店：</td><td colspan="2">区域：</td></tr>
<tr><td rowspan="12">任务分解</td><td colspan="2" rowspan="3">第一季度</td><td>1 月</td><td colspan="2"></td><td colspan="2"></td></tr>
<tr><td>2 月</td><td colspan="2"></td><td colspan="2"></td></tr>
<tr><td>3 月</td><td colspan="2"></td><td colspan="2"></td></tr>
<tr><td colspan="2" rowspan="3">第二季度</td><td>4 月</td><td colspan="2"></td><td colspan="2"></td></tr>
<tr><td>5 月</td><td colspan="2"></td><td colspan="2"></td></tr>
<tr><td>6 月</td><td colspan="2"></td><td colspan="2"></td></tr>
<tr><td colspan="2" rowspan="3">第三季度</td><td>7 月</td><td colspan="2"></td><td colspan="2"></td></tr>
<tr><td>8 月</td><td colspan="2"></td><td colspan="2"></td></tr>
<tr><td>9 月</td><td colspan="2"></td><td colspan="2"></td></tr>
<tr><td colspan="2" rowspan="3">第四季度</td><td>10 月</td><td colspan="2"></td><td colspan="2"></td></tr>
<tr><td>11 月</td><td colspan="2"></td><td colspan="2"></td></tr>
<tr><td>12 月</td><td colspan="2"></td><td colspan="2"></td></tr>
</table>

续表

<table>
<tr><td rowspan="32">年计划</td><td colspan="4">预计新签约加盟商与老加盟商转化占比</td><td colspan="3">新：____%</td><td colspan="2">老：____%</td></tr>
<tr><td rowspan="20">加盟商
招商策略</td><td colspan="8">区域规划</td></tr>
<tr><td>开发级别</td><td colspan="5">地域名称</td><td colspan="2">原因分析</td></tr>
<tr><td>重点区域</td><td colspan="5"></td><td colspan="2"></td></tr>
<tr><td>次重区域</td><td colspan="5"></td><td colspan="2"></td></tr>
<tr><td>自然区域</td><td colspan="5"></td><td colspan="2"></td></tr>
<tr><td colspan="8">人员规划</td></tr>
<tr><td>岗位变动</td><td colspan="7"></td></tr>
<tr><td>人员增减</td><td colspan="7"></td></tr>
<tr><td colspan="8">宣传规划</td></tr>
<tr><td rowspan="3">招商主题
方案要点</td><td colspan="2">方案一</td><td colspan="5"></td></tr>
<tr><td colspan="2">方案二</td><td colspan="5"></td></tr>
<tr><td colspan="2">方案三</td><td colspan="5"></td></tr>
<tr><td rowspan="5">广告投放渠道
及费用预算</td><td colspan="2">序号</td><td colspan="2">渠道名称</td><td colspan="2">投放形式</td><td>费用预算（元）</td></tr>
<tr><td colspan="2"></td><td colspan="2"></td><td colspan="2"></td><td></td></tr>
<tr><td colspan="2"></td><td colspan="2"></td><td colspan="2"></td><td></td></tr>
<tr><td colspan="2"></td><td colspan="2"></td><td colspan="2"></td><td></td></tr>
<tr><td colspan="6">总计（元）</td><td></td></tr>
<tr><td>优惠政策</td><td colspan="7"></td></tr>
<tr><td>招商形式安排（如招商会、展会、创业主题峰会等）</td><td colspan="7">（建议从是否举办招商会、举办背景、举办时间、举办频次、目标任务、资金投入、人员投入等方面着手）</td></tr>
<tr><td>招商资料
的准备</td><td colspan="7"></td></tr>
<tr><td rowspan="4">老加盟商
开店与转
介绍策略</td><td rowspan="3">老加盟商
开新店</td><td colspan="2">数量</td><td colspan="5"></td></tr>
<tr><td colspan="2">预计比例</td><td colspan="5"></td></tr>
<tr><td colspan="2">鼓励政策</td><td colspan="5"></td></tr>
<tr><td>老加盟商
转介绍</td><td colspan="2">鼓励政策</td><td colspan="5"></td></tr>
<tr><td rowspan="7">加盟连锁
费用</td><td colspan="2">费用名称</td><td colspan="2">是否变化</td><td colspan="3">建议金额（元）</td><td>变更原因</td></tr>
<tr><td colspan="2">意向书保证金</td><td colspan="2"></td><td colspan="3"></td><td></td></tr>
<tr><td colspan="2">培训费</td><td colspan="2"></td><td colspan="3"></td><td></td></tr>
<tr><td colspan="2">加盟金</td><td colspan="2"></td><td colspan="3"></td><td></td></tr>
<tr><td colspan="2">权益金</td><td colspan="2"></td><td colspan="3"></td><td></td></tr>
<tr><td colspan="2">品牌保证金</td><td colspan="2"></td><td colspan="3"></td><td></td></tr>
<tr><td colspan="2">其他</td><td colspan="2"></td><td colspan="3"></td><td></td></tr>
</table>

第三节　招商网站规划解析

（一）网站基础设计

对于一个加盟连锁企业而言，无论现在的规模如何，无论发展多少年，你都需要设计一个展示企业光彩一面的网站，以此来实现企业信息的主动、被动传递。

网站基础设计项目类别及设计原则如表6－26所示。

表6－26　网站基础设计项目类别及设计原则

项目类别	设计原则
网站定位	以促进招商目标实现为方向
网站用途	●充分展现企业的品牌形象 ●充分展现企业的产品形象 ●充分展现企业的加盟信息 ●充分优化企业在搜索引擎中的核心关键词排名以及长尾关键词的排名
网站域名	●域名内容简单易识别 ●域名尽可能与品牌项目联系在一起 ●可以选择“.com”作为主域名，其他后缀域名可以结合企业自身情况进行覆盖性注册 ●其他特殊要求
网站标题	项目经营主品类关键词＋品牌名称＋加盟连锁总部
关键词	●行业关键词：比如火锅、水果、美容等 ●品类关键词：比如毛肚、河豚、榴梿等 ●模式关键词：比如加盟、连锁、创业等

续表

项目类别	设计原则
描述	●字数控制在100字以内 ●尽可能将核心的关键词融入本段文字内 ●语法通顺，不能以罗列关键词的形式出现 ●将公司的最强招商优势、价值、规模等信息展现出来 ●本段文字的前两句话要具备非常高的吸引力
网站导航	●不要有三级以上的导航目录 ●同一级别的目录之间是并列关系，切忌出现包容关系的分类 ●一级导航目录的栏目不宜过多，5~7个为佳 ●导航的用词要有概括性，要让浏览者一看就明白含义

（二）网站架构设计

网站架构设计如表6-27所示。

表6-27 网站架构设计

一级导航	二级导航	备注说明
××快讯	行业新闻	可以选择一些和自己企业相关的行业领域、专业领域发生的事情，进行转载
	企业快讯	在进行企业快讯方面内容撰写时，可以从以下几个角度展开 ●新加盟商加盟新闻 ●加盟商特训营新闻 ●加盟商表彰新闻 ●新店开业新闻 ●其他企业活动新闻
	专业知识	从企业独特认知的角度，收集一些相关专业的知识内容
企业介绍	企业简介	通过简短的文字介绍，加上能够衬托相应内容的图片，来凸显出企业的专业、正规
	发展历程	将每一个能够给企业加分的发展历程节点，都通过“有图有真相”的方式进行展现
	企业文化	将与供应商、加盟商、消费者、其他合作伙伴有关的企业文化内容进行展现
	组织架构	将有能力扶持加盟商一步一步成长的组织架构规划设计出来，并在此处进行展现
	管理团队	通过对管理团队核心成员的展现来为企业增加宣传砝码类的信息
	企业荣誉	将企业在发展过程中获得的行业荣誉、专业荣誉、认证资质、专利技术、知识产权等方面的内容进行展现

续表

一级导航	二级导航	备注说明
产品展示	特色产品	充分通过图片加文字描述的方式，详细介绍特色产品
	单品展示	充分通过图片加文字描述的方式，详细介绍单品
	组合展示	充分通过图片加文字描述的方式，详细介绍产品组合
招商加盟	市场前景	从大环境和市场微观环境两个视角进行描述
	项目简述	用简短的文字内容告知潜在加盟商，这个项目是做什么的，什么类型的人可以做，可以给客户带来什么价值，现在已经被市场验证等信息。以此让浏览该信息的人能够了解清楚这个项目
	核心优势	对企业支撑单店盈利的核心优势进行阐述
	盈利模式	将单店盈利模式的特点、价值进行阐述，不用进行详细描述
联系我们	—	将企业方便对外公开的联系方式，在此处进行展现
合作伙伴	—	将能够提升品牌高度的合作伙伴信息进行展现

第四节　招商会全流程模板

（一）会务纪律

树立强烈的责任意识，工作积极认真，全力以赴。

1. 会务现场纪律

会务现场纪律要点如下。

（1）严格遵守保密制度，不与外界人士以及潜在加盟商讨论公司机密。

（2）对分发的有关会议材料要妥善保管，会后归还，不得丢失或赠予他人。

（3）通信保障，会议期间要保证个人手机或对讲机的畅通，便于更好地落实现场工作。

（4）担任招商顾问期间，绝对服从会务安排，没有任何借口，有不服从者立即取消招商顾问资格，并不得进入会场。

（5）担任招商顾问期间，不得随意请假，如有极其特殊的情况，必须向当场会务总指挥请假。

（6）迟到1~10分钟，招商顾问每人次乐捐20元；迟到11~30分钟，每人次乐捐50元；迟到30分钟以上，每人次乐捐100元。如出现当场拒绝乐捐者，会务负责人有权按照此规定向总经理申报，从其当月工资中双倍扣除。

（7）选定招商顾问后，如有招商顾问刻意找各种借口不服从会务安排，会务负责人有权取消其参会资格，并上报分公司总经理，相关处理与岗位晋升挂钩。

2. 招商顾问奖励制度

在招商会期间，会务现场评选出场内、场外、后勤优秀招商顾问，分公司可设物质奖励、现金奖励、政策奖励。

3. 招商顾问仪容仪表要求

（1）女性招商顾问仪容规范。

女性招商顾问仪容规范如表6-28所示。

表6-28 女性招商顾问仪容规范

规范内容	规范要点
头发	头发要经常梳洗，保持整齐清洁，切勿标新立异 长发不宜遮住脸部，不宜松散披肩，如留长发请盘起。刘海适中，以不遮住眉毛为宜，不宜染色（黑色除外）
发饰	发饰以黑色、咖啡色等深色系为宜，切忌使用花哨饰物
耳朵	不宜佩戴耳环等装饰物
妆容	淡雅宜人，切忌使用味道浓烈的化妆品
鼻	勤剪鼻毛，鼻毛不外漏
口	牙齿洁白，口中无异味，不吃气味重的食品，工作期间不嚼口香糖
唇	可涂抹淡红色口红，切忌标新立异
脖子	工作期间不佩戴夸张的颈饰
手	禁止留长指甲（指甲不得超出指尖1毫米），切忌涂抹指甲油与佩戴饰品
手腕	严禁佩戴各种饰品

续表

规范内容	规范要点
身体	注意个人卫生，身体、面部、手部保持清洁。勤洗澡，无异味。任何员工工作时间不宜裸露出文身

（2）女性招商顾问仪表规范。

女性招商顾问仪表规范如表6－29所示。

表6－29　女招商顾问仪表规范

规范内容	规范要点
服装	穿得体、干净、整洁的企业工服
胸卡	佩戴企业统一定制的胸卡
鞋	与企业工服搭配得体即可
其他	依据企业实际情况量身定制设计后穿戴

（3）男性招商顾问仪容规范。

男性招商顾问仪容规范如表6－30所示。

表6－30　男性招商顾问仪容规范

规范内容	规范要点
头发	头发要经常梳洗，保持整齐清洁，色泽自然，切勿标新立异
	不留长发、光头，不蓄大鬓角，不留怪异发型，以前不遮眉、侧不过耳、后不及领为准
耳朵	严禁佩戴任何装饰物
妆容	无须化妆
鼻	勤剪鼻毛，鼻毛不外漏
口	牙齿洁白，口中无异味，不吃气味重的食品，工作期间不嚼口香糖
唇	冬天时可涂抹透明色唇膏
脖子	工作期间严禁佩戴项链等颈饰
手	禁止留长指甲（指甲不得超出指尖1毫米），切忌涂抹指甲油与佩戴饰品
手腕	严禁佩戴各种饰品
身体	注意个人卫生，身体、手部保持清洁。勤洗澡，无异味。任何员工工作时间不宜裸露出文身

（4）男性招商顾问仪表规范。

男性招商顾问仪表规范如表6－31所示。

表6－31　男性招商顾问仪表规范

规范内容	规范要点
服装	穿得体、干净、整洁的企业工服
胸卡	佩戴企业统一定制的胸卡
鞋	与企业工服搭配得体即可
其他	依据企业实际情况量身定制设计后穿戴

（二）招商会各岗位职责

1. 各岗位职责

（1）会务总指挥。

会务总指挥主要岗位职责如下。

1）实时掌握人员的调度。

2）协调安排现场各项事宜，保证流程环环相扣。

3）对现场重要突发状况进行及时处理。

4）对现场各岗位检查、督促和指导。

5）随时做到监督各岗位执行情况，直接对接各岗位负责人。

6）实行责任制，责任到负责人。比如：签到没做好，场外总监负主要责任。

7）掌握招商顾问的心理状态，及时给予鼓励。

8）协助成交负责人做好与成交相关的工作。

（2）场内总监。

场内总监主要岗位职责如下。

1）内场所有事务管理、协调、检查。

2）内场易拉宝、喷绘等的摆放。

3）场内清洁及桌椅摆放。

4）内场电脑、投影、音乐设备调试检查（包括白板以及白板笔是否准备完善）。

5）与主讲嘉宾配合。

6）处理内场紧急状况。

7）各岗位安排、调控及训练。

8）与外场以及会务总指挥沟通协调。

9）及时向总指挥汇报内场情况。

10）与成交负责人协调，完成成交相关动作，并保证结果。

（3）场外总监。

场外总监主要岗位职责如下。

1）外场所有事务管理、协调、检查。

2）外场易拉宝、喷绘等物品美观摆放。

3）外场所有工作人员的话术、仪表培训的演练、检查。

4）签到数据的制表统计。

5）处理外场紧急状况。

6）与内场以及会务总监协调。

7）及时向总指挥汇报外场情况。

8）茶点服务。

（4）后勤总监。

后勤总监主要岗位职责如下。

1）负责将所有物品打包并送达会场。

2）负责各个岗位的物品分发及归档。

3）负责仓库的整理及协助文件的归档工作。

4）负责物品最后的清点并将其送回公司。

5）负责结账及各种款项的交接。

6）负责照顾招商顾问、嘉宾、潜在加盟商用餐，并做好登记。

7）负责嘉宾、潜在加盟商的住宿安排与管理。

8）负责重要嘉宾、潜在加盟商的接送安排事宜。

9）负责到场媒体的接待、安排事宜。

（5）迎宾组。

迎宾组岗位说明如表6－32所示。

表6－32　迎宾组岗位说明

岗位职责	内　容
	在会场外关键位置（如酒店门口、大堂、外围入场、停车场、楼梯电梯口等处）将潜在加盟商引至签到处

续表

	内　容
执行要点	着装：化淡妆、扎头发，统一着旗袍或公司的服装，做到颜色统一、款式统一、穿着统一
	距离潜在加盟商1米时，15度鞠躬行礼，话语欢迎，手势指引签到处
	上身正直、挺胸收腹、腰直肩平、双手搭握，右手放在左手上，稍向上提，放于小腹前。双脚靠拢，站成丁字步，眼睛平视，嘴微闭，面带微笑
	迎宾的人数可根据当时活动的大小来定
	迎宾时要展示公司形象，笑容甜美，给潜在加盟商亲切感，下雨天要撑伞接送潜在加盟商

(6) 签到组。

签到组岗位说明如表6－33所示。

表6－33　签到组岗位说明

	内　容
岗位职责	负责核实人员信息，引导对方快速签到
	负责向已签到人员发放参会证以及其他物品或资料
	负责向参会人员提示会议期间重点事宜
执行要点	严格按照预定签到表所示信息对应签署
	严禁参会同行人员代签、代领
	及时将签到情况告知招商顾问组人员，以便他们及时催促未到场人员
	签到之前尽可能熟悉参会人员的信息，以便协助签到人员快速找到对应的签到位置
	注意维持签到秩序，让集中签到的人员排队签到

(7) 引领组。

引领组岗位说明如表6－34所示。

表6－34　引领组岗位说明

	内　容
岗位职责	主要负责引领潜在加盟商、嘉宾、媒体等人员到达指定位置
执行要点	一定要核实清楚对方的信息，避免引导位置出错
	注意引导期间的礼仪规范

(8) 门卫组。

门卫组岗位说明如表6－35所示。

表 6－35　门卫组岗位说明

	内　容
岗位职责	对潜在加盟商胸牌进行检查
	潜在加盟商进出会场时召唤和热情迎宾
	会议期间不得随意开关门，招商顾问、公司其他人员（包括高管）如需进出，必须向总指挥请示
	重要嘉宾演讲时，任何人不得进出，如潜在加盟商需进出，在场内需等待重要嘉宾演讲完毕方可出入
	有特殊情况及时向场内总监汇报
执行要点	在跨立基础上，一手时刻紧握门把手，站于会场门内，当潜在加盟商走出会场时，招商顾问应主动将门打开，方便潜在加盟商离开；当有潜在加盟商由场外进场内推门时，招商顾问握在门把手的手臂应有感应，因此，招商顾问应及时拉门，方便潜在加盟商进场。此时，招商顾问应迅速而有力将门关上，尽量避免场外杂音在开门时，传至场内，影响会议活动
	当潜在加盟商统一进场时，门卫组招商顾问应以跨立姿势站立于会场门外，其话术为“早上/下午/晚上好，请佩戴好胸卡对号入座，请将手机调至震动或静音状态”（面带微笑，语言富有感染力）
	不准在岗位上接打电话，门卫之间不能聊天，更不准离开岗位到茶歇处喝水、吃东西，保持良好的形象

（9）主持人。

主持人岗位说明如表 6－36 所示。

表 6－36　主持人岗位说明

	内　容
岗位职责	形象端正、热情大方、有主持经验、笑容亲和、控场能力强、表达能力强、普通话标准、善于活跃气氛、态度积极、善于沟通、有较强的现场带动能力
岗位价值	现场的总指挥与控制者。活动一旦宣布正式开始，主持人就是现场活动的总指挥与控制者，所有现场会务人员的一切行动都由主持人去引导
	会务品牌的代言人。主持人是潜在加盟商见到的第一个交流对象，主持人的话术内容、肢体语言以及精神风貌都直接影响着潜在加盟商对于会务品质的定位，会随之影响潜在加盟商对于公司的印象，转而影响成交情况

续表

	内　容
岗位价值	现场氛围的营造者。除了主讲嘉宾，主持人是现场与观众的交流者，主持人的舞台风格、气势、状态都直接影响着观众的情绪与反应、影响着现场氛围的好坏。优秀的主持人在台上应表现出大方、活跃、自信、流畅的综合舞台素质
	主讲嘉宾的形象塑造者。活动的主角是主讲嘉宾，活动的目的是通过主讲嘉宾的授课解企业家之惑，从而达到成交。作为主讲嘉宾上台前的唯一的形象塑造者，主持人起着重要作用，良好的铺垫可以加快观众对于主讲嘉宾的认可
注意事项	提前与嘉宾沟通有无特别要求，提前与会务总监、音响负责人沟通，进行流程及配乐的确认
	宣导纪律（如不能在场内吸烟、手机静音、不要随意走动等）
	塑造好会议价值、带动好潜在加盟商气氛、使嘉宾上台分享更有激情
	负责宣导及传播公司安排的好消息及其他信息
	每次中场休息都要检查嘉宾及主持的麦克风，如有问题应及时交由音响负责人解决
	特殊、紧急事件宣导
准备事宜	确认嘉宾是否有视频介绍（一定要提前试播）
	确认嘉宾是否有固定的文字介绍
	确认嘉宾会议期间里是否需要播放视频资料（一定要提前试播）
	确认嘉宾课件视频声音是否到位
	确认嘉宾上场时间、音乐，何时休息
	确认嘉宾的分享时长
	确认会议期间的成交时间、方式
	确认成交会议期间的加盟政策
	确认及时发现场内问题，与会务负责人沟通
礼仪要求	走：抬头挺胸收腹，走上主席台应步伐稳健有力，两手垂直，轻轻前后摇摆，切记僵硬，要自然得体
	站：应双腿并拢，腰背挺直。如有持稿，右手持稿的底中部，左手五指并拢自然下垂。双手持稿时，应与胸齐高
	坐：上身要正，臀部只坐椅子的1/3，腿可以并拢向左或向右侧放，两腿自然下垂。切忌两腿叉开，腿也不能搭在椅子上，主持过程中，不要出现搔头、揉眼、抖腿等不雅动作

续表

	内　容
礼仪要求	拿话筒时，主持人应手握话筒的下方，话筒头与嘴至少保持3cm距离，以免口水进入话筒，不要将话筒对着音箱的方向；递交话筒时，应面带微笑，身体略前倾，左手托住话筒头，右手握住话筒底部，腾出中间部位方便嘉宾握住话筒
	舞台上不可以背对观众
	不可以对观众指指点点
	不可以介绍错演讲者及嘉宾的信息
	当嘉宾分享结束后，不可以说“请下台”，应为“请回位/座”
会议开始前参考话术	潜在加盟商入场。“尊敬的各位投资人，大家下午好！欢迎来到××××项目说明会现场，请佩戴好您的参会证，对号入座。同时为了营造一个良好的交流氛围，请将您的手机调整为震动或静音状态，感谢您的配合！”
	会议开始前10分钟。“尊敬的各位投资人、与会嘉宾，大家下午好！欢迎来到××××项目说明会现场，我们的会议还有10分钟就要开始了，请您再次确认一下您的手机是否调至震动或静音状态，会议开始后请勿随意走动，感谢您的配合，谢谢！”
	会议开始前3分钟。“尊敬的投资人，大家下午好！欢迎来到××××项目说明会现场，我们的会议还有3分钟就要开始了，请您将手机调至震动或静音状态，会议开始后请勿随意走动，感谢您的配合，谢谢！”
	会议开始前1分钟。“尊敬的投资人，大家下午好！我们的会议还有1分钟就要开始了，让我们做好准备，用最好的状态投入到会议中！”
	会议开始前10秒钟。“各位尊敬的投资人，欢迎来到××××项目说明会现场，我们的会议将进入10秒倒计时，10、9、8、7、6……让我们将目光共同投向讲台，伸出您热情的双手，掌声响起！”
会议流程	开场流程：统一问好、自我介绍、纪律宣导、会议主题介绍、嘉宾塑造
	统一问好
	自我介绍
	纪律宣导
	会议主题介绍
	嘉宾塑造

续表

	内　容
会议流程	特殊环节介绍
	中场休息
	休息后聚拢
	签约场景煽情描述
	会议结束

（10）音频组。

音频组岗位说明如表6－37所示。

表6－37　音频组岗位说明

	内　容
岗位职责	负责配合主持人的主持流程进行相应背景音乐的播放
	负责配合嘉宾完成背景音乐、PPT（演示文稿）、视频播放工作
执行要点	严格按照支持人、嘉宾思路进行配合
	事先将需要播放的背景音乐、PPT、视频等文件按照会议流程和环节进行编号
	会议开始前要多次进行相关设备的调试和检查

（11）招商顾问组。

招商顾问组岗位说明如表6－38所示。

表6－38　招商顾问组岗位说明

	内　容
岗位职责	负责组织本组的潜在加盟商，并与每一个组员建立密切关系
	负责将本组的潜在加盟商倾听项目介绍期间的语言、动作等方面的信息进行一一记录
	负责解答本组的潜在加盟商关于项目的问题，并及时打消潜在加盟商对于项目的疑虑
	负责积极引导潜在加盟商加盟至盟主方的平台之中
	负责第一时间发现和上报恶意影响成交环节的潜在加盟商，并协助场内总监将其带离本组

续表

	内　容
执行要点	会议开始前必须保证自己对于项目了如指掌
	必须熟悉本场活动的促销政策有哪些，并能够对每一个政策进行详细的解读
	统一着便装参与会议

（12）跑麦组。

跑麦组岗位说明如表 6－39 所示。

表 6－39　跑麦组岗位说明

	内　容
岗位职责	遇嘉宾提问时，要以规范的动作、最快的速度将调试好的麦克风传递给潜在加盟商，话术“麦已打开，可直接讲话”
	当潜在加盟商使用完后，将麦克风关闭，回到原位
	内场紧急情况补位
	制止潜在加盟商违反会议活动纪律的行为（如打电话、打瞌睡、交头接耳等）
	及时地为潜在加盟商提供优质的服务
执行要点	潜在加盟商举手回答问题时，跑麦组人员应迅速以跑麦姿势，跑至潜在加盟商座位前，先蹲下，将麦递至潜在加盟商面前时确保麦克风已打开，而后双手示意潜在加盟商起立。此时跑麦者为规范的半蹲姿势。当潜在加盟商归还麦克风时，跑麦者双手接麦，先关麦克风（避免返回时传出脚步声），而后将身体转入就岗位置，以跑麦姿势返回岗位，到位后，起立、转体，成跨立姿势
	当跑麦组人员发现潜在加盟商在会议期间现场打电话时，应迅速至潜在加盟商面前，面带微笑，提醒潜在加盟商（轻拍潜在加盟商手臂，并做出打电话的手势，指向场外方向，示意潜在加盟商可在场外接听）
	当跑麦组人员发现潜在加盟商在会议期间现场睡觉时，应迅速至潜在加盟商面前，面带微笑，提醒潜在加盟商（轻拍潜在加盟商手臂，并做出睡觉的手势，指向讲台方向，示意潜在加盟商注意听课）

（13）摄影组。

摄影组岗位说明如表 6－40 所示。

表 6－40　摄影组岗位说明

	内　容
岗位职责	负责全程记录招商会内容
	负责捕捉会议现场重要的视频、照片镜头
	负责依据主持人的指令及时进行相关摄影素材的采集
	负责保护、保管好摄影器材以及拍摄完毕后的素材
	负责会后整理、分类、删减拍摄素材
执行要点	及时捕捉特殊镜头，比如加盟商吃惊的表情、赞许的目光、在项目活动上发言的样子等
	时刻坚守在自己的岗位上，第一时间响应主持人的指令
	提前保证设备的电量、储存卡容量充足

（14）监察组。

监察组岗位说明如表 6－41 所示。

表 6－41　监察组岗位说明

	内　容
岗位职责	负责实时监察会议期间的各类不明显事件
	负责及时督促提醒加盟商以及其他参会人员改正不符合要求的做法
	负责记录、计算会议现场的数字类信息
执行要点	注意实时观察
	竞赛类环节的数字统计不能出任何错误
	及时响应主持人的指挥

（15）展区组。

展区组岗位说明如表 6－42 所示。

表 6－42　展区组岗位说明

	内　容
岗位职责	负责展区产品、设备的陈列摆放工作
	负责展区内产品、设备的讲解、演示、协助体验等工作
	负责对展区内的产品、设备的最终数量、完整度负责
	负责实时看护展区内的所有物品

续表

	内　容
执行要点	具备展区内所有的商品、设备的亮点介绍、使用、演示、协助体验等能力
	能够维持展区范围内的秩序

（16）机动组。

机动组岗位说明如表6－43所示。

表6－43　机动组岗位说明

	内　容
岗位职责	负责依据场内总监、场外总监、主持人的临时安排去处理会场突发事件
	坚守在会场的特定位置，以便其他人员能够第一时间找到
执行要点	保证自己所持的联络设备能够第一时间接收到指令信息
	机动组成员之中一定要有司机
	任劳任怨完成其他岗位的补岗工作

（17）食宿组。

食宿组岗位说明如表6－44所示。

表6－44　食宿组岗位说明

	内　容
岗位职责	负责安排参会人员的住宿
	负责安排参会人员的就餐
	负责会议期间的茶歇
执行要点	根据参会人员的实际需求进行住宿的安排
	安排餐饮时一定要充分考虑参会人员的特殊需求
	参会人员的就餐路线一定要提前设定好，避免拥堵

（18）司机组。

司机组岗位说明如表6－45所示。

表6－45　司机组岗位说明

	内　容
岗位职责	负责提前制订好需要接送的参会嘉宾详细的到达名录表
	负责接送重要的参会嘉宾
	负责在会议筹备前运送相关的物品
	负责在会议结束后运送相关的物品
执行要点	车辆提前加满油
	提前完成车辆保养工作
	准备好备用车辆

（19）采购组。

采购组岗位说明如表6－46所示。

表6－46　采购组岗位说明

	内　容
岗位职责	负责依据会场的实际需要提前制订好采购计划
	负责具体物品的实际采购工作
	负责对采购物品的质量和价格负责
执行要点	采购的物品尽可能质优价廉
	采购的物品必须保证能够及时到位
	采购的物品必须有单据发票
	尽可能保障采购量的合理性、不浪费

（20）库管组。

库管组岗位说明如表6－47所示。

表6－47　库管组岗位说明

	内　容
岗位职责	负责将采购组采购的物品依据入库
	负责向会务工作的其他人员依据发放相关的物品
	保管好库存的所有物品，并对最终的完整度负责
执行要点	进出库一定要做到有据可依
	掌握库存的基本陈列技巧
	物品品类多时，可以采用品类责任到人的方式进行管理

（21）财务组。

财务组岗位说明如表 6－48 所示。

表 6－48　财务组岗位说明

	内　容
岗位职责	负责本场会议的费用支出
	负责本场会议的账务核算
执行要点	独立形成财务账务

（22）媒体组。

媒体组岗位说明如表 6－49 所示。

表 6－49　媒体组岗位说明

	内　容
岗位职责	负责邀请、签约本场会议所需要的相关媒体
	负责撰写本次会议的新闻通稿
	负责具体接待到访的媒体人员
	负责突发性、价值型的新闻点的沟通与对接
执行要点	保证媒体的匹配度
	依据不同媒体的主体特色有针对性地撰写相应的新闻通稿
	全程服务、接待好每一个到会的媒体人员

2. 各岗位名称及职权分配总览

各岗位名称及职权分配总览如表 6－50 所示。

表 6－50　各岗位名称及职权分配总览

项目部	组别	组员	组长	总监	兼任	数量
场　外	迎宾组					
	签到组					
	引领组					
	门卫组					

续表

项目部	组别	组员	组长	总监	兼任	数量
场内	主持人					
	音频组					
	招商顾问组					
	跑麦组					
	摄影组					
	监察组					
	展区组					
	机动组					
后勤	食宿组					
	司机组					
	采购组					
	库管组					
	财务组					
	媒体组					
招商顾问	1 号招商顾问					
	2 号招商顾问					
	3 号招商顾问					
	4 号招商顾问					
	5 号招商顾问					
	6 号招商顾问					
	7 号招商顾问					
	8 号招商顾问					
	9 号招商顾问					
	10 号招商顾问					

注：可以依据会议的实际情况对表中内容进行调整。

（三）招商会会务筹备流程与规范

1. 提前 20 天确定酒店

选择活动地点后，企业需要明确会议室、住宿、交通、餐饮等问题，具体标准详见附件 1。

2. 提前 13 天确定项目介绍资料

项目介绍资料的排版周期为 3 天，印刷周期为 5 天，若需邮寄至外地，必须保证 5 天的物流时间，可以以活动的举办时间倒推，所以项目介绍资料必须提前 13 天确定出文字稿。

3. 提前10天确定授权牌匾信息

活动期间若存在加盟连锁授权书的授匾仪式，必须提前10天时间确定牌匾信息。制作牌匾提供需要的信息如表6－51所示。

表6－51　牌匾信息

编号	公司名称/区域名称	负责人	授权类型	授权业务	授权期限	经营地点
NO.00××						

上述授权牌匾的文档排版参照附件5。

4. 提前10天准备完毕的物品明细

需要提前10天准备完毕的物品明细详见附件7。

5. 提前3天准备完毕的资料

（1）报到通知。

1）短信版报道通知。

短信版报到通知模板如下。

××公司××项目说明会报到通知 【活动时间】××月××日 【活动地点】 【签到时间及地点】××月××日××时在××地开始签到 【会务电话】X经理×××××××××××；　Y经理××××××××××× 【酒店前台】×××－×××××××× 收到请回复，顺祝您一切顺利！

2）微信版报到通知。

微信版报到通知模板如下。

××公司××项目说明会活动报到通知 【活动时间】××月××日 【活动地点】 【签到时间】××月××日××时在××地开始签到 【会务电话】X经理×××××××××××；　Y经理××××××××××× 【酒店前台】×××－×××××××× 收到请回复，顺祝您一切顺利！

3）邮件版报到通知。

邮件版报到通知模板如下。

×××项目说明会报到通知

时间：______年__月__日

尊敬的：

您好！恭喜您把握住这次说明会的机会！在此，××公司的全体工作人员，预祝您在×××项目说明会收获丰硕成果！

为保证您及时、从容地到场，特提前通知您：

一、报到时间

2019年1月20日（周日）下午17：30—晚上22：00

2019年1月21日（周一）早上8：30正式签到

二、报到地点

酒店名称：

地 址：

酒店简介：

三、住宿事宜

需要办理住宿的伙伴们，请携带身份证原件到××酒店前台出示并说明参加××项目说明会活动，由酒店前台直接办理入住手续并领取早餐券。住宿安排为两人一个标间，如您需调换房间或有特殊需求，请与会务组或与您对接的招商顾问联系。我们是按照参会报名人数预订的酒店，如果您是临时需要住宿，我们将尽量在本酒店安排，如不能满足，则需您自行解决或联系招商顾问。酒店最迟下午2时退房。

四、交通安排

1. 飞机场打车至酒店：共计30公里，约25分钟车程，约110元。
2. 火车站打车至酒店：共计6.5公里，约15分钟车程，约12元。

五、温馨提示

因晚上有晚宴，本地参会的伙伴请不要开车或提前找好代驾。

相关人员联系方式如表6－52所示。

表6－52　相关人员联系方式

项目总监		手机号码	
招商顾问		手机号码	
招商顾问		手机号码	
酒店前台		电话号码	

最后，××公司祝您旅途顺利！

（2）拟邀人员名单。

招商部负责人需要在招商会举办之前将确定参加的人员信息统计汇总在一起，拟邀人员名单如表6－53所示。

表6－53　拟邀人员名单

序号	公司名称/区域名称	姓名	性别	联系电话	住宿情况	意向程度	跟进人	备注
1								
2								
3								
4								
5								
6								
7								
8								
9								
10								

6. 提前1天需准备的资料

（1）会务文件的准备。

1）参会人员签到表。

参会人员签到表如表6－54所示。

表6－54　参会人员签到表

序　号	公司名称/地区名称	姓名	签到处
1			
2			
3			
4			
5			
6			
7			
8			
9			
10			

2）媒体/嘉宾签到表。

媒体/嘉宾签到表如表6－55所示。

表 6－55　媒体/嘉宾签到表

序　号	媒体/嘉宾单位名称	姓名	签到处
1			
2			
3			
4			
5			
6			
7			
8			
9			
10			

3）住宿人员名单。

住宿人员名单如表 6－56 所示。

表 6－56　住宿人员名单

<table>
<tr><th>序号</th><th>公司/地区名称</th><th>姓名</th><th>性别</th><th>房间类型</th><th>住宿时间</th><th>备注</th></tr>
<tr><td rowspan="2">1</td><td></td><td></td><td>男</td><td rowspan="2">豪华
标准间</td><td>3 晚</td><td></td></tr>
<tr><td></td><td></td><td>男</td><td>3 晚</td><td></td></tr>
<tr><td rowspan="2">2</td><td></td><td></td><td>男</td><td rowspan="2">豪华
标准间</td><td>3 晚</td><td></td></tr>
<tr><td></td><td></td><td>男</td><td>3 晚</td><td></td></tr>
<tr><td rowspan="2">3</td><td></td><td></td><td>女</td><td rowspan="2">豪华
标准间</td><td>3 晚</td><td></td></tr>
<tr><td></td><td></td><td>女</td><td>3 晚</td><td></td></tr>
<tr><td rowspan="2">4</td><td></td><td></td><td>男</td><td rowspan="2">豪华
标准间</td><td>3 晚</td><td></td></tr>
<tr><td></td><td></td><td>男</td><td>3 晚</td><td></td></tr>
<tr><td rowspan="2">5</td><td></td><td></td><td>男</td><td rowspan="2">豪华
标准间</td><td>3 晚</td><td></td></tr>
<tr><td></td><td></td><td>男</td><td>3 晚</td><td></td></tr>
<tr><td rowspan="2">6</td><td></td><td></td><td>女</td><td rowspan="2">豪华
标准间</td><td>2 晚</td><td></td></tr>
<tr><td></td><td></td><td>女</td><td>2 晚</td><td></td></tr>
<tr><td rowspan="2">7</td><td></td><td></td><td>男</td><td rowspan="2">豪华
标准间</td><td>3 晚</td><td></td></tr>
<tr><td></td><td></td><td>男</td><td>3 晚</td><td></td></tr>
<tr><td rowspan="2">8</td><td></td><td></td><td>男</td><td rowspan="2">豪华
标准间</td><td>3 晚</td><td></td></tr>
<tr><td></td><td></td><td>男</td><td>3 晚</td><td></td></tr>
<tr><td rowspan="2">9</td><td></td><td></td><td>男</td><td rowspan="2">豪华
标准间</td><td>3 晚</td><td></td></tr>
<tr><td></td><td></td><td>男</td><td>3 晚</td><td></td></tr>
</table>

4）项目说明会指南。

项目说明会指南模板如下。

项目说明会指南

1. 欢迎词

××公司全体成员欢迎您准时参加第×届项目说明会。在接下来时间内，请您以饱满的热情全身心地投入项目说明会活动之中，积极参与项目说明会现场的每一个互动环节。最后预祝您满载而归！

友情提示：

会议地点______________

就餐地点______________

合影地点______________

2. 活动流程

活动流程如表 6－57 所示。

表 6－57　活动流程

<table>
<tr><td>会议时间</td><td colspan="2"></td></tr>
<tr><td>会议地点</td><td colspan="2"></td></tr>
<tr><td>签到时间</td><td colspan="2"></td></tr>
<tr><td rowspan="7">会议议程</td><td rowspan="7">日期</td><td>【欢迎仪式】欢迎您的到来</td></tr>
<tr><td>【演讲主题】
【主讲】姓名＋公司名称＋职务</td></tr>
<tr><td>【演讲主题】
【主讲】姓名＋公司名称＋职务</td></tr>
<tr><td></td></tr>
<tr><td>【演讲主题】
【主讲】姓名＋公司名称＋职务</td></tr>
<tr><td>合影留念</td></tr>
<tr><td>晚　宴</td></tr>
<tr><td>参会人员</td><td colspan="2"></td></tr>
<tr><td>特别提醒</td><td colspan="2">以上内容仅供参考，可能会因为意外的惊喜而做出时间上以及内容上的变动，请以现场发布为准</td></tr>
</table>

3. 联系电话

如果您在活动期间找寻不到会议室、餐厅、合影地点可以联系表 6－58 中人员或者自己所在桌的招商顾问。

表 6－58　联系电话

职务	**姓名**	**电话**
场外总监		
后勤总监		

5）接站人员信息。

接站人员信息如表6－59所示。

表6－59　接站人员信息

参会人员	交通工具	车、班次信息	抵达时间	联系电话	招商顾问	联系电话

（2）课件的准备。

与各位参会演讲人员沟通确认课件的完成情况、讲课时间及注意事项。课件准备情况如表6－60所示。

表6－60　课件准备情况

序号	演讲主题	演讲人	联系方式	课件完成情况	预计完成时间
1					
2					
3					

（3）茶歇物品的准备。

茶歇物品的准备详见附件4。

（四）会场布置场景及注意事项

1. 会场外布置

（1）会场外布置总览明细。

会场外布置总览明细如表6－61所示。

表6－61　会场外布置总览明细

区域名称	物料明细	效　果	注意事项
酒店门头			
酒店大厅			

续表

区域名称	物料明细	效　果	注意事项
签到台	签到台		
	背景板		
	签到簿		
	签到笔		
	分流牌（参会人员区、媒体区、嘉宾区等）		
	参会证		
	资料袋		
特殊区域	导向水牌		

（2）会场外布置全景俯视平面图及各区域布置要点。

依据酒店实际的情况进行会场外布置全景俯视平面图绘制。

依据酒店实际的情况进行会场外各区域布置要点的设定。

2. 会场内布置

（1）会场内布置总览明细。

会场内布置总览明细如表6－62所示。

表6－62　会场内布置总览明细

序号	区域名称	物料明细	效　果	注意事项
1				
2				
3				
4				
5				
6				
7				
8				
9				
10				

（2）会场内布置全景俯视平面图。

会场内布置全景俯视平面图如图6－3所示。

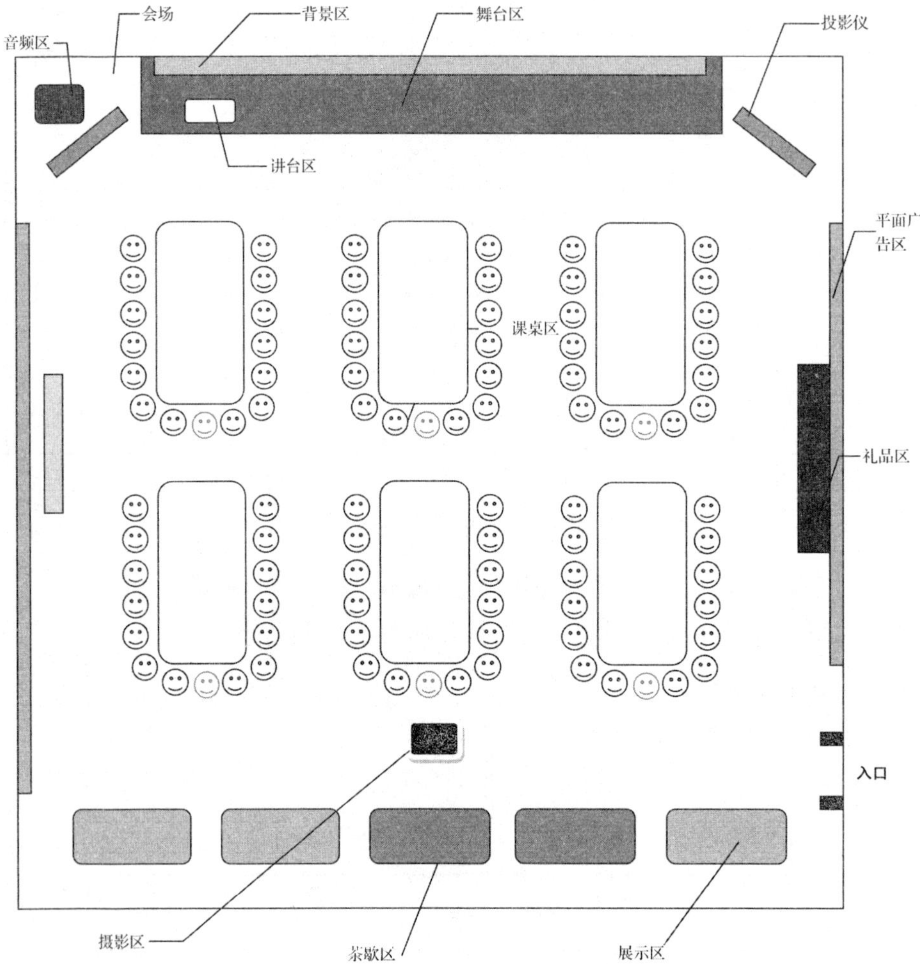

图 6-3 会场内布置全景俯视平面图

（3）会场内布置各区域布置要点。

1）背景区。

背景区布置要点如表 6-63 所示。

表 6-63 背景区布置要点

规 格	材 质	参考价格	参考图片	备 注
以全面覆盖舞台背景墙为原则	喷绘布（刺激性气味很重，需要提前布置好，并做好会场的通风） 绢丝布（无气味，价格稍高）	无	无	使用钢结构搭建背景墙，切忌使用快展架

2）舞台区。

舞台区布置要点如表 6－64 所示。

表 6－64　舞台区布置要点

序　号	舞台情况	处理措施
1	没有舞台，或者舞台较小（舞台宽度与会场两侧的间距超过 2 米）	搭建舞台，并铺上红色地毯
2	舞台表面较粗糙	铺上红色地毯
3	舞台符合要求	清洁后使用

3）投影区。

投影区布置要点如下。

采用双投的方式进行投影，投影的流明度尽可能保持一致。

投影幕布摆放的角度必须以保证最后一排能看见为原则，必须实际测试。

投影内容尽可能充满整个幕布。

布置会场时必须现场确定投影仪能够与主播电脑、备用电脑相兼容。

若会场为细长型，可以根据需要在会场放置两个投影仪。

有条件选择液晶屏者优先选用液晶显示屏。

4）音频区。

音频区布置要点如下。

测试好音响，保证没有杂音。

测试好麦克风，保证音质与电量。

使用电脑播放视频时保证音响有声音。

保证活动的背景音乐与电脑播放视频能够兼容。

确保所有背景音乐齐备。

5）课桌区。

课桌区布置要点如下。

采用岛状的方式进行课桌排列。

每桌安排一个桌长，一个活跃的且意向签约的潜在加盟商。

桌子上依照人员数量摆上相应的纸、笔、瓶装矿泉水以及桌牌号。

将会刊、参会指南等资料放入手提袋内，并将手提袋放置在座位上。

桌、椅以及放置的所有物品必须全部摆放整齐。可以采用拉线的方式辅助摆放，如图6－4所示。

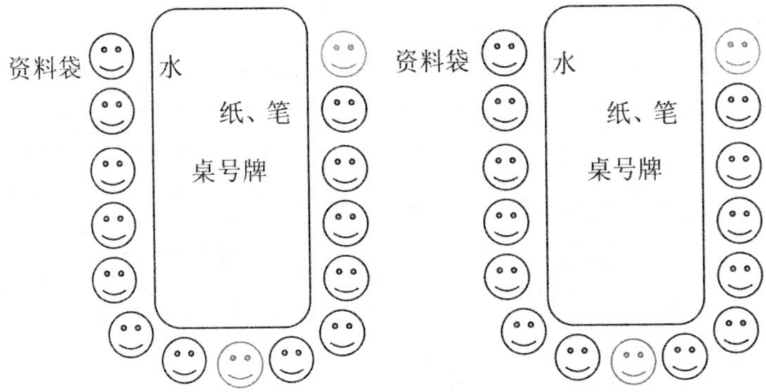

图6－4　课桌区物品摆放

6）平面广告区。

平面广告区可以采用快展架进行布展，但是尺寸尽可能要上达屋顶，下至地面。

7）礼品区。

礼品区布置要点如下。

依照获奖的次序进行摆放。

采用堆头的方式进行摆放，但是至少有一面朝向外侧，以便观众能够清晰获得该产品的相关信息。

安排专人看管，以避免物品丢失。

采购人员负责告知供货方礼品必须在会议开始的前一天送到。

所有的物品必须放置在指定房间。

提供物品的公司需要提交一份物品的明细单。

库管员负责依照提供物品的公司提交的物品明细单查点物品，并做好相应的账务。

8）展示区。

展示区布置要点如下。

物品一定要摆出创意性的风格。

所陈列物品必须展示出其独特的价值信息。

所有物品明码标价。

明确标注出购买可以享受什么样的优惠政策。

由专人负责该区域。

设备类必须以满足使用为前提。

9）茶歇区。

茶歇区布置要点如下。

保证在会议休息前的15分钟内摆放到位。

茶歇区尽可能与产品展示区连在一起。

如果茶歇区在会场内，则需要工作人员静悄悄地摆放茶歇物品，如果有可能，尽可能保证茶歇在会议开始前摆放到位（切片水果除外），但是需要加盖保鲜膜。

茶歇物品的摆放如图6－5所示。

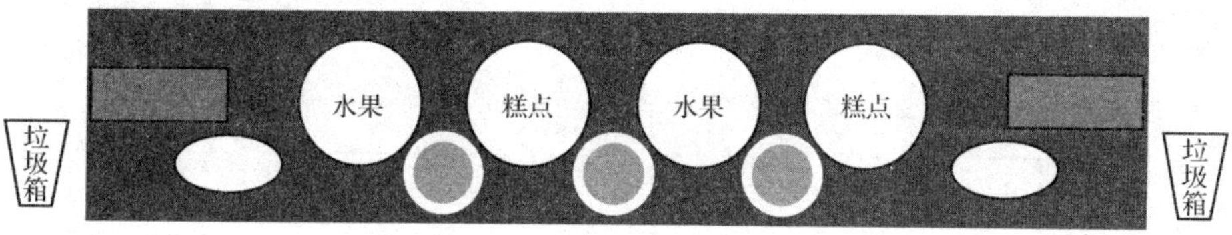

图6－5　茶歇物品的摆放

10）讲台区。

讲台区布置要点如下。

在讲台上方摆放桌花一束（仿真花即可）。

在讲台的正面贴上企业的标识（如采用背胶纸打印的商标）。

在讲台上放置如下物品：讲课笔、笔记本电脑、无线话筒、鼠标、鼠标垫、瓶装纯净水。

11）摄影区。

摄影区布置要点如下。

在不妨碍参会人员参会的前提下，优先选择最佳的摄像位置进行取景。

优先使用无线转换接头。

3. 其他场地布置（客房、走廊等）

其他场地布置要点如下。

在入住的酒店房间的床头柜上/床正中间位置，提前放置带有公司项目介绍的资料、小礼品。

可以为重要的参会嘉宾提供会议议程温馨提示牌。

（五）会务服务流程与规范

1. 会前动员及工作安排

会务工作开始之前，会务总监需要召集所有会务组人员，并完成以下三件事。

向会务组人员介绍会务流程。

依据“会务人员组织架构与职能”进行工作细分。

会前动员。

2. 场外服务流程与规范

（1）迎宾服务。

迎宾人员工作内容如下。

迎宾人员站立于酒店的入口处，欢迎进入酒店的每一位客人，参考话术如下。 **第一种情况。** A：“先生/女士您好！请问您是参加××活动的吗?” B：“是。” A：“欢迎您抵达现场，请您这边签到。”（伴随指引签到方向的手势。） **第二种情况。** A：“先生/女士您好！请问您是参加××活动的吗?” B：“不是。” A：“不好意思打扰了!”

（2）签到服务。

1）物品准备。

物品准备要点如表6－65所示。

表 6－65　物品准备要点

序号	品类	注意事项
1	参会证	●参会证按照一桌的人数扎在一起，比如一桌 9 人，则将 9 个参会证扎在一起 ●在参会证的背面手写、套印或者直接印上桌号 ●以上工作必须在正式开始签到之前全部完成
2	签到表	●若已经对签到人群做了分流，如安排参会人员签到处、嘉宾签到处、媒体签到处，则按照分流结果分开打印签到簿 ●若某签到人群较多，则需要多分配几个签到组人员同时进行签到，按照分组的数量打印相同的签到名单 ●打印签到表时一定要留出空白的签到区域
3	签到笔	除了按照组别配置相应数量的签到笔之外，需额外配置 3 支，以作备用
4	资料袋	放置在会场内部则无须在此处发放
5	餐券	将午餐券、晚餐券钉在一起发放
6	收据	收据盖上公章
7	点钞机	如果会场内的现金交易比较多，则需要点钞机
8	POS 机（销售点终端机）	主要用于大额数字的交易

2）签到流程与规范。

第一步，签到。

负责帮助、指导参会人员进行签到，参考话术如下。

第一种情况。

A：“请问您的姓名全称是?”

B：“×××。”

A：（帮助对方寻找，寻找到后）“请您在这里签字。”

第二种情况。

A：“请问您的姓名全称是?”

B：“×××。”

A：（帮助对方寻找，未寻找到后）“您之前是否提前报名，如果没有，请在空白处完善您的个人信息。”

第二步，发资料。

发资料人员待到对方签到完毕后，再向参会人员发放“参会证＋餐券”

以及其他的资料。

然后告知对方会场的具体地点，并做出指引的手势。参考话术“会场在××××，请您这边走!”

提示对方佩戴参会证，否则无法进入会场，提示对方收好餐券，否则会影响他进入餐厅就餐。

（3）引领服务。

1）组员配置。

组员配置如表6－66所示。

表6－66　组员配置

序号	情况描述	组员配置	备注
1	增加一条入场路线，如同时采用楼梯和电梯两条路线	增加一组引领人员	除非人员数量太多，否则不建议同时启用两条引领路线
2	增加一处路口	增加一个引领人员	

2）迎宾流程与规范。

引领人员参考话术如下。

A：“先生/女士！请您佩戴上参会证，会场在××××地，请沿这条路直行!”

B：“好的，谢谢!”

（4）门卫服务。

1）组员配置。

2名门卫人员分别立于入口处，会场的其他入口全部关闭。

2）物品准备。

在会场的入口处摆放若干把座椅（依据会场的实际允许条件而定），以方便早到的参会人员坐下休息。

3）门卫流程与规范。

门卫参考话术如下。

A：“非常抱歉，会场正在准备中，大约在××分钟后开始。”

B：“好的，谢谢!”

3. 场内服务流程与规范

（1）开场前2小时。

开场前2小时，所有的会务组人员全体到位，然后同时进行如下工作。

场内总监负责安排相关人员将活动所需的物品运送至会场，并完成布置工作。

场外总监负责安排相关人员协助展示区的人员进行物品的运送及布置工作。

会务总监协同场内总监、场外总监及机动组空闲人员共同巡查各个环节的工作内容是否完成到位。

（2）开场前1小时。

开场前1小时会务组人员工作内容如下。

会务总监负责提醒招商部负责人进行“电话确认”的工作。

会务总监协同场内总监、场外总监及机动组空闲人员，共同巡查各个环节的工作内容是否完成到位。

场外总监负责安排场外各岗位人员及相关物品就位，并封闭进出会场的所有出入口。

（3）开场前0.5小时。

开场前0.5小时会务组人员工作内容如下。

招商部负责人跟踪进行“电话确认”的工作。

会务总监协同场内总监、场外总监及机动组空闲人员，共同巡查各个环节的工作内容是否完成到位。

（4）开场前10分钟。

招商部负责安排相关招商人员聚拢准备参会的人员。

（5）开场前5分钟。

场内总监负责组织各岗位人员就位，会务总监协助主持人开始模拟进场，场内人员分布如图6-6所示。

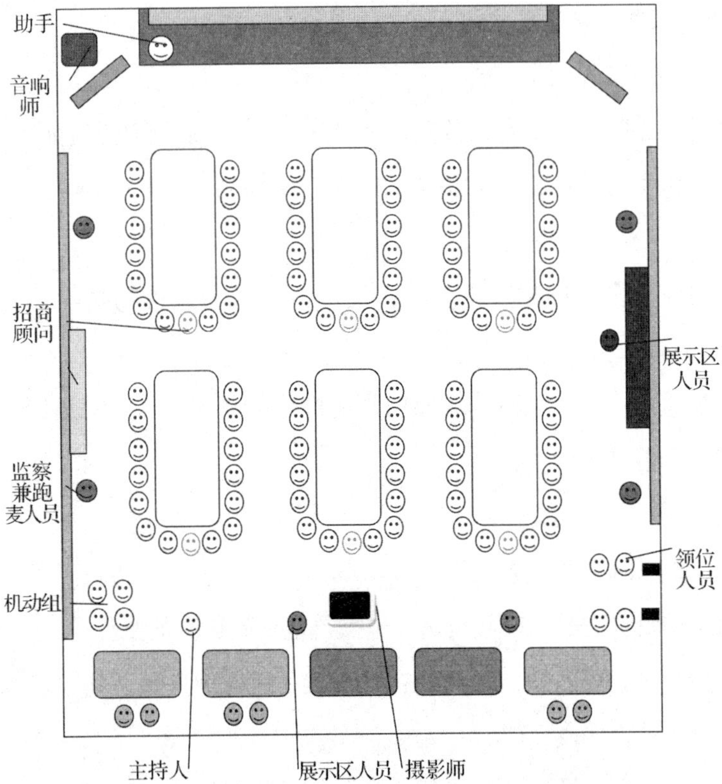

图6-6　场内人员分布

(6) 开场前2分钟。

开场前2分钟工作一览如表6-67所示。

表6-67　开场前2分钟工作一览

工作内容	负责人	备　注
播放背景音乐	音响师	
运作射灯	音响师	
鼓舞氛围，开始入场前的预热	主持人	

(7) 开始入场。

开始入场工作一览如表6-68所示。

表6-68　开始入场工作一览

工作内容	负责人	备　注
播放背景音乐	音响师	
运作射灯	音响师	

续表

工作内容	负责人	备　注
热场	主持人	参考话术："尊敬的各位投资人大家早上好！欢迎大家来到××××招商会现场，我们的活动将于5分钟后正式开始，请大家按照桌牌名单就座，请不要随意走动，请将手机调整为振动或静音状态。"

4. 会议基本流程

会议基本流程如表6-69所示。

表6-69　会议基本流程

日期	时间	时长	活动内容	主要参与人员
××月××日	10：00—11：00	1小时	签到	
	11：00—11：03	3分钟	主持人热场	
	11：03—11：05	2分钟		
	11：05—11：06	1分钟		
	11：06—12：06	1小时		
	11：06—12：07	1分钟		
	11：07—12：37	30分钟		
	12：37—12：38	1分钟		
	12：38—12：43	5分钟		
	12：43—12：45	2分钟		
	12：45—13：15	30分钟		
	13：15—13：30	15分钟		
	13：30—14：00	30分钟		
	14：00—15：00	1小时		
	15：00—15：05	5分钟		
	15：05—17：05	2小时		
	15：05—17：06	1分钟		
	15：06—17：11	5分钟		
	17：11—17：20	9分钟		
	17：20—17：40	20分钟		
	17：40—18：40	1小时		
	18：40—19：00	20分钟		
	19：00—19：30	30分钟	休息	
	19：30—22：00	150分钟	酒会	

（六）附件

附件1　××公司酒店选择标准规范

第一章　总　则

第一条　目的

为了规范××公司举办的招商会，提升××公司举办活动的整体质量，降低活动在酒店方面所耗经费，特制定本制度。

第二条　适用范围

本制度适用于××公司总公司及各地分公司举办的各类招商会活动。

第三条　权责

由主管此次活动的会务总监全权安排具体的事宜，并对最终的结果负全责。

第二章　酒店首要标准

第四条　一线城市举办活动，酒店不得低于三星级，二、三线城市举办活动，酒店不得低于四星级。

第五条　酒店的会场租赁费用控制在八千元至一万五千元，但是具体的金额要与此次组织的相关规模相匹配。

第六条　能够提供足够使用的会场、足够数量的房间、灵活自助点餐，以及可以自行携带茶歇、酒水。

第七条　交通便利，附近有公交站、地铁站，且容易寻找。

第八条　酒店大厅及外观展现出来的形象是空间大、有档次。

第九条　选择独立建筑的酒店，避免选择搭伙式的酒店。

第十条　酒店及酒店附近拥有五十个以上的停车位。

第三章　会议室选择标准

第十一条　面积的大小依据人数来确定，保证人均面积不低于1.5平方米（舞台的面积除外），与此同时要保留人均面积的20%作为展示区。会议总面积=（人均面积×人数+舞台面积）×120%

第十二条　封闭性好，切忌出现其他过道穿过会议室的现象。

第十三条　避免餐厅、舞厅、KTV 等噪声大的场所出现在会议室隔壁。

第十四条　会议室格局避免细长型（长度是宽度的 2 倍）、多边形、避免实体柱遮挡等不利于会场布置的情况出现。

第十五条　会议室至少保证有一面朝阳，且能够通风。

第十六条　拥有无线网络。

第十七条　提供全程会务服务人员。

第十八条　提供纸、笔。

第十九条　提供饮用水。

第二十条　从酒店的大厅至会议室的大门必须方便引导。

第二十一条　在确定会议室之前，若打算采用的会议室隔壁有其他的会务活动，则需要请酒店的负责人与隔壁的会务组人员沟通，以保证隔壁的声音不太大，避免影响己方的会务工作。

第二十二条　会议室能够提供足量的统一的桌椅以及配套的桌布、椅套，且需要仔细检查下桌布、椅套的卫生程度。

第二十三条　会场的音响设备（一组双 15 寸，一组单 15 寸）正常，且酒店能够提供不少于四个麦克风、一个调音台。

第二十四条　会场内配置讲台、白板、白板笔、双投影、LED（发光二极管）显示屏。

第二十五条　会场内需要拥有开水的供应处（热水桶、热水壶供应即可）。

第二十六条　会场内部配备有舞台灯光最佳。

第二十七条　会场内拥有挂 4 ~6 条横幅的空间。

第四章　会议室用餐标准

第二十八条　详见《××公司活动餐饮管理制度》。

第二十九条　能够提供符合预算的餐饮。

第五章　会议室住宿标准

第三十条　详见《××公司活动住宿管理制度》。

第三十一条 能够提供符合预算的住宿环境。

第六章 会议茶歇标准

第三十二条 详见《××公司会议茶歇管理制度》。

第三十三条 能够提供符合预算的会议茶歇，可以帮助公司进行茶歇的代加工。

第七章 酒店的费用结算

第三十四条 在确定酒店之前，如若因为我们的原因而导致无法正常使用该酒店时，需要明确以下几方面的信息。

●己方是否需要支付违约金。

●是否可以延期使用会场。

●用房、用餐的具体数量及类型最迟何时确认。

●提前预订的房间数量如若减少，是否可以临时取消。

●用餐的人数是否可以追加或减少。

第三十五条 支付酒店的费用需要遵循以下原则。

●预订押金最多为会场使用费用的20%。

●举办活动的当天可以再支付会场使用费用的30%～50%。

●会务结束后的第二天再进行清算结账。

第三十六条 会务总监最后安排会务财务进行结算，并开具相应的发票。

第八章 附 则

第三十七条 负责酒店对接的具体人员必须留存酒店对接人员（两名）的电话，以便于及时沟通。

第三十八条 ××公司分公司在承办相关活动时，所有的酒店相关的数据及金额必须提前征求××公司总公司的书面同意。

第三十九条 本制度未尽事宜参照××公司相关规定执行。

第四十条 本制度由××公司总公司制定，修订、废止时亦同。

第四十一条 本制度经××公司总经理审批后生效。

附件2　××公司活动餐饮管理制度

第一章　总　则

第一条　目的

为了规范活动用餐、减少用餐浪费，特制定本制度。

第二条　适用范围

本制度适用于××公司总公司及各地分公司举办的各类招商会活动。

第三条　权责

由主管此次活动的会务总监全权安排具体的事宜，并对最终的结果负全责。

第二章　餐厅选择

第四条　就餐地址优先选择活动举办主场内，若出现以下几种情况可以就近选择其他用餐场所。

- 在活动的当天不能够提供足够使用的就餐空间。
- 活动主办场地没有中式餐饮。
- 活动主办场地的餐饮标准严重超出活动预算。

第三章　餐费标准

第五条　活动餐标依据不同的主办地可以适当进行调整，但是就餐的参考区间如下。

- 午餐标准：50～80元/位。
- 晚餐标准：70～100元/位。

第六条　自助餐与桌餐均可参考此类餐标。

第七条　为了降低餐费成本，尽可能进行自助点餐。

第八条　如若遇到特殊情况，经由活动主办机构的核心高层决策之后方可定夺。

第四章　餐品标准

第九条　在确定菜品之前，需要确定参加此次活动的人员是否有特殊的餐饮需求，如有，需要单独进行安排，可就近寻找符合要求的餐饮店，然后提前进行餐品的预订。

第十条 以下情况采用自助餐。

●参会的人数众多，如人数超过 50 人。

●桌餐的成本高于自助餐。

●桌餐为固定套餐，无法自主点餐。

第十一条 以下情况采用桌餐。

●参会的人数少于 50 人。

●桌餐的成本低于自助餐。

第十二条 桌餐遵循十人一桌制，若人数较少，用餐方案经由活动主办机构的核心高层决策之后方可定夺。

第十三条 桌餐点餐需遵循每人 1.5 盘菜的原则进行，如十人一桌制时，点 15 个菜。

第十四条 自助餐的菜品品类以 13 个菜品为标准。

第十五条 桌餐及自助餐的菜品品类需要遵循的品类比例如下。

●荤菜、素菜比例为 6∶4。

●冷菜、热菜比例为 2∶8。

第五章 用餐人数预定基本原则

第十六条 对于不确定因素比较多的活动，需要按照预计人数（工作人员不计入）的 80% 订餐。

第十七条 当就餐人数明显少于预定的人数时，由会务总监统一安排相关的会务人员进行就餐。

第十八条 按照活动的现场情况及时调整就餐的人数。

第六章 餐费结算

第十九条 所有用餐人员凭借手中的餐票方可就餐，参会成员因餐券丢失无法就餐时，需要会务总监亲自签字确认方可放行。

第二十条 会务总监最后凭借酒店已经收到的餐票数量安排会务财务进行结算，并开具相应的发票。

第七章　附　则

第二十一条　负责餐饮对接的具体人员必须留存酒店方餐饮对接人员（两名）的电话，以便于及时沟通。

第二十二条　××公司分公司在承办相关活动时，所有的餐饮相关的数据及金额必须提前征求××公司总公司的书面同意。

第二十三条　本制度未尽事宜参照××公司相关规定执行。

第二十四条　本制度由××公司总公司制定，修订、废止时亦同。

第二十五条　本制度经××公司总经理审批后生效。

附件3　××公司活动住宿管理制度

第一章　总　则

第一条　目的

为了规范××公司举办的各类活动，提升××公司举办活动的整体质量，降低活动在酒店住宿方面所耗经费，特制定本制度。

第二条　适用范围

本制度适用于××公司总公司及各地分公司举办的项目说明会活动。

第三条　权责

由主管此次活动的会务总监全权安排具体的事宜，并对最终的结果负全责。

第二章　住宿标准

第四条　人均的住宿费用（按照床位计算）不得高于200元/床位（含早餐）。

第五条　若参会的成员没有特殊的要求，一律按照两人制标间（夫妻可以大床房）安排，如果有要求独立住宿大床房、标准间者，则需要对方补交房间差价，按照实际的床位费补交。

第六条　若提前10天以上确定预订房间的数量，可以在已确定数量的基础上增加20%的房间数量，若提前3天，则仅需要额外增加2间双人标间即可。

第七条 在预订房间时，酒店一般会要求会议方提前×天确定具体的明细，己方工作人员需要做的是尽可能压缩提前的时间，多压缩一天就可以降低房间数量的误差数量，同时尽可能与酒店协调提前预订的房间可以免费解除预订，如若不能，则负责办理酒店入住的相关负责人必须保证在活动举办的第二天退掉多预订的房间。总之，以尽可能减少住宿安排的风险成本为原则。

第三章 费用管理

第八条 所有的住宿款项必须在实际住宿之前交纳齐全，否则不予安排住宿。

第九条 会议团购的房间价位一定要低于该酒店在网上公开的价格，包括各类 App 提供的价格。

第十条 尽可能避免出现预订的房间数等于最终的消费数，即使不住宿也需要交纳相应的房费。

第四章 参会人员入住管理

第十一条 ××公司总公司及各分公司必须在活动举办日前 7 天将所有需要安排住宿的人员的相关信息汇总至××公司总公司处。

第十二条 ××公司总公司及各分公司在 7 天之内若还有住宿人员增加，则需要在第一时间汇总至总公司处。

第十三条 负责承办此次活动的分公司在布置会场的当天将住宿人员明细移交至酒店前台。

第十四条 负责管理住宿事宜的具体人员需要向酒店前台传递以下几点注意事项。

●所有入住人员在告知酒店自己参加××公司活动时，由酒店前台人员负责询问对方的姓名，当对方所报姓名出现在“××公司项目说明会住宿人员明细”之中时，再请对方在“××公司入住签到表”（见表 6－70）内签字。

表 6－70　××公司入住签到表

序号	姓名	房号	备注
1			
2			
3			
4			
5			
6			

●对方只需出示身份证即可办理入住，并自行交纳房间押金。

●当标间入住两人时，需要人手一张房卡，并友情提示对方在进入房间之前先行敲门。

●若入住人员办理入住手续时要求将标准间调换成大床房，则由酒店前台代收费用，需要协调时由酒店前台人员向会务组住宿负责人打电话告知。结算账务时，除会务组住宿负责人亲自签字确认的房间无须额外加收房费之外，其余款项由酒店代收。

●因调房、未入住等产生有空余的单间时，则由前台帮助调配其他参会人员入住标间，以不空置床位为原则。

●若参会人员需要续房，则由前台自行收取合约价的房间费用，××公司最后结账时不再结算此费用。

●前台可以自行依据参会人员要求帮助对方进行房间的调换，进行此项工作的前提条件是带调换的床位未办理入住手续，被调换的床位则可以自行安插到对应的房间之内。

●对于提前退房的入住人员，请前台帮助告知住宿费用因为提前预订所以无法退还。

●告知对方最迟退房时间。

●前台必须严格核对我方提供给酒店方的住宿人员名单，如果对方不在名单之内，前台建议对方致电与他联系的招商顾问，然后由会务总监签字/致电告知后，方可正常办理入住手续。

第五章　附　则

第十五条　负责住宿对接的具体人员必须留存酒店方住宿对接人员（两

名）的电话，以便于及时沟通。

第十六条 ××公司分公司在承办相关活动时，所有的住宿相关的数据及金额必须提前征求××公司总公司的书面同意。

第十七条 本制度未尽事宜参照××公司相关规定执行。

第十八条 本制度由××公司总公司制定，修订、废止时亦同。

第十九条 本制度经××公司总经理审批后生效。

附件4 ××公司会议茶歇管理制度

第一章 总 则

第一条 目的

为了规范××公司举办的各类活动，提升××公司举办活动的整体质量，降低茶歇方面所耗经费，减轻浪费现象，特制定本制度。

第二条 适用范围

本制度适用于××公司总公司及各地分公司举办的各类招商会活动。

第三条 权责

由主管此次活动的会务总监全权安排具体的事宜，并对最终的结果负全责。

第二章 茶歇管理标准

第四条 在布置会场时需要提前确定好茶歇区的位置，尽可能保证茶歇区与活动现场的展示区安排在一起。

第五条 如果会场的条件允许，可以在不打扰参会人员的前提下，在距离休息时间15分钟时将茶歇送至会场内。如果条件不允许，则在会议开始前就将茶歇摆放到位，但是必须覆盖上保鲜膜。

第三章 茶歇物品采购标准

第六条 按照人均2元的标准进行相关物品采购。

第七条 所有茶歇物品尽可能提前一天采买，以保证物品的新鲜度，第一次采购茶歇时可以多购买20%的相关物品，茶歇物品采购标准如表6－71所示。

表 6－71　茶歇物品采购标准

序号	品类	品种	数量	备注
1	糕点	4 种	一天使用量	挑选体积小、重量轻的购买
2	水果	4 种	一天使用量	●尽可能当天消耗完毕 ●挑选体积小的购买 ●一定要保持新鲜 ●购买时鲜水果
3	咖啡	1 种		●原味咖啡 ●桶装
4	一次性纸杯	1 种		
5	抽纸	1 种		

第八条　负责管理茶歇的具体人员在茶歇结束后第一时间安排相关人员将剩余的茶歇物品保存好，以备下一次使用。

第九条　依据上一次茶歇的耗费量以及余量，补充相应数量的物品。

第十条　茶歇物品采购的品类可以遵循以下原则。

●50 人以下准备 6 个品类（糕点、水果按照 1∶1 的原则）

●50～100 人准备 8 个品类（糕点、水果按照 1∶1 的原则。）

●100 人以上，每增加 100 人增加一个品类，增加人数不足 100 人者按照原始数据准备（糕点、水果按照 1∶1 的原则。）

第四章　附　则

第十一条　负责餐饮对接的具体人员必须留存酒店方餐饮对接人员（两名）的电话，以便于及时沟通。

第十二条　××公司分公司在承办相关活动时，所有的住宿相关的数据及金额必须提前征求××公司总公司的书面同意。

第十三条　本制度未尽事宜参照××公司相关规定执行。

第十四条　本制度由××公司总公司制定，修订、废止时亦同。

第十五条　本制度经××公司总经理审批后生效。

附件5　授权书

编号：________

公司兹授予“________”权。被授权人代表为______。

授权内容：______业务。

授权期限：____年____月____日至____年____月____日

经营地点：____________________。

备注：

公司（盖章）

董事长：

____年____月____日

附件6　活动期间物品管理制度

第一章　总　则

第一条　目的

为了规范管理××公司举办活动期间的物品，防止物品遗漏、丢失等现象的出现，特制定本制度。

第二条　适用范围

本制度适用于××公司总公司及各地分公司举办的招商会活动。

第三条　权责

负责管理此次活动的库管人员对最终的账务负全部责任。

第二章　物品出入库管理制度细则

第四条　负责采购的具体负责人必须保证物品在活动开始前一天被送到现场。

第五条　所有活动采购物品必须办理入库手续，由采购人、库管人员当面核账，然后由库管人员出具活动采购物品入库单（见表6－72）。

表6－72　活动采购物品入库单

<table>
<tr><td colspan="7">____年__月__日收到公司提供的：</td></tr>
<tr><td colspan="2">物品名称</td><td>数量</td><td>金额（元）</td><td>用途</td><td>采购场所</td><td>备注</td></tr>
<tr><td colspan="2"></td><td></td><td></td><td></td><td></td><td></td></tr>
<tr><td colspan="2"></td><td></td><td></td><td></td><td></td><td></td></tr>
<tr><td colspan="2"></td><td></td><td></td><td></td><td></td><td></td></tr>
<tr><td colspan="2"></td><td></td><td></td><td></td><td></td><td></td></tr>
<tr><td colspan="2"></td><td></td><td></td><td></td><td></td><td></td></tr>
<tr><td>采购人
（签章）</td><td></td><td colspan="4">物品、清单、凭证齐全后库管
（签章）</td><td></td></tr>
</table>

注：此文件一式一联，三人同时签字有效，可拍照作为凭证，原件留存库管处保管。

第六条　货品出库时必须填写出库单，出库单如表6－73所示。

表6－73　出库单

<table>
<tr><td colspan="4">____年__月__日____（姓名）从库房取走以下物品：</td></tr>
<tr><td colspan="2">物品名称</td><td>数量</td><td>备注</td></tr>
<tr><td colspan="2"></td><td></td><td></td></tr>
<tr><td colspan="2"></td><td></td><td></td></tr>
<tr><td colspan="2"></td><td></td><td></td></tr>
<tr><td colspan="2"></td><td></td><td></td></tr>
<tr><td>领货人</td><td rowspan="2"></td><td>库管</td><td rowspan="2"></td></tr>
<tr><td>（签章）</td><td>（签章）</td></tr>
</table>

注：此文件一式一联，三人同时签字有效，可拍照作为凭证，原件留存库管处保管。

第三章　物品核账管理制度细则

第七条　库管员负责保存、保管活动期间的所有往来凭证。

第八条　任何人员不得随意分配、私自拿取库房内的任何物品。

第九条　负责此次活动的库管员在活动结束后，一天之内将物品出入账一览表（见表6－74）、物品清单账目表（见表6－75）整理完毕，并上交至后勤总监处。

表 6－74　物品出入账一览表

填表人：______填表时间：______

赞助公司名称	产品名称	数量	市值（元）	领用人	余量

注：库管员在上交物品出入账一览表时，必须将物品清单、活动采购物品入库单、出库单一并附上，以备核账时使用。

表 6－75　采购物品清单账目表

填表人：______填表时间：______

物品名称	数量	市值（元）	用途	采购场所	余量

注：库管员在上交采购物品清单账目表时，必须将活动采购物品入库单、物品申购单以及相关票据一并附上，以备核账时使用。

第四章　附　则

第十条　本制度未尽事宜参照××公司相关规定执行。

第十一条　本制度由××公司制定，修订、废止时亦同。

第十二条　本制度经××公司总经理审批后生效。

附件7　活动期间物品采购、准备管理制度

第一章　总　则

第一条　目的

为了规范管理××公司举办活动期间物品的采买工作，降低活动实际运营成本，特制定本制度。

第二条　适用范围

本制度适用于××公司总公司及各地分公司举办的各类招商会活动。

第三条　权责

负责管理此次活动的库管人员对最终的账务负全部责任。

第二章　物品采购基本原则

第四条　所有采买物品必须经过会务总监的同意之后方可进行采购，物品申购单如表6－76所示。

表6－76　物品申购单

填表人：______填表时间：______

物品名称	数量	金额（元）	用途	采购场所
批准人签字确认				

第五条　采购物品必须遵循“货比三家”的基本原则，并留足议价的时间，以保证实际采购的价格远低于市场价。

第三章　物品采购、准备参考明细

第六条　所有采购的物品必须遵循“货比三家”的基本原则，并留足议价的时间。

物品采购、准备参考明细如表6－77所示。

表6－77 物品采购、准备参考明细

采购等级	物品名称	数量	参考价格	提前完成时间	备注
必选物品	参会证	待定	2元/个	3天	
	工作证	待定	2元/个	3天	
	横幅	1个	8元/米	3天	
	手提袋	待定	1.2元/个	10天	
	电脑	2台	自备	2天	
	激光笔	2支	自备	7天	
	签字笔	待定	1元/个	7天	
	笔记本	待定	0.6元/个	7天	
	白板笔	4支	3元/支	7天	
	矿泉水	待定	1元/瓶	2天	
	照相机	1台	自备	1天	
	打印机	1台	自备	1天	
	A4白纸	1箱	0.2元/箱	1天	
	餐票	待定	忽略不计	1天	
	背景板	1个	60元/平方米	7天	
	签到板	1个	60元/平方米	7天	
	介绍板	2个	60元/平方米	7天	
	桌号牌	20个	自备	2天	
	会场播放音乐		自备	7天	
	背景PPT	1幅	自备		
	液晶屏	待定	200元/平方米	7天	
	录像	2台	1800元/天	7天	
	舞台	1个	60元/平方米	7天	
	舞台灯光	待定	200元/组	7天	
	音响	待定	2000元/天	7天	
	服装	待定	80元/件/天	7天	
	讲台板	1个	60元/平方米	7天	
	嘉宾胸花	待定	5元/个	1天	
	A2白纸	20张	0.8元/张	1天	
	收据	5本	2.5元/本	1天	
	胶带	2卷	10元/卷	1天	
	剪刀	1把	自备	1天	
	美工刀	1把	自备	1天	
	细绳	1卷	自备	1天	

续表

采购等级	物品名称	数量	参考价格	提前完成时间	备注
可选物品	绶带		7天		
	对讲机		7天		
	抽奖箱		7天		
	奖品		7天		
	签约簿		7天		
	牌匾		7天		
茶歇物品	详见附件4				

第四章　附　则

第七条　本制度未尽事宜参照××公司相关规定执行。

第八条　本制度由××公司总公司制定，修订、废止时亦同。

第九条　本制度经××公司总经理审批后生效。

附件8　活动期间会务工作人员管理制度

第一章　总　则

第一条　目的

为了规范管理××公司举办活动的细节性内容，特制定本制度。

第二条　适用范围

本制度适用于××公司总公司及各地分公司举办的招商会活动。

第三条　权责

负责管理此次活动的会务总监对最终的账务负全部责任。

第二章　时间观念

第四条　因会务筹备的时间短、任务重，会务活动期间的上下班时间异于日常，一切以最终达到预期的会务效果为目标。

第三章　会务活动纪律

第五条　会务活动期间，任何人不得以任何理由请假、迟到、早退，否则一律按照旷工处理。

第六条　活动期间，各岗位人员各司其职，不得以任何理由脱离自己的岗位，否则一律按照旷工处理。

第七条 活动期间，除却会务总监、场内总监，任何人不得在会场内随意走动。

第八条 未经会务总监允许，任何人不得擅自更改会务流程。

第九条 各级工作人员不得越级申请工作。

第十条 会务活动期间，所有工作人员的手机必须处于静音状态，如若在活动期间手机响，一次性罚款200元。

第十一条 会务总监、场内总监、场外总监、行政总监以及营销总监必须保持手机随时处于畅通状态。

第四章 会务用品管理

第十二条 场内总监负责场内所有物品的摆放陈列，同时负责在会后将相关的物品回收至相应的地方，如若丢失将追究场内总监责任。

第十三条 场外总监负责场外所有物品的摆放陈列，同时负责在会后将相关的物品回收至相应的地方，如若丢失将追究场外总监责任。

第五章 会务人员食宿管理

第十四条 工作人员住宿标准为100元/人，若预订酒店本身满足条件则选择该酒店，若不满足则需要工作人员在酒店附近找寻其他的快捷酒店。

第十五条 工作人员的餐费（午、晚）两餐的标准均为15元/人。若宴请餐的预计就餐人员少于实际就餐人员，由行政总监负责安排会务人员入场就餐，优先选择各桌桌长。

第六章 会场整理管理规范

第十六条 场内总监负责安排统计组、展区组、机动组、领位组、跑麦组人员在上午活动结束后开展会场的整理工作。

第十七条 桌面尽可能保持原始状态，然后更换新的矿泉水即可。

第十八条 快速清理会场地面，封锁会场内的所有进出口，场内总监负责留守会场，待替换人员接岗时方可离开，遵循会场内始终有人看护的原则。

第七章　附　则

第十九条　本制度未尽事宜参照××公司相关规定执行。

第二十条　本制度由××公司总公司制定，修订、废止时亦同。

第二十一条　本制度经××公司总经理审批后生效。

第五节　多维解析单店类型

对于加盟连锁企业的盟主方而言，招募加盟商的过程其实就是实现销售的过程，销售完整的店的过程，销售赚钱的模式的过程。

对于这样的一个过程，我们需要着重强调一点信息，整个过程的核心要素一定是店。因此，我们需要正确看待这个店。

店按照经营类型、大小类型、股权类型、产品类型、功能类型等标准，可以分成几十类。如果我们想把这些店卖好，我们最需要做的就是正确看待，每一个不同类型的店，究竟在整个加盟连锁体系之中，可以扮演什么样的角色。这些角色在实际的招商过程中，到底如何实现其最终的价值？

比如说我们在景区之中开设了一家店面，生意异常火爆，但是在按日、月、季、年核算后发现这个店面依旧处于亏损状态，而且经过反复测算之后，这个店面会始终处于不可能赚钱的状态，对于这种类型的店，我们就需要重新定位。我们可以将其定位为一个招商样板体验展示店，这个店最大的作用就是让更多的人知道，有这么一个品牌，在做这样的一个产品，而这个品牌经营下的产品，生意居然可以如此火爆，然后将如何加盟这个品牌的信息，告知来店体验的人群。如此一来，一个本身不可能赚钱的店面，就可以实现超过过往营业额几倍甚至几十倍的营业收入。

再比如说，在实际的招商布局过程中，很多的小型店面不具备独立完成服务、产品加工的能力，我们需要做的就是依据店面的功能，将加盟类型分成两类，一类是大店的加盟，一类是小店的加盟，小店面可以销售大店的产品，因为大店对其进行了最短物流距离内的配送，而大店又获得了额外的盈利，一举三得。企业的招商部门需要控制好大、小店面加盟的节奏。

一个连锁企业一定要明确单店的类型究竟有多少种，然后依据这些不同的单店类型去调整招商的整体性全国布局。

（一）店面按照物质结构分类

单店按照物质结构进行分类，可以分为实体店与虚拟店，具体情况如表 6－78 所示。

表 6－78　按物质结构分类的店面

<table>
<tr><th colspan="4">实体店</th><th colspan="4">虚拟店</th></tr>
<tr><th>独立店</th><th colspan="3">店中店</th><th colspan="2">自建店</th><th colspan="2">平台店</th></tr>
<tr><td>……</td><td>独立型</td><td>专柜型</td><td>格子型</td><td>PC 端店</td><td>移动终端店</td><td>PC 端店</td><td>移动终端店</td></tr>
</table>

表 6－78 所述的店面类型各具特色，如表 6－79 所示。

表 6－79　按物质结构分类的店面详解

序号	单店类型	释义及特点
1	实体店	商家利用混凝土等建筑材料建筑的看得见、摸得到的店面
2	虚拟店	商家利用网络技术在网络之中利用文字、图片、视频、动画、音频等形式展现的店面
3	独立店	店面独立于百货店或大型商业综合体，如临街店、社区店、写字楼店等。独立店都是某一种品牌的专卖店，它拥有独特的店面装修风格和灵活的管理、营销方式，除了总部之外不再受到其他企业的管辖和约束
4	店中店	商店里面的商店，多开在百货店或大型商业综合体内。店中店都是某一种品牌的专卖店，它的形式和管理比商店内其他柜台更为专一和专业，但也不像单门独户那样不受约束。店中店的店堂布置有自己独特的风格，突显品牌文化特色，不过它们很少被允许自己设计音乐和售货员制服。商店的优惠活动它们有时也不得不参加。大型商店巨大的客流量往往是吸引生产商进驻店中店的主要原因
5	PC 端店	在网络中开设的虚拟店面，主要面向的消费者来自个人电脑界面

续表

序号	单店类型	释义及特点
6	移动终端店	在网络中开设的虚拟店面，主要面向的消费者来自移动终端（手机等移动设备）界面
7	独立型店中店	在商店内开设的店面，拥有自己独立的店面形象，店面面积基本在15平方米以上
8	专柜型店中店	在商店内开设的店面，拥有非独立的店面形象，店面面积基本在15平方米以下
9	格子型店中店	在商店内开设的店面，无独立的店面形象，主要用于产品的展示，店面面积基本在2平方米以下

（二）店面按照加盟连锁模式分类

按加盟连锁模式分类的店面如表6－80所示。

表6－80 按加盟连锁模式分类的店面

直营店	加盟店	
	特许加盟店	合作加盟店

表6－80所述的店面类型各具特色，如表6－81所示。

表6－81 按加盟连锁模式分类的店面详解

序号	单店类型	释义及特点
1	直营店	盟主方或次盟主方（区域加盟商）用自己的资本投资、建立实体并运营、管理的单店，前者称为总部直营店，后者称为区域加盟商直营店
2	加盟店	加盟连锁体系的加盟商实体投资开设的单店。它又分为最基本的两类：特许加盟店和合作加盟店
3	特许加盟店	此类型加盟店的实体投资（场地、设备、装修等）完全由加盟商支付，加盟店也由加盟商进行日常经营和风险承担，盟主方向加盟商收取加盟连锁费，包括加盟金、权益金和市场推广与广告基金等。通常意义上的加盟店就是指这种类型。此种类型比较适合创业型加盟商
4	合作加盟店	此类型加盟店是指加盟商与盟主方共同进行加盟店的实体投资，比如，盟主方以设备资本作为投资，加盟商以场地、装修等资本作为投资，盟主方负责加盟店经营并承担经营风险，加盟商提取确定利益。此种方式对于加盟商来说，既可以降低投资门槛，又无经营风险，加盟商还可以抽身做其他经营。合作加盟店比较适合投资型加盟商

（三）店面按照功能分类①

如表6－82所示。

表6－82　按功能分类的店面

序号	单店类型	释义及特点
1	样板店	用作某区域内加盟连锁单店的样板、示范的单店，通常为盟主方或次盟主方的直营店，可作为潜在或现有加盟商参观、学习、接受培训和实习的场所
2	旗舰店（形象店）	它一般是针对单店的外在形象和内在品质而言的。旗舰（Flagship）是个外来词，本意是海军舰队中用于指挥整个舰队作战的舰船，据此引申而来的旗舰店的意思通常是在某区域或在某加盟连锁网络体系中，内外综合实力最强、最能展示和代表其所在加盟连锁体系的形象与品质的单店。和其余单店相比，旗舰店通常具有以下特点：面积较大、店址较好、商品较齐全、人员素质较高、装修较高档、级别较高（比如直接归总部管理或拥有、店长职位高于其余单店店长）等。商务部颁布的《家电专业店经营规范》规定，只有营业面积在6000平方米以上。经营品种在10000种以上的专业卖场才可以称为旗舰店。而营业面积在2000～6000平方米、经营品种在10000种以下的专业卖场只能称为标准店。因此该店的销售业绩、竞争力、总部对其的重视程度等也较强。同时，旗舰店可能负有一些额外的责任，比如作为其余单店学习、复制、培训的样板，领导、管理某区域内的其余单店，是某区域内所有单店的物流配送中心，是某体系进入某处新市场的排头兵等
3	中心店	它一般是针对单店的商圈或所在地域而言的。因为每个店都有自己的商圈，所以，处在几个商圈的交会处，能同时覆盖周边几个商圈的单店通常被称作中心店。因其独特的地理位置，中心店通常具有以下特点：单店规模较大、商品种类较全、具有高度的地域战略意义、为周边的几个商圈内单店配送商品等
4	标准店	它一般是针对单店的“配置”特征而言的，即无论在单店的硬件、软件，有形、无形，内在、外表等哪方面，标准店的所有“配置”全部都是加盟连锁体系中比较成熟的、其余所有加盟店都可以或应该同样具备的“标准件”。比如其店址、装修、商品种类、面积等方面，甚至包括商圈类别、销售业绩、服务水平、管理质量等，都是其所在加盟连锁体系中的理想的标准化样板

① 内容参考《特许经营学》，作者李维华。

（四）店面按照地址分类

按地址分类的店面如表 6－83 所示。

表 6－83　按地址分类的店面

序号	单店类型	释义及特点
1	商业街店	按照街的形式布置的单层或多层商业房地产，其沿街两侧的铺面及商业楼里面的铺位都属于商业街商铺
2	社区店	社区店指位于住宅社区内的商用铺位，其经营对象主要是社区中的居民
3	住宅底层店	位于住宅等建筑物底层（可能包括地下 1、2 层及地上 1、2 层，或其中部分楼层）的商用铺位
4	商务楼、写字楼店	诸如酒店、商住公寓、俱乐部、会所、展览中心、写字楼等，里面用于商业用途的商业空间。这类商铺的规模相对较小，但商业价值很值得关注
5	交通设施店	位于诸如地铁站、火车站、飞机场等交通设施内部及周围的商铺，以及道路两侧各类中小型商铺
6	车载店	商铺位于移动车辆之上，或者说移动的车辆成为商品销售的铺子

（五）店面按照公司战略规划分类

按公司战略规划分类的店面如表 6－84 所示。

表 6－84　按公司战略规划分类的店面

序号	单店类型	释义及特点
1	宣传店	开设此种类型的店面，其主要的目的是更好宣传品牌，同时降低宣传的成本，比如说开设在步行街、机场展厅、高铁站商务区内的店面，其主要目的是提升品牌形象，扩大品牌的影响力，而这家店面是否能够真正盈利并不是首要考虑因素
2	盈利店	开设此种类型的店面，其主要的目的是获利，此种类型的店面占比 95% 以上。一般会先经过一系列的市场调研，有一定盈利把握后企业才会开设此种店面
3	工厂店	开设此种类型的店面，其主要的目的是为周围的店面或者物流配送半径之内的店面提供成品、半成品，与此同时它担任着产品的销售工作。此种类型的店面，在餐饮行业应用得比较广泛
4	培训店	开设此种类型的店面，其主要的目的是给实际经营店面的人员，提供一个正式进入市场前的实战演练场地。此种类型的店面，有些企业会选择开设在办公室内，有些会选择开设在运营中心附近。虽然它的主要功能是进行培训，但是在实际经营过程中，依然承担着产品销售的责任

续表

序号	单店类型	释义及特点
5	展示店	开设此种类型的店面，其主要的目的是让消费者能够更加直观体验公司的产品，此种类型的店面主要用于电子产品行业、家具家居行业等
6	圈地店	开设此种类型的店面，其主要的目的是占领市场，以此来屏蔽竞争对手进入该商圈，比如某连锁药房在进行市场布局的时候就选择了在新开发的小区四个大门附近分别开设一家药店
7	营销店	开设此种类型的店面，其主要的目的是开展营销，而营销之后的服务，此店面并不进行提供。此种类型的店面，一般会将店址选在人流量大的商圈区域，但是会尽可能缩小店面的面积，比如分布在城市各个街道的驾校报名处等
8	服务店	开设此种类型的店面，其主要的目的是给进店的客户提供产品或服务，主要以服务为主。此种类型的店面，一般不会将店址选择在人流量大的商圈区域，而会选择一些租金相对便宜的位置
9	增值型店	开设此种类型的店面，其主要的目的是增加额外的营收。此种类型的店面，主要依托特殊的地理位置增值，比如通过房产的增值来实现店面的增值
10	家庭型店	开设此种类型的店面，其主要的目的是尽可能降低单店的开店成本，或者让自己的门店无限接近于消费终端。此种类型的店面主要做适合圈子销售的产品或服务
11	公司型店	分公司、子公司都可以是盟主方门店的存在形式，此种存在形式主要适用于大的城市市场规划、融资上市等特殊需要。此类型也会是一些不适合开设门店的行业的选择，比如律师事务所、会计师事务所、培训公司、软件服务公司、互联网公司等

（六）店面按照经营特点分类

按经营特点分类的店面如表 6－85 所示。

表 6－85　按经营特点分类的店面

序号	总　类	分　类
1	有形产品分销型	商品批发型
		商品零售型
2	无形产品服务型	固定服务型
		流动服务型